문학으로 세상 읽기

하경숙 지음

보고사
BOGOSA

머리말

　이 책은 학생들에게 문학에 대한 이해와 감각을 기르도록 안내하는 책이다. 문학은 사상이나 감정을 언어로 표현하는 예술을 이르는 말이다. '문학에 대한 감각'이라는 말을 쓴 이유는 문학 역시 일종의 '감각'이며 '몸으로 익숙해지는 일'이기 때문이다.

　사실 문학이라는 말이 다소 생소할 수 있다. 그리고 그리 친숙하지 않다. 우리는 유튜브, SNS, 게임, 스마트폰과 같은 매체에 익숙하다. 그것이 나쁘다고 생각하지 않는다. 다만 우리의 삶 가까운 곳에 '문학'이라는 오래된 도구를 공유했으면 한다. 문학은 다른 예술이 줄 수 없는 그 무엇을 갖고 있기 때문이다.

　문학이 우리의 현실과 무관하다고 생각하는 경우가 대부분이다. 그러나 문학은 삶의 구체적인 형상화를 통해 실제의 삶보다 더 생생하게 구성하고 표현한다. 우리는 문학 작품에 담긴 삶을 통해서 생각과 언어를 갖게 된다. 이 둘을 가지면 사람은 그 전과는 전혀 다른 존재가 된다. 문학 속의 삶을 체험함으로써 스스로 깊이 성찰할 수 있고, 자신을 둘러싸고 있는 존재와 그 의미를 이해할 수 있다. 우리가 어떻게 살아가고 있는지, 가치 있는 삶은 어떤 것인지, 아름답다의 정의는 무엇인지, 행복하다는 것은 어떻게 표현해야 하는지를 체험하고 성찰하며 깨닫게 된다. 문학은 사람을 이처럼 '다른 존재', '특별한 존재'로 만들어 줄 수 있는 거의 유일한 도구이다.

학생들에게 문학을 가까이 느끼게 하기 위해 이 책에서 구상한 방법은 다음과 같다.

1장에서는 문학과 현실의 의미를 설명하고자 하였다. 일상에서 사용하는 문학적 언어의 의미와 특징을 살펴보고, 문학에 대한 막연한 두려움을 없애고 새로운 시선을 갖는 방법을 구체적으로 모색하고 있다.

2장에서는 시와 수필이 지닌 문학적 성격을 이해하도록 목표를 제시하였다. 본격적인 장르에 대한 설명으로 구성하였다. 시와 수필이 지닌 장르적 특질을 알아보고, 중요한 내용들을 설명하고 있다. 시적 언어의 특성과 수필이 가진 개성적 측면을 찾아 작품을 이해할 수 있도록 자신감 획득을 목표로 하고 있다.

3장에서는 소설의 형성과정과 특성을 이해하도록 설명하였다. 우리가 접하는 소설의 구성 요소와 서사적 특성과 작품 속 인물의 모습을 알아본다. 소설 속 다양한 주제 구현과 서사적 활용에 대해 상세히 점검해보도록 한다. 또한 지금의 현실에서 소설이 갖는 장르적 위치를 정확히 이해하고, 주변에서 활용하고 있는 소설의 변용을 찾아보도록 한다. 이는 문학적 기초를 다지는 작업의 과정이다.

4장에서는 서평 쓰는 방법을 익혀 본격적으로 작성할 수 있도록 목표를 세웠다. 서평은 단지 작품을 읽고 감상에 그치는 것이 아니라 글의 내용을 평가하는 글, 즉 비평하는 글이다. 이러한 서평쓰기의 절차를 익히고, 다양한 자료를 찾아 읽고 점검하여 실제 서평쓰기에 익숙해지도록 연습하고자 한다.

5장에서는 고전문학 속에 나타난 현대적 변용을 이해하도록 설명하였다. 고전문학은 단순히 '과거의 것이고 석화된 것'이 아니라 다양한 방법을 통해 현대까지 지속적으로 전달되고 있다는 것을 알고 구체적인 작품을 통해 점검하고자 한다. 여기에 고전문학이 지닌 위상과 의미를 재조명하고자 한다.

6장에서는 문학 속에 나타난 개인의 현실에 대해 살펴보았다. 문학에서 현실은 어떻게 표현되고 있는지, 작품을 통해 점검하고자 했다. 아울러 실제 우리의 현실의 모습을 다양한 사례를 통해 찾아보고, 구체적으로 재현하고자 한다.

7장에서는 문학 속에 나타난 우리의 사회에 대해 살펴보았다. 피로와 경쟁으로 찌든 현대인의 모습이 작품 속에서 어떻게 구현되고 있는지 점검하고자 했다. 오직 성공과 출세에만 매달려 자신을 잃어가는 현대인의 모습을 통해 스스로 투영하고 성찰하는 것에 목적을 두고 있다.

8장에서는 문학 속에 나타난 모두의 환경에 대해 살펴보았다. 오직 눈앞에 이익을 얻기 위해 환경에 대해 고민하지 않는 현대인의 모습을 작품에서 점검하고자 했다. 자연과 공존을 위한 상생의 삶의 모색과 환경 살리기의 실천적 방안을 고민하고자 한다.

9장과 10장에서는 문학 속에 나타난 공동체의 모습과 청년의 모습을 점검하고자 했다. 우리가 사는 세상에 대한 통찰을 담은 작품을 읽어보고 더 나은 공동체 건설을 위한 노력을 모색하고자 했으며 인간과 공동체의 본질을 생각해보고 청년의 현실에 대해 깊은 고민을 하고자 했다.

이 한 권의 책으로 학생들이 단숨에 문학을 이해하고 가까워지는 것이 쉽지 않겠지만 문학에 대한 친근감과 연결되기를 바란다. 문학은 지루하고 어려운 예술이 아니라 우리 자신을 효과적으로 나타내주는 가장 아름다운 표현이라는 것을 기억했으면 한다.

특히 이 책을 준비하면서 학생들과 함께 했던 여러 번의 계절을 돌아보게 되었다. 한없이 부족한 나를 늘 따뜻한 시선으로 지켜봐 준 학생들이 있어서 나는 발전할 수 있었다. 학생들에게 많은 것을 배웠고, 앞으로도 많은 것을 함께 공부하고자 한다. 그들에게 감사와 애정을 고백한다. 또한 이 책을 통해 학생들이 행복한 대학 생활과 밝은 미래를 준비하는 계기가 되었으면 한다.

　이 책을 내며 한결같이 우리를 지켜주는 사람들의 소중함과 평온한 일상에 대해 진심으로 감사한다. 유난히 춥고 지루했던 한겨울의 추위 속에 책이 완성될 수 있도록 특별한 영감과 많은 도움을 주신 여러 선생님과 은인들께 감사의 말씀을 전한다. 어려운 출판 여건에도 불구하고 기꺼이 책을 만들 수 있도록 허락해주신 보고사 출판사에 감사드린다. 완성도 높은 책을 만들기 위해 특별한 애정과 헌신을 보여주신 이소희 선생께도 감사를 전한다.

　이 책은 무엇보다 모두에게 따뜻한 격려가 되었으면 한다. 우리의 삶이 비록 고단하고 힘들지라도 꺾이지 말고 마음을 지키며 나아가라고 위로하고 싶다. 삶은 자신과의 싸움이므로 세상의 목소리에 귀를 기울이지 말고 자신의 마음에 충실해야 한다. 모두 자신의 꿈을 적극적으로 디자인했으면 한다. 아울러 우리의 삶은 오래 힘쓰며 노력하고 그치지 않으면 반드시 성취에 이른다. 나는 오늘도 자신의 길을 묵묵히 걸어가는 사람들 모두가 자신의 바다에 이르길 바라는 마음을 담아 희망을 노래한다.

　　　　　　　　　2024년 따뜻한 봄을 기다리며 하경숙 쓰다.

차례

머리말 ⋯ 3

| /제1장/ | 문학과 현실의 의미 ⋯⋯⋯⋯⋯⋯⋯⋯⋯⋯⋯ 9
| /제2장/ | 시와 수필의 이해 ⋯⋯⋯⋯⋯⋯⋯⋯⋯⋯⋯ 41
| /제3장/ | 소설의 이해 ⋯⋯⋯⋯⋯⋯⋯⋯⋯⋯⋯⋯⋯ 79
| /제4장/ | 서평쓰기의 이해 ⋯⋯⋯⋯⋯⋯⋯⋯⋯⋯⋯ 141
| /제5장/ | 고전문학 속에 나타난 현대적 변용 ⋯⋯ 159
| /제6장/ | 문학 속에 나타난 개인의 현실 ⋯⋯⋯⋯ 181
| /제7장/ | 문학 속에 나타난 우리의 사회 ⋯⋯⋯⋯ 203
| /제8장/ | 문학 속에 나타난 모두의 환경 ⋯⋯⋯⋯ 217
| /제9장/ | 문학 속에 나타난 공동체의 모습 ⋯⋯⋯ 243
| /제10장/ | 문학 속에 나타난 청년의 모습 ⋯⋯⋯⋯ 265

― ○ 제 1 장 ○ ―

문학과 현실의 의미

일상 속 문학 찾기

1. 문학 : 창작과 수용의 변증법

문학의 본질은 인간의 삶에 있다. 다시 말해 문학은 인간의 삶에 대한 가치 있는 체험의 기록이며 이 '기록'을 언어-예술을 통해 재구성한 것이라 할 수 있다. 문학 작품을 읽는 이는 작품 속에 몰입되면서 당대의 역사를 체험할 수 있고, 이를 통해 자신의 삶을 반추할 수 있는 윤리적 계기를 얻을 수 있다. '문학이란 사상, 감정 및 취미를 통한 사상의 기록된 표현'으로 말한 바 있는 헌트(T. Hunt)의 경우는 물론이고, '문학이란 근본적으로 언어의 매개물을 통한 인생의 표현이다.'라고 말한 허드슨(W. H. Hudson)도 문학의 이 같은 측면―감정이입을 통한 간접체험을 잘 반영하고 있다. 독서를 통한 간접 경험의 시간은 읽는 이의 삶 속에서 새로운 가능성의 지평을 열며, 미래의 시간을 현재화한다.

문학은 독자로 하여금 타자와의 관계를 새로운 시각으로 정립하도록 한다. 이런 면에서 "문학적 경험은 교묘하고 난해한 방식으로 일상생활의 경험과 연결된다"[1]라는 제임스 그리블의 주장은 삶과 문학의 적극적인 속성을 잘 반영하고 있다. 확실히 우리가 문학을 통해 얻을 수 있는 것은 자신의 삶을 성찰할 수 있는 시간적 계기이고, 이러한 성찰을 통해 우리는 가치 있는 세계를 발견할 수 있다. 다시 말해 우리는 문학에서 '나'를 발견하고, '나'를 고양한다. '내면의 발견'이야말로 문학의 가장 고결한 가치요, 본질이다. 이러한 문학의 성격은 문학의 교훈적 기능과 쾌락적 기능의 조화를 전제로 하는 바, 작가는 타인이 발견하지 못한 새로운 가치들을 제시하고, 독자는 작품을 통해 가치의 체험과 확대를 할 수 있는 계기를 얻게 되기 때문이다. 이 같은 과정을 통해 문학은 시·공간을 초월한 보편적 사실로 승화되며, 우리는 이를 문학적 진실로 말할 수 있다.

확실히 문학은 인간의 가장 광범위한 문화적 현상 가운데 하나이다. 그렇기 때문에 문학의 본질을 파악하는 것은 무척 요원한 일이다. 시대마다 역사적 계기마다 문학은 다르게 정의되어 왔으며, 또한 문화적 차이로 인해 문학의 틀과 결이 상이하게 규정되고 있기 때문이다. 그러나 그러한 '차이' 속에서도 우리는 문학의 현상을 형이상학적으로 다룰 수 있다. 왜냐하면, 문학은 그 어떤 차이에도 불구하고 창작과 수용이라는 두 개의 과정이 변증법적으로 통일되어 있는 문화적 현상이기 때문이다.

> 질문 1) 우리는 꾸준히 '문학' 작품을 읽는다. 그런데, 우리는 왜 '문학' 작품을 읽는가, 그리고 그것에서 무엇을 느끼고 얻는가.

---

[1] 제임스 그리블, 『문학교육론』, 나승철 옮김, 1987, 8~11쪽.

2. 문학이란 무엇인가

우리가 문학을 연구의 대상으로 삼으면서 제일 먼저 부딪히게 되는 질문이 있다. 바로 "문학이란 무엇인가?"이다. 이와 같은 형이상학적 질문은 문학의 본질적 측면에 대한 정의를 요구하면서 동시에 문학의 기원과 종류, 기능과 요소, 그리고 가치 평가, 나아가 창작과 교육, 정치적 이데올로기 등 광범위한 영역에 걸친 해답을 요구하는 질문이다. 문학이 인간 삶에 관한 가장 넓은 기록 중의 하나이며, 사회의 각 분야에 걸쳐 영향을 주고받기 때문에, 문학에 대한 정의는 상이한 시대적 배경을 가진 공동체에서 다르게 정의되고 있다. 우선 문학이라는 용어의 기원은 동서양이 조금씩 다르게 나타나고 있다. 동양의 경우, '문학'이라는 용어가 처음 나타난 것은 〈논어(論語)〉의 선진편(先進篇)이다. "文學 子游子夏"라는 문장에서 볼 수 있듯, 여기서의 문학은 학예(學藝), 경사(經史), 시문(詩文)을 총괄하는 개념이었다. 서양의 경우는 현재의 'Letter' 즉 문자를 뜻하는 라틴어 'Litera'에서 기원하여 'Literature'로 발전하였다. 동서양의 공통점은 문자로 표현된 모든 것을 자칭하는 개념이었다고 볼 수 있다.

그렇다면, 우리는 어떤 것을 문학이라고 일컫는가. 여기에는 자연히 우리가 '문학'의 범주로 묶는 것과 문학으로 범주화할 수 없는 것과의 변별되는 성질로서의 문학성(literariness)에 대한 이해와 문학 작품 그 자체의 구조에 대한 분석적 이해가 선행되지 않으면 안 된다. 여기에서의 분석적 이해란 작품 자체가 어떠한 구성적 조건이나 원리에 의해 이루어져 있는가를 살피는 것이다. 따라서 작품 그 자체가 지닌 조건 이외의 어떠한 것도 작품 이해에 영향을 미칠 수 없으며 오직 작품 그 자체만이 접근의 대상이 된다.[2] 이를 토대로 하여 우리는 문학이 무엇인지를 지식으로서 알게 되는 것은 물론 문학이 가진 가치를 충실히 받아들일 수 있는 큰 안목을 형성하게 되는 것이다. 우리는 문학이란 무엇인가라는 질문에 보다 엄밀하게 대답하기 위해 문학과 언어, 창작 목적, 가치평가 등의 세 가지를 토대로 하여 접근할 필요성이 있다.

첫째, 문학이라는 용어의 기원으로 보았을 때 애초에 문학은 '문자'로 된 광범위한 것이었음을 확인할 수 있었지만, '문자'로 된 모든 것을 문학이라고 할 수 없기 때문에, 문학을 문학으로 특징짓는 것이 무엇인지를 먼저 파악해야 할 것이다. 우선 우리는 문자 없는 문학을 상상할 수 있을까. 역사적으로 문학의 대상이 되었던 것이 '문자로 구성된 것'이었음을 상기할 때, 우리는 도저히 문자 없는 문학을 상상할 수 없을 것이다. 이는 '조성 없는 음악'은 상상할 수 있어도, 전체적으로 무음(無音)인 음악은 상상할 수 없는 것과 마찬가지이다.[3] 그러므로 우리가 문학을 이해의 대상으로 삼고자 할 때 반드시 전제가 되는 것은 문자, 곧 언어이다.

---

[2] 이러한 분석적 이해를 위한 중요한 이론을 제시해 주고 있는 것이 러시아 형식주의(Formalism), 프랑스 구조주의(Structuralism), 영미 신비평(New Criticism) 등이다. 이러한 비평적 경향들은 문학을 그 자체의 구조 원리에 의하여 이해하고 설명하고자 한다. 이들 비평 그룹은 자연히 그 구조를 이루는 요소들에 대한 설명적 용어를 창안해 내지 않으면 안 되었는데 오늘날 우리들이 만나는 문학의 분석적 용어들은 대부분 이들 비평 그룹으로부터 비롯된 것이라고 할 수 있다.
[3] 물론 음악에서 무음(無音)은 음과 음 사이의 휴지나, 특별한 음을 강조할 때 쓰는 기교 중의 하나이다. 그러므로 무음은 소리가 있음을 전제로 할 때만 가능하다. 결국 무음은 수학에서의 제로(0)의 역할을 하며, 소리의 연장에 있다.

질문 2) 칼리그람은 문학인가, 아니가?
옆의 그림을 보고 생각해보자.

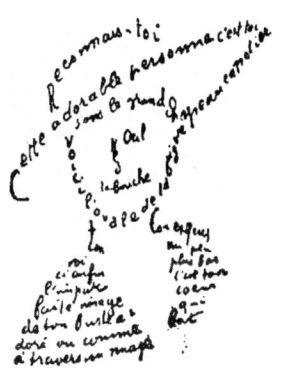

※ 칼리그람: 문자로 이미지(형상)을 그리는 기법, 프랑스 시인 이폴리네르는 그의 마지막 시집을 〈칼리그람Calligrammes〉(1918)으로 명명하고, 문자로 이미지를 만들어내는 기법을 선보인다. 칼리그람이 혁신적인 점은 문자와 이미지의 경계를 무너뜨렸다는 것. 문자는 애초 (한자처럼) 상형이었으니, 그 상형을 독립된 개체로 간주하지 않고 이미지로 바꾸는 것이 가능하다는 것이다.

이폴리네르 칼리그람

둘째, 우리는 문학의 창작 목적에 따라 문학을 정의할 수 있다. 일반적으로 문학은 어떤 역사적 사실이나 사건, 특정한 사물에 대한 정보 전달을 목적으로 하기보다는 새로운 세계를 창조하는 것을 목적으로 한다. 신문 기사나 과학 논문의 경우를 보면, 이 글들은 정확하고 객관적인 사실에 대한 정보 전달과 그 사실에 대한 논리적 증명이다.[4]

> 박완서·윤동주·김훈… 우리 문인 137인의 초상화 '한자리에'
> 영인문학관, 27일 전시회 개막
> 이인직, 이광수, 김동인부터 박완서, 김훈에 이르는 소설가 68명의 초상화와 최남선, 주요한, 윤동주, 김승희, 문정희 등 시인들 69명의 초상화를 한자리에서 만난다. 영인문학관은 오는 27일부터 11월15일까지 서울 종로구 평창동의

---

4 http://news.khan.co.kr/kh_news(『경향신문』 2019.09.17.)

문학관에서 '문인들의 얼굴 이야기' 전시회를 연다고 17일 밝혔다.

영인문학관은 2001년 문예지 '문학사상'에 표지화로 썼던 정상급 화가들이 그린 문인 104인의 그림을 전시한 것을 시작으로 2004년, 2008년 세 차례 문인 초상화 전시회를 열었다. 김구림 작가가 그린 나혜석·박완서, 장욱진 작가가 그린 마해송, 천경자 작가가 그린 노천명 등 기존에 공개된 작품과 함께 이번에 연필로 스케치한 문인들의 캐리커처와 자화상 50여 점을 새로이 공개한다. 전시가 시작되는 27일에는 이어령 문학평론가가 'AI 시대의 얼굴의 의미'라는 주제로 문학강연을 연다. 이 밖에도 이종상 화가, 김승희 시인, 김주영 소설가 등이 문학강연회를 연다.

강인숙 영인문학관장은 "얼굴에는 작가의 인품과 감수성과 사상이 모두 응결되어 있으면서 제가끔 다른 향내를 내고 있다"며 "작가의 초상도 작가의 감성과 인품만 담아내는 것이 아니라 작품세계까지 함유한다"고 말했다.

위 글에는 영인문학관에서 문인들의 초상화를 전시한다는 정보가 실려 있다. 이 기사가 의도하는 바는 객관적이고 정확한 정보를 전달하는 것이다. 반면 문학은 정보 전달이나 논증이 아니다. 작가의 주관에 의해 창조된 세계를 우리가 읽는 것이다. 안도현의 시 "여름이 뜨거워서 매미가 우는 것이 아니라 / 매미가 울기 때문에 여름이 뜨거운 것이다"라는 구절이 있는데, 시 자체로 본다면 매우 불가해한 구절이다. 폭염과 매미의 시끄러운 울음에는 어떤 생태학적 관계는 있을지 모르겠지만, 이 둘의 상관관계가 인과성을 가지고 있다고 보기는 어렵다. 더욱이 매미가 울기 때문에 폭염이 생겼다고 하는 진술은 현실 세계에서는 존재할 수 없다. 결국 안도현의 시는 시인이 사물을 보는 시선의 독특함을 통해 창조된 심미적 세계로, 우리는 새롭게 창조된 세계를 통해 사물과 사물의 관계를 재정립할 수 있다.

> 질문 3) '문학만'이 세계를 창조하는가? 세계를 창조하는 다른 경우를 생각해보고 그것이 문학과 어떻게 다른지를 말해보자.

셋째, 가치평가의 기준이다. 문학의 가치를 따지는 데에는 비문학적인 글과 기준이 다르다. 일반적으로 비문학적인 글의 가치를 따지는 데에는 그 글이 얼마나 유용한가, 글의 문체가 명확한가, 그리고 그 글은 증명이 가능한가 등의 기준이 적용된다. 그러나 문학의 경우에는 이와는 다르게 글의 흐름은 통일성을 갖추고 있는가, 글의 의미는 얼마나 다의적(多義的)인가, 그리고 미적으로 얼마나 가치가 있는가 등이 기준이 된다.

신문 기사가 기사로서의 가치가 있는가를 따질 때에는 그 기사가 우리의 생활에 얼마나 도움을 주는가, 다루고 있는 정보가 객관적으로 증명될 수 있는가에 관심을 둔다. 과학 논문의 경우도 그렇다. 이를테면 어떤 학자가 '폭포'가 무엇인지에 대한 글을 쓴다고 할 때, 중요한 것은 폭포에 대한 이미지보다는 지질학적인 명확하고 객관적인 정보를 담고 있어야 한다.

세계에서 유명한 폭포로는 나이아가라 폭포 외에 아르헨티나와 브라질의 국경에 있는 이과수 폭포, 아프리카의 빅토리아 폭포 등이 있으며, 세계에서 가장 높은 베네수엘라의 엔젤 폭포는 약 970m, 미국의 요세미티 폭포는 790m 가량이다. 한국의 3대 폭포는 금강산의 구룡폭포(九龍瀑布), 개성의 박연폭포(朴淵瀑布), 설악산의 대승폭포(大乘瀑布)이다. 폭포의 웅장함과 경승미는 관광지로 개발되기 쉬우며, 에너지는 수력발전에 이용된다. 나이아가라 폭포에서는 100만kw의 발전을 하고 있다.

위의 글은 세계의 유명한 폭포는 어떤 것인가에 대한 유용한 정보를 주고 있다. 그렇지만 김수영의 시 〈폭포〉의 경우에는 위의 글에서 읽을 수 있는 '폭포'라는 대상에 대한 어떠한 정보를 얻을 수 없다.

> 폭포(瀑布)는 곧은 절벽(絕壁)을 무서운 기색도 없이 떨어진다. // 규정(規定)할 수 없는 물결이 / 무엇을 향(向)하여 떨어진다는 의미(意味)도 없이 / 계절(季節)과 주야(晝夜)를 가리지 않고 / 고매(高邁)한 정신(精神)처럼 쉴 사이 없이 떨어진다. // 금잔화(金盞花)도 인가(人家)도 보이지 않는 밤이 되면 / 폭포(瀑布)는 곧은 소리를 내며 떨어진다. / 곧은 소리는 소리이다. / 곧은 소리는 곧은 / 소리를 부른다. // 번개와 같이 떨어지는 물방울은 / 취(醉)할 순간(瞬間)조차 마음에 주지 않고 / 나타(懶惰)와 안정(安定)을 뒤집어 놓은 듯이 / 높이도 폭(幅)도 없이 / 떨어진다.
>
> — 김수영, 「폭포」

위의 시에서 우리가 '폭포'에 대한 어떠한 정보를 얻고자 한다면, 어느 누구도 성공할 수 없음은 분명하다. 우리가 읽을 수 있는 것은 '폭포'에 대한 정보가 아니다. 위의 시에서 '폭포'는 지성인에 대한 의인화이며, 어떻게 살아야 할 것인가에 대한 삶의 태도이다. 때문에 '폭포'는 작가의 주관에 의해 새롭게 만들어진 창조물이 되며, 결국 이 시에 대한 가치평가는 작품의 객관성이나 정보에 한정되는 것이 아니라, 작가의 독특한 미학적 세계와 정신세계가 어떠한 것인가에 중심을 둔다.

> 질문 4) 문학은 허구의 장르다. 문학을 말할 때 우리는 '개연성'을 강조하는 것도 이 때문이다. 그렇다면 과연 허구란 무엇이며, 사실과 어떻게 다른가. 아울러 '사실'과 '허구'는 정말 다른가, 생각해보자.

'지어내거나 상상한 것'이라는 뜻의 '허구(fiction)'라는 단어가 영어에 생겨난 것은 15세기 초였다. 어원사전에 따르면 이 단어는 프랑스어에서 파생되었으며, 어원은 '점토 따위를 빚거나 모양을 만들다'라는 뜻을 지닌 라틴어 단어의 과거분사인 'fingere'라고 한다. 모든 문학 속 인물이 모든 독자의 동반자로 선택되는 것은 아니다. 우리가 가장 사랑하는 인물들만이 오랜 세월 우리와 동행한다.

알베르토 망겔 저, 『끝내주는 괴물들』, 현대문학, 2021, 11~15쪽.

3. 문학과 언어

앞에서 우리는 작가의 특수한 체험이 문학 작품의 실제적 요건이 된다는 사실을 밝혔다. 그러나 문학은 작가의 체험으로서만 규정할 수 없다. 모든 체험이 문학이 될 수 없음은 분명하기 때문이다. 이제 우리는 작가의 체험이 어떠한 과정을 거치면서 문학으로 승화되는지를 살펴야 할 것이다.

이 작업을 통해 우리가 내릴 수 있는 결론이 문학은 그 자신의 독특한 구조를 가지고 있다는 점이다. 로만 야콥슨이 『언어학과 시학』에서 '문학성'이라 언명했던 바로 그것이다. 문학성은 어떤 텍스트로 하여금 예술 작품이 되게 하는 형이상학적인 것이며, 어떤 글이 문학인지 아닌지를 결정짓는 변별적 특질(trait pertinent)이 된다. 그렇다면 문학성을 규정하는 것은 무엇인가? 그것은 다름 아닌 '언어'이다.

1) 언어의 두 층위: 기표(signifiant)와 기의(signfiet)

문학은 언어를 통해 세계를 형상화하는 예술의 한 분야이다. 문학이 예술의 한 분야라는 것은 우선 매재(媒材, medium)를 통해 규정된다. 일반적으로 음악이 소리를 매재로 하고 회화가 색채를 매재로 하는 것이라면 문학은 언어를 매재로 성립하는 예술이다. 이런 이유로 우리는 언어를 문학에 주어진 본질적인 제약으로 간주할 수 있다. 여기에 문학이 다른 예술 장르와 구별되는 특성이 있다. 우리가 문학을 규정할 때 "언어를 매재로 삼아 성립되는 예술"이라고 말할 수 있는 것은 바로 언어가 문학성을 성립시키는 '예술적 질료(質料, material)'가 되기 때문이다. 색채나 소리와 같이 인간의 감각 기관에 직접적으로 작용하지는 않지만, 언어는 언어 가운데 내포된 청각적 요소(음악성), 개념적 요소(회화성) 등을 통해 모방의 대상을 구체적으로 형상화한다.

언어는 지시적으로 쓰이는 경우와 함축적으로 쓰이는 경우로 두 갈래의 용법에 의해 이용된다. 함축적 의미란 언어의 구조적 특수성에 의해 산출되는 것으로 지시적 의미를 기초로 하여 성립된다. 이러한 함축적 의미를 산출해 내기 위하여 문학은 여러 특수한 표현 장치를 이용함으로써 독자적인 기호체계를 이룬다. 문학은 일차적으로 언어의 특수한 기호체계를 체험하고 받아들이는 것으로부터 출발한다. 따라서 문학의 언어는 우리의 일상 언어를 윤택하게 하는 요인이 된다. 그리고 이러한 언어 표현은 문학 작품들을 통해 계속 새롭게 개발되고 변화되어 나간다. 그리하여 궁극적으로는 사회 문화의 질을 풍요롭게 하는 요인이 되기도 한다. 어린아이가 사과를 가리키면서 먹고 싶다는 표시를 하자, 어머니는 '우리 애기 사과 줄까?'라고 묻고 이어서 '사과?'라고 반복하여 이것을 '사과'라고 발음해야 하는 것을 가르친다. 어린아이는 이미 껍질은 빨간색이고, 속은 하얀색이며, 즙이 있고, 단맛이 나는, 아버지의 주먹만 한 크기의 그것을 알고 있다. 하지만 그것이 '사과'라고 발음한다는 것은 어머니에게 배워서 알게 된다. 그렇다면 왜 그것을 사과라고 하게 되었을까? 스위스의 언어학자 소쉬르는 사과라는 기표는 사람들의 약속이므로 실제 사과와는 관계가 없다고 보았다. 이전의 전통 언어학에서는 사과라는 기호와 기호가 지시(referent)하는 실제 사과가 일치하는 것으로 본 반면 소쉬르는 기표와 기의는 관계가 없다고 본 것이다.

그 이론의 핵심은 사과라는 음성인 기표는 자의적으로 부여한 음성 기호라는 것이고, 그 자의성을 바탕으로 약속에 의해서 언어가 작동된다는 것이다. 그런데 실재 사과라는 기의는 고정되어 있는 반면, '사과'라는 청각적 기표는 고정되어 있지 않다. 가령 '사과'라고 쓰든지 Apple이라고 쓸 수도 있고 중국어 평과(苹果)로 표기할 수도 있다. 이런 이유 때문에 소쉬르는 언어를 단어나 음성을 넘어서 사회적 소통의 맥락과 기능에 의해서 해석되어야 한다고 보았던 것이다. 이처럼 구조주의 언어학에서 언어는 구조와 기능으로 존재하므로 개별적인 문법 요소보다는 상호관계가 중요하다.

언어 기호는 개념과 청각 영상으로 구조화되어 있는데, 이는 동전의 양면처럼 불가분의 관계를 형성한다. "언어기호가 결합시키는 것은 한 사물과 한 영상이 아니라, 하나의 개념과 하나의 청각영상이다."[5] 이때 청각 영상이란 순전히 물리적 사물의 실체적 소리가 아니라, 그 소리의 정신적 흔적 즉 감각이 우리에게 증언해주는 소리의 재현으로 파악할 수 있다. 이에 우리는 언어 기호를 개념과 청각 영상의 두 층위를 동시에 가지는 일종의 정신적 실체로 규정할 수 있다.[6]

기호로서의 언어는, 청각 영상(signifiant)과 개념(signfiet)으로 구조화 되어 있다. 간단히 말해 '산'이라는 언어의 경우 청각 영상은 발음할 때 나는 [S∧N]이며, 개념은 지시 대상인 ▲이다. 앞서 우리는 문학이 언어를 질료로 삼는 예술 장르로 정의한 바 있는데, 이는 언어가 지닌 이러한 양면성을 질료로 삼는다는 말이 된다.

청각 영상과 개념의 두 층위로 이루어진 언어 기호는 다시 문장과 문장의 구조적 결합에 의해 더 큰 단위로 확장된다. 그리고 문장과 문장의 구조적 결합에 의해 형성된 단위는 그것이 어떤 목적과 방식에 의해 이루어진 것이냐에 따라 문학과 같은 예술이 되고, 물리·화학·수학과 같은 과학 연구가 되며, 제품사용 설명서나 광고가 된다. 따라서 우리는 언어가 어떤 목적으로, 어떤 방식으로 사용되느냐에 따라 문학, 과학, 광고 등으로 분류

---

5 F. 소쉬르, 최승연역, 『일반언어학 강의』. 민음사, 1990.
6 F. D. Saussure by Wade Baskin(trans.) *Course in General Linguistics* New York : Philosophical Library 1959, 114~115쪽.

할 수 있을 것이다. 예를 들면 한국의 유명한 TV 광고에서 대대적으로 홍보한 매우 시적인 문장이 있다. "사랑은 언제나 목마르다"가 바로 그것인데, 광고를 접한 사람에게 이 문장은 시적일 뿐이지 결코 시가 될 수 없다. 이 문장은 다양한 의미로 해석되지 못하고, 반드시 특정 음료수만을 지시하고 있다. 이 광고가 성공하였다고 한다면, 이 문장이 지시하는 대상과의 거리가 완벽하게 통일되었기 때문이다.

언어와 지시 대상과 관련하여 한 가지 고려해야 할 것은, 모든 언어는 기호 자체로는 아무런 의미를 가지지 않으며 또한 기호가 지시하는 대상과의 관련 속에서만 의미를 가진다는 점이다. 지시 대상이 실제로 현존하지 않는 경우라도, 기호는 '개념'의 형태로 대상을 지시한다. 예컨대, 우리 문학에서 유토피아(utopia)로 불리는 무릉도원(武陵桃源)의 경우, 그것이 현실에 존재하지 않더라도 낙원(樂園)을 지시하고 있기 때문에 의미가 있다. 이 같은 언어 기호의 특성은 문학이 지닌 문학성을 말할 때 상당히 본질적인 역할을 한다. 문학의 언어는 그 기호가 지시하는 대상을 넘어서 자율적인 세계를 형성하기 때문이다.

결론적으로 말해 문학의 언어는 지시 대상을 통해 의미 작용을 하지만, 지시 대상 자체에 한정되지 않는다. 문학의 언어는 '폭포'를 대상으로 했을 경우에도 그것을 통해 인간 삶의 독특한 영역을 표현한 것이다. 특히 과학과 일상 언어와 비교했을 때, 이는 분명하게 나타난다. 과학의 언어를 비롯한 일상의 언어가 전달 기능에 치중하는 것이라면, 문학의 언어는 함축적 기능을 통해 새로운 의미를 창조하는 것에 치중한다. 따라서 문학에서의 언어는 그 활용의 폭과 넓이가 과학과 일상 언어에 비해 정서적 측면이 두드러진다. 물론 문학의 언어도 과학과 일상의 언어처럼 객관적, 지시적, 함축적 측면을 모두 가지고 있지만, 그러한 현상이 문학 언어의 특징을 규정하는 것은 아니다.

> 질문 5) 다음 글은 김훈의 『칼의 노래』 부분이다. 글을 읽고, 김훈은 '죽음'을 사전적 의미와 다르게 어떤 방식과 성찰로 변별하고 있는지 생각해 보자.
>
> (가) 죽음 【명사】 죽는 일. (사전)
> (나) 죽을 때, 적들은 다들 각자 죽었을 것이다. 적선이 깨어지고 불타서 기울 때 물로 뛰어든 적병들이 모두 적의 깃발 아래에서 익명의 죽음을 죽었다 하더라도, 죽어서 물 위에 뜬 그들의 죽음은 저마다의 죽음처럼 보였다. 적어도, 널빤지에 매달려서 덤벼들다가 내 부하의 창검과 화살을 받는 순간부터 숨이 끊어질 때까지 그들의 살아 있는 몸의 고통과 무서움은 각자의 몫이었을 것이다. (김훈, 『칼의 노래』, 생각의 나무, 2002 중에서)

2) 문학과 일상어

앞서 문자로 된 모든 것이 문학은 아니라는 것을 살펴봤다. 그러나 문학은 세상의 모든 언어(모국어)를 공유하고, 그것을 기반으로 한다. 다시 말해 문학은 일상어를 통해서 창작되고 완성되는 것이다.

문학 언어와 일상 언어가 서로 공유하는 점은 무엇인가? 첫째, 둘 다 언어 기호를 매개로 함으로써만 성립될 수 있다는 점에서 같다. 둘째, 문학 언어와 일상 언어는 모두 특정한 사건이나 상황, 사물에 대한 재현이다. 특히 일상생활에서의 언어는 이러한 의사소통(communication) 과정이 매우 두드러진다. 문학도 예외는 아니어서, 작가는 우선 자신의 독특한 시선에 포착된 인간 삶의 특징적인 사건, 사물 등을 정확하게 인지하고, 올바르게 전달해야 한다. 독자와의 의사소통 과정이 원활하게 이루어지지 못하는 작품은 독자로 하여금 해석의 어려움으로 밀어 넣는 경우가 있기 때문에, 문학도 일상생활에서 사용되는 언어처럼 올바른 의사소통 과정이 중요하다. 셋째, 이러한 의사소통 과정은 언어 기호에 내재되어 있는 의미와 더불어 발신자의 감정이나 몸짓, 그가 처해 있는 기초적 상황 그리고 역사적 현실과 사회적 맥락 등 인간 삶의 모든 영역에 걸쳐 있는 것을 재현하거나 표현하기 때문에, 반드시 함축적이며 정서적인 부분까지 포괄한다. 우리가 문학을 일상 언어의 강화이며, 그것에 대한 새로운 의미 부여 과정으로 말하는 이유가 여기에 있다.

그러나 일상어는 문학이 아니다. 양자의 차이는 무엇일까. 그것은 언어 기호와 그것이 지시하는 대상과의 관련 속에서, 그리고 언어 기호가 지향하는 것 속에서 명확히 나타난다. 모든 언어는 그 언어가 지시하는 구체적 대상을 가진다. 그 대상이 현실에 존재하지 않더라도, 우리는 그 언어가 현실적으로 사용되는 과정 속에서 그 언어가 가리키는 대상 혹은 의미를 획득·유추할 수 있기 때문이다. 일상 언어는 지시 대상과 일치하는 경향이 있다. 정확하고 합리적인 의사소통을 위해서는 언어의 투명성이 어느 정도는 보장되어야 함은 명백하다. 『논리-철학 논고』의 비트겐슈타인이나 '의사소통이론'을 구축하고자 했던 독일의 철학자 하버마스의 경향과도 유사하다고 할 수 있으므로 언어의 투명성이란 언어가 자신이 지시하는 대상과의 거리가 최소화된 상태를 의미하며, 삶의 경험에서 보장되는 것이다. 이는 의사소통 과정에 참여하는 사람들이 서로 언술(discourse)에 오해가 없도록 하기 위해 기본적으로 전제되어야 할 것이기도 하다.

의미가 투명하고 경험에 의해서 증명받을 수 있는 일상 언어는 문학 언어와는 매우 큰 차이가 있다. 우선 문학 언어는 일상에서 사용되는 언어에 새로운 의미를 부여한다. 문학에서 일어나는 의미 부여 과정은 과감한 생략과 함축을 하며 논리적 배열을 통해 이를 정서적인 감정 표현을 통하여 이루어진다. 논리적 배열을 통하여, 풍부한 정서적 감정 표현을 통하여 형성된다.

> 질문 6) 일상어를 사용하지 않은 문학 작품이 있을까?

3) 문학과 과학어

한편, 과학 언어는 일상 언어보다 엄밀성이 요구된다. 과학 언어는 세계에 대한 객관적인 성찰이기 때문이다. 관찰과 실험, 그로 인해 유추되는 공리(公理)는 과학적 사유 과정의 핵심을 이룬다. 그러나 이러한 고찰은 무엇인가 부족한 점이 있다. 왜냐하면 문학 또한 작가의 성찰로서 인간과 현실에 대한 상세한 관찰을 기반으로 하여 제시되는 삶의 태도 등은 과학의 세계와 유사하기 때문이다. 문학을 우리 삶의 현실과 소망을 언어로 표현하는 행위로 규정할 수 있다면, 문학 역시 과학과 마찬가지로 세계에 대한 특수한 표현 방식이라는 점은 명백하다. 그렇다면, 과학이 표현하는 세계는 무엇인가? 한마디로 말해, 그것은 객관적 현실 세계이다. 문학과 마찬가지로 과학은 현실 세계를 표현한다. 하지만, 과학은 인간의 소망과 꿈, 무의식을 표현하지 않는다. 과학은 다른 무엇보다 보편타당하고, 객관적이어야 하기 때문이다.

우리가 잘 아는 고전 물리학을 보면, 힘은 언제나 질량과 가속도의 곱으로 정의되고 있다. 물론 이 정의는 원자나 쿼크(quark)와 같은 미시 세계에서는 오차 때문에 적용될 수 없는 것이지만, 자동차나 비행기, 나아가 행성 같이 거대한 세계 속의 사물들 간의 역학을 구할 때 아주 유용하게 쓰이는 법칙이다. 이 말을 뒤집어 말하면, 우리가 사는 거시 세계에서는 한 치의 오차도 없이 뉴턴의 역학이 적용되고 있다는 것이다. 뉴턴이 힘에 대해 법칙화 한 언어는 김춘수의 시에서처럼 "당신은 / 늙은 비애다 / 푸줏간에"라고 여러 가지 해석이 가능한 언어는 결코 아니다.

'F=ma'라는 뉴턴의 역학에서처럼 과학 언어와 문학 언어 각각에 있어 지시 대상과의 관계는 다르다. F는 반드시 '힘'과 대응을 해야 하며, 이 양상은 m이나 a에도 동일하게 적용된다. 반면 '나의 하나님'은 늙은 비애, 고깃덩어리, 놋쇠 항아리 등으로 끝없이 변주될 수 있으며, 이로 인해 '나의 하나님'이 지시하는 대상 또한 확대된다. 이처럼 뉴턴의 언어는 정확히 사물의 질량 그 자체이고, 움직이고 있는 속도 그 자체이지, '늙은 비애(悲哀)'나 푸줏간의 고깃덩어리와 같이 대상을 뒤트는 언어는 아니다. 여기서 알 수 있는 것은 문학 언어 또한 일상 언어처럼 언어 기호가 지시하는 대상과의 관련성 속에서 그 차이를 유추할 수 있다.

첫째, 과학 언어는 지시적 언어이다. 즉 실재하는 사물과 그것을 표현하는 언어가 1:1 대응 관계를 이루는 언어다. 그러나 문학 언어는 암시적이고 주관적이며 간접적 의미를 가지고 대상을 지시함과 함께 정서적 효과를 불러일으키기 위해 사용된 언어라 할 수 있다. 특히 시어는 지시적 언어로부터 출발하여, 그 내포적 부분을 넓히는 기능을 한다. 둘째, 과학 언어는 문학 언어에 비해 개념화된 언어이다. 즉 과학 언어는 객관적이고 논리적이며, 비개인적(impersonal) 언어에 속한다. 반면, 문학 언어는 작가의 주관에 의해 새로운 의미 부여가 가능하기 때문에 주관적이고 정서적이며 개인적이고 비약적인 언어라 할 수 있다.

> 질문 7) 숫자, 수학기호, 도형을 비롯한 과학언어가 등장하는 시를 찾아보고, 그것이 과학언어를 어떻게 변용하고 있는지 생각해보자.

4) 문학 언어와 미적 자율성

문학은 위에서 말한 바와 같이 언어를 질료(質料)로 삼아 이루어지는 것이고 그리하여 언어가 지닌 어휘 또는 통사의 말소리 의미, 정서, 심상 등이 문학을 이루는 구체적 질료가 된다. 결국, 문학은 언어의 이러한 여러 요소의 어울림에 의해 성립되는 하나의 특수한 구조(structure)라고 할 수 있고 이러한 어울림의 구조에 의해 예술로서의 특수한 효과를 나타내는 것이다. 이 같은 문학 언어의 특징은 문학이 가지는 미학 곧, 미적 자율성의 중요한 토대가 된다.

문학 작품이 이러한 어울림의 구조에 의해 예술로서의 특수한 효과를 보여주는 일이나 그 내용을 의미 작용(signification)[7]이라고 한다. 다시 말하

---

[7] 1916년 F. 소쉬르의 『일반언어학 강의』가 출판된 후, 언어학의 지층은 지각변동을 일으켰다. 통시적이고 비교언어학적 관점에서 언어를 연구하던 경향을 공시적이고 언어-내적인 관점으로 바꾸었기 때문이다. 그러나 보다 중요한 것은 '사유'의 표현이 언어와 동일한 구조를 가졌다는 것을 증명해냈다는 것이다. 이 말은 사유는 언어를 통하지 않으면 결코 '사유'의 과정을 거칠 수 없다는 의미이며 동시에 사유는 언어로써만 가능하다는 의미이다. 사유와 언어의 동질적 구조는 철학에도 많은 영향을 미쳤다. 철학 또한 언어의 문제로 환원되기 때문이다. 소쉬르는 언어를 랑가주, 랑그, 빠롤의 세 층위로 구분했다. 여기서의 구분은 순전히 논리적인 구분이며, 현실 세계에서는 결코 구별되지는 않는다. 빠롤은 실제 언어

면 의미 작용이란 문학 작품을 이루는 부분적 구조 요소들이 작품의 전체적 맥락과의 관련 속에서 이루어 내는 일종의 문맥적 의미를 말하는 것으로 이러한 의미 작용에 의하여 문학 작품은 언어 예술로서의 특수한 미적 가치를 산출(産出)하게 된다.[8] 결국, 문학 작품의 의미 산출은 작품 자체의 구조적 조건에 의해 성립되는데 문학의 이러한 성질을 일컬어 자율성이라고 하기도 한다. 즉 모든 문학 작품은 그 자체 안에 스스로 미적 가치를 드러내는 모든 가치를 지닌 자족적(self sufficient), 자율적(autonomous), 의미 작용의 구조다. 그러나 문학 작품을 읽어 보면 작품 자체 내의 구조적 조건이 암시적이거나 애매성(ambiguity)을 갖도록 이루어짐으로써 의미 작용의 해석이 하나가 아닌 여러 개로 드러나는 것이 보통이다. 이 같은 자족적이고

생활에 해당하는 것으로 엄밀한 '학'으로서의 역할은 주어지지 않는다. 실제 언어 생활에서 결정적인 요소는 언어-참여자 간의 전반적인 상황이다. 때문에 빠롤에서 언어는 가변적이다. 한편 랑그는 빠롤이 가능하기 위한 추상적인 논리 구조이다. 무수히 발생하는 가변적 상황을 가능하게 하고, 유지시키는 일종의 불변적 법칙-구조. 소쉬르는 랑그를 "언어의 통일을 유지시키는 것"으로 간주하기도 한다. 소쉬르가 제시하는 언어의 세 층위는 일종의 언어-내적-구조이며, 이때 언어는 그 지시 대상에 의해서 규정되지 않는다는 전제를 반드시 깔고 있다.

언어가 그 지시 대상에 대해서 자체 독립된 구조를 갖는다면, 언어의 의미는 무엇인가? 언어의 의미는 어떻게 만들어지며, 지속될 수 있는가? 소쉬르는 언어를 '체스'에 비유한다. 체스의 말이 어떤 나무로 만들어졌는가, 어떤 재질인가 등은 체스-놀이와는 전혀 무관하다. 체스의 말은 체스 규칙 속에서 다른 말과 상대방의 말에 의해 가치가 규정되기 때문이다. 언어가 체스와 유사하다면, 언어란 무엇인가는 하등의 중요성이 없다. 오히려 언어는 언어 규칙 속에서, 다른 언어와의 관계로 규정된다. 여기서 소쉬르는 비트겐슈타인과 교집합을 형성한다. 비트겐슈타인도 『철학적 탐구』에서 언어를 '놀이'와 유사하다고 생각했기 때문이다. 소쉬르와 비트겐슈타인이 공유하는 '놀이'로서의 언어는 둘 사이의 결정적인 차이이기도 하다. 소쉬르가 말한 놀이는 랑그 체계의 관념적인 구조적 차이에 기인하는 반면, 비트겐슈타인은 소쉬르적 의미에서 '빠롤'에 해당한다. 소쉬르가 언어학 체계에서 빠롤을 제외한 것을 상기한다면, '놀이'에 대한 양자의 차이가 어떤 것인지는 분명하다.

8   E. D. Hirsch Jr. *The Aims of Interpretation*, The University of Chicago Press, pp.2-3.

자율적인 언어의 특성은 문학 언어에 필수불가결한 것이다. 왜냐하면 문학 언어는 작가나 독자에 의해 재창조의 과정을 거칠 때, 그 문학성이 극대화될 수 있기 때문이다. 신경림의 「농무」라는 시를 살펴보자.

> 징이 울린다 막이 내렸다 / 오동나무에 전등이 매어달린 가설무대 / 구경꾼이 돌아가고 난 텅빈 운동장 / 우리는 분이 얼룩진 얼굴로 / 학교 앞 소줏집에 몰려 술을 마신다 / 답답하고 고달프게 사는 것이 원통하다 / 꽹과리를 앞장세워 장거리로 나서면 / 따라붙어 악을 쓰는 건 쪼무래기들뿐 / 처녀애들은 기름집 담벽에 붙어서서 / 철없이 킬킬대는구나 / 보름달은 밝아 어떤 녀석은 / 서림이처럼 해해대지만 이까짓 / 산구석에 처박혀 발버둥친들 무엇하랴 / 비료값도 안나오는 농사 따위야 / 아예 여편네에게나 맡겨두고 / 쇠전을 거쳐 도수장 앞에 와 돌 때 / 우리는 점점 신명이 난다 / 한 다리를 들로 날나리를 불꺼나 / 고갯짓을 하고 어깨를 흔들꺼나
>
> — 신경림, 「농무」 전문

이 시는 집단적이고 서사적인 화자인 '우리'가 등장함으로써 개인적 자아에서 집단적 주체로의 확장을 도모하고 있는 점이 특징이다. 이 시에서 농무의 신명난 가락을 떠받치고 있는 것은 "답답하고 고달프게 사는 것이 원통하다"라는 울분에 가까운 정서와 "산구석에 처박혀 발버둥친들 무엇하랴"나 "비료값도 안나오는 농사 따위야 아예 여편네에게나 맡겨두고"와 같은 체념적 어투이다. 신명이 공동체적인 것이라면, 그 건강과 풍요가 사라진 자리에서 신명은 울분과 원통함을 삭이는 자조적이고 체념적인 가락이 되어버린 것이다. 그러나 '우리'라는 이름으로 묶인 농촌 사람들의 집단화된 정서를 통해서, 체념적·자조적 절망감을 극복하려고 한다. 신명이 체념의 역설적 표현이지만, 그 속에 도취되면서 체념을 넘어설 수 있는 힘을 추구할 수 있기 때문이다.

4. 문학현상으로 문학을 이해하자

아무리 표현이 잘된 문학이라도, 그것을 수용하는 독자가 없다면 문학은 존재할 수 없다. 독자는 문학의 규범적 심판자이며, 존재의 의의가 된다. 우리가 앞에서 문학을 창작과 수용의 변증법적 과정으로 파악한 이유도 여기에 있다. 그러나 독자의 수용은 작품을 읽는 것으로만 그쳐서는 안 된다. 그렇게 된다면 문학을 통해 얻을 수 있는 것은 아무것도 없기 때문이다. 독자는 작품을 읽기만 하는 것은 아니다. 그는 작품 속에 자신이 살아왔던 시간을 투영하거나, 자신이 원하는 미래의 시간을 꿈꾼다. 작품을 통해 자신의 삶이 순간적으로 강렬한 계기를 얻는 것이 바로 상상력을 기반으로 하는 것이다.

1) 독자의 탄생

(1) 문학은 '팽이놀이'이다

문학을 '허구적이고 상상적인 것'으로 보는 것과 그 속성을 '낯설게 하기'에서 찾는 것은 본질적인 측면이 아니라, 부분적인 정의밖에 되지 못한다. 우리는 문학의 본질을 그 내재적인 측면에 국한하기보다는, 그 수용 행위에서 찾아야 한다. 어떤 글이 문학 작품으로 인식되려면 반드시 독자가 있어야 한다는 것은 누구도 부정할 수 없다. 독서라는 행위 없이 문학 작품이란 존재하지 않는다. 이것은 마치 팽이와 같다. 팽이가 그 기능을 하기 위해서는 그것을 갖고 노는 사람의 채찍질에 의해서 끊임없이 돌아가야 한다. 돌기를 멈출 때 팽이는 그냥 하나의 나무토막에 불과한 것이다. 문학 작품도 생명을 얻는 것은 그것이 작품으로 읽혀질 때이다. 그것이 읽혀지지 않을 때 단지 그냥 종이 위의 검은 흔적에 지나지 않는 것이며, 죽어 있는 상태이며, 망각된 존재로 있다. 이것에 생명을 불어넣고 하나의 확실한 존재로 확립시키는 것은 바로 독서라는 행위이다.

(2) 독서는 문학적 경험의 시작이며 끝이다

독서는 바로 문학적 경험의 시작이며 끝이다. 작품을 읽다가 잠시 책을 놓고 다른 생각을 할 때, 이 작품은 망각 속으로 사라지며, 다시 독자가 와서 일깨울 때까지 그것은 그냥 하나의 종이 뭉치로 머물게 된다. 그렇다고 해서 작품이 항상 수동적은 아니다. 일단 독자가 작품을 읽게 되면, 작품은 자신의 비밀스러운 곳을 드러내 보여주며 동시에 독자로 하여금 새롭게 창조하도록 요구한다. 적어도 독자가 성실하게 작품에 임하는 경우, 작품은 독자에게 더 가까이 오도록 권유하며, 독자의 전 감각과 추억에 호소한다. 그리하여 독자의 의식은 작품 자체에는 없는 무언가와 대면한다. 여기서 독자의 창조와 진정한 독서가 비로소 시작되는 것이다. 작품과 독자 간에 일어나는 이 변증법적인 관계, 이것이 바로 독서인 것이다. 어떤 글이 문학 작품인지 아닌지는 그 글을 독자가 어떻게 읽느냐에 달려있다는 것이다. 그러므로 문학 작품에 대한 개념정립은 바로 어떤 글과 그 독자 사이에 이루어지는 관계에서 출발해야 할 것이다.

2) 문학현상 : 문학은 기능적인 용어이다

테리 이글턴은 그의 〈문학이란 무엇인가?〉라는 글에서 "문학은 특정 종류의 글들이 보여주는 어떤 내재적 성질 혹은 일단의 성질이기보다는 사람들이 글에 '자신을 관련시키는' 어떤 방식들"이라고 규정하고 있다. 그래서 그는 엘리스(J. M. Ellis)가 주장했던 '잡초론'을 그의 이론의 출발점으로 삼고 있다. 즉 '문학'과 '잡초'는 존재론적인 용어라기보다는 기능적인 용어이다. 이 용어들은 우리의 행위에 대하여 말하는 것이고 사물의 불변적 존재에 대하여 말해주는 것이 아니다. 이 용어들은 하나의 텍스트 혹은 한 엉겅퀴가 사회적 전후 맥락 속에서 갖는 역할, 주위에 있는 것들과의 관계나 차이점, 그 행태의 양상, 그것이 쓰이는 목적과 그것에 관련된 인간적 실천들에 대해 우리에게 말해준다. 따라서 문학 작품이라고 일컬어지는 글들이 일반적으로 갖고 있는 내재적인 성격이나 구조들은 문학 작품이 되는 가능태(可能態)일 따름이지 그것 자체가 문학 작품의 결정인이 아니라는 것이다. 문학 작품이라는 말은, 다른 모든 예술 작품과 마찬가지로, 존재론적인 용어가 아니라 기능적인 용어이다. 그러니까 그것의 본질이 있어 만고불변(萬古不變)하는 것이 아니다. 이것은 시대가 변함에 따라 유행처럼 당시의 문화적 맥락 속에서 그의 입장이 변화하는 것이다.

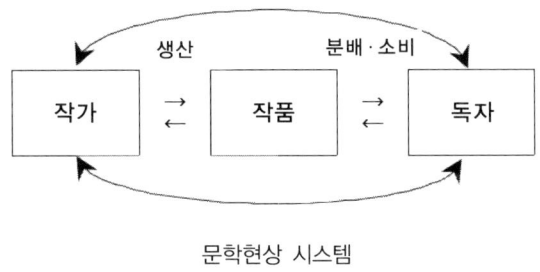

문학현상 시스템

학습활동

1. 우리는 왜 '문학' 작품을 읽는가? 그리고 그것에서 무엇을 느끼고 얻는지 적어보시오.

2. 자신에게 가장 감동(재미)을 준 문학 작품의 제목과 내용을 적고, 그 이유를 설명하시오.

3. 자신이 가장 좋아하는 기호를 찾고, 그 이유를 적어보시오.

읽어보기

마을은 맨천 구신이 돼서

백석,《신세대》 3권 3호, 1948.

나는 이 마을에 태어나기가 잘못이다
마을은 맨천 구신이 돼서
나는 무서워 오력을 펼 수 없다
자 방안에는 성주님
나는 성주님이 무서워 토방으로 나오면 토방에는 디운구신
나는 무서워 부엌으로 들어가면 부엌에는 부뜨막에 조앙님

나는 뛰쳐나와 얼른 고방으로 숨어버리면
고방에는 또 시렁에 데석님
나는 이번에는 굴뚝 모퉁이로 달아가는데 굴통에는 굴대장군
얼혼이 나서 뒤울안으로 가면 뒤울안에는 곱새녕 아래 털능구신
나는 이제는 할 수 없이 대문을 열고 나가려는데 대문간에는 근력 세인 수문장

나는 겨우 대문을 삐쳐나 바깥으로 나와서
밭 마당귀 연자간 앞을 지나가는데 연자간에는 또 연자망구신
나는 고만 디겁을 하여 큰 행길로 나서서 마음 놓고 화리서리 걸어가다 보니
아아 말 마라 내 발뒤축에는 오나가나 묻어 다니는 달걀구신
마을은 온데간데 구신이 돼서 나는 아무 데도 갈 수 없다

〈해설〉

백석 시의 전형적인 매력이 잘 나타나는 작품으로 걸쭉한 지역어와 걸맞은 토속적 세계를 특정 시적 공간의 토박이 출신인 '나'를 내세워 형상화하고 있는 작품이다. 백석은 성주님 다운구신, 조앙님 데석님, 굴 대장군, 털능구신, 수문장, 연자망구신, 달걀구신 등을 방안, 토방, 굴통, 뒤울안, 대문, 발마당 연자간, 길거리 등의 구체적인 장소와 맞물려 한 마을의 전통적인 삶과 어우러진 민간 신앙을 익살스럽게 그려내고 있다. 이는 근대 지향성의 시인들이 간고했던 전통적 민속의 풍경이자 우리네 구체적 삶을 통해 인지되는 자연의 모습을 형상화하고 있다는 점에서 주목을 요한다.

더욱 중요한 점은 이 시를 통해 인간과 자연 사이의 관계성을 엿볼 수 있다는 점이다. 그 관계란 시에 형상화되어 나타난 것처럼 인간과 자연물이 수동적이지 않고 상호 친화적이며 간섭하는 사이다. 인간은 자연을 분석하거나 정복하려 하지 않고, 자연은 인간에 의해 그려지는 대로 타자화되어 나타나지 않는다. 즉, 시적 화자인 '나'의 삶에 구체적이고 적극적인 개입을 하는 자연물로서의 사물과 사물성은 단순한 공간이 아닌 체험과 명상이 깃든 장소가 되고, 물리적 대상뿐만이 아닌 경외와 섬김 혹은 일상적 삶의 시적 대상으로 승화된다. 따라서 흔히 우리의 심상 속에 그려지는 자연의 이미지는 모두 우리네 삶과 일정한 영향 관계를 지니고 있는 이미지라 할 수 있다. 그것은 자연과 인간이 서로 공존하는 삶의 터라는 인식이다.

퀴즈

01 문학 작품을 읽을 때 독자가 얻을 수 있는 것은 무엇인가?
    a. 정보의 전달
    b. 자신의 삶을 성찰할 수 있는 계기
    c. 역사적 사실의 학습
    d. 언어 예술의 기술 습득

02 칼리그람이 문학 작품으로 간주될 수 있는 이유는 무엇인가?
    a. 문자를 사용하여 이미지를 창조하기 때문에
    b. 이미지가 아름다워서
    c. 문자를 사용하지 않기 때문에
    d. 역사적인 가치가 있기 때문에

03 문학 외에 세계를 창조하는 다른 형태의 예술은 무엇이 있으며, 그것이 문학과 어떻게 다른가?
    a. 영화 – 시각적 요소와 연기를 통해 이야기를 전달
    b. 뉴스 보도 – 객관적 사실을 전달
    c. 과학 논문 – 논리적 증명을 제공
    d. 사용 설명서 – 사용법을 안내

04 허구와 사실의 차이점은 무엇이며, 문학에서의 '개연성'이 중요한 이유는 무엇인가?
    a. 허구는 창작된 이야기, 사실은 현실에 기반한 정보.
    b. 허구는 사실보다 덜 중요하다.
    c. 사실은 항상 진실이다.
    d. 허구는 사실을 기반으로 하지 않는다.

05 문학 작품이 독자에게 제공하는 '간접 경험'의 중요성은 무엇인가?
   a. 새로운 시각으로 세계를 바라볼 수 있게 함
   b. 역사적 지식을 증진시킴
   c. 언어 능력을 향상시킴
   d. 실제 경험을 대체함

06 문학 작품의 '문학성'을 결정하는 요소는 무엇인가?
   a. 작품의 구조와 언어의 사용
   b. 작가의 인기도
   c. 작품의 판매 부수
   d. 작품의 출판 연도

07 문학 작품의 가치 평가에 있어서 중요한 기준은 무엇인가?
   a. 작품의 유용성
   b. 작품의 통일성과 다의성
   c. 작품의 객관적 정확성
   d. 작가의 사회적 지위

08 문학 작품이 비문학적 글과 다른 점은 무엇인가?
   a. 문학은 정보 전달에 초점을 맞춤
   b. 문학은 논리적 증명을 제공함
   c. 문학은 창조된 세계를 통해 독자에게 경험을 제공함
   d. 문학은 항상 사실에 기반을 둠

09 문학 작품을 통해 독자가 경험할 수 있는 '윤리적 계기'는 무엇을 의미하는가?
   a. 도덕적 교훈을 얻음
   b. 사회적 규범을 배움
   c. 자신의 행동을 반성함
   d. 문학적 가치를 평가함

10 문학 작품이 시대와 문화를 초월하여 보편적 사실로 승화되는 과정은 무엇을 말하는가?
    a. 작품의 역사적 배경
    b. 작품의 문화적 다양성
    c. 작품의 보편적 진실
    d. 작품의 시대적 한계

11 문학 작품에서 '문학성'이란 무엇을 의미하는가?
    a. 작가의 개인적 체험
    b. 언어의 예술적 질료
    c. 텍스트의 구조적 복잡성
    d. 독자의 주관적 해석

12 소쉬르의 언어 기호 이론에 따르면, '기표'와 '기의'의 관계는 어떠한가?
    a. 기표는 기의를 직접적으로 반영한다.
    b. 기표와 기의는 서로 독립적이다.
    c. 기표는 기의의 실체적 형태이다.
    d. 기표와 기의는 항상 일치한다.

13 문학 언어와 일상 언어가 공유하는 특성은 무엇인가?
    a. 언어 기호를 매개로 한다.
    b. 항상 명확하고 투명하다.
    c. 지시 대상과 일치한다.
    d. 감정 표현을 배제한다.

14 문학 작품에서 언어는 어떤 역할을 하는가?
    a. 단순히 정보를 전달한다.
    b. 지시 대상을 넘어서 자율적인 세계를 형성한다.
    c. 과학적 사실만을 정확하게 기술한다.
    d. 일상적인 대화를 그대로 반영한다.

15 김훈의 『칼의 노래』에서 '죽음'에 대한 서술은 어떤 특징을 가지고 있는가?
   a. 사전적 정의에 충실하다.
   b. 개인적 체험을 통한 성찰을 반영한다.
   c. 죽음을 추상적 개념으로만 다룬다.
   d. 죽음을 과학적으로 분석한다.

16 일상어를 사용하지 않는 문학 작품의 가능성에 대해 어떻게 생각하는가?
   a. 가능하다, 문학은 독특한 언어 체계를 가질 수 있다.
   b. 불가능하다, 모든 문학은 일상어를 기반으로 한다.
   c. 문학 작품은 오직 일상어만을 사용해야 한다.
   d. 문학 작품은 과학어를 주로 사용한다.

17 문학과 과학 언어의 차이점은 무엇인가?
   a. 문학은 감정을 표현하지 않는다.
   b. 과학은 인간의 소망과 꿈을 표현한다.
   c. 문학은 객관적 현실만을 표현한다.
   d. 과학은 객관적 현실을 표현하고 문학은 인간의 소망과 꿈을 표현한다.

18 문학 작품에서 의미 부여 과정은 어떻게 이루어지는가?
   a. 과감한 생략과 함축에 의해
   b. 논리적 배열을 통해
   c. 정서적 감정 표현을 통해
   d. 위의 모든 방식을 통해

19 문학 작품에서 '언어 기호'가 지시하는 대상과의 관계는 어떠한가?
   a. 언어 기호는 항상 지시 대상과 일치한다.
   b. 언어 기호는 지시 대상을 넘어서 의미를 형성한다.
   c. 언어 기호는 지시 대상 없이는 의미를 가질 수 없다.
   d. 언어 기호는 오직 지시 대상만을 표현한다.

20 문학 작품의 언어가 과학이나 일상 언어와 구별되는 특징은 무엇인가?

a. 정보 전달에 치중한다.
b. 객관적 사실만을 기술한다.
c. 새로운 의미를 창조하는 데 치중한다.
d. 명확하고 투명한 의사소통을 추구한다.

─○ 제 2 장 ○─

시와 수필의 이해

    문학은 우리 삶의 현실과 꿈(소망)을 언어로 표현하는 행위이다. 우리들은 시나 소설을 읽고, 거기에서 우리들의 삶의 모습을 발견한다. 시에서 우리들의 일상을 발견한다. 또한 우리들이 일상생활에서 겪는 일보다는 아름답거나 슬픈 일이 압축되어 있는 모습을 볼 수 있다. 소설에서는 삶의 모습이 시보다 더 상세하게 드러나기 때문에, 우리들의 삶을 그대로 옮긴 것 같은 느낌을 받게 된다. 우리가 문학에서 이러한 느낌을 받는 것은, 문학이 삶의 반영이고 창조적 표현이기 때문이다.

    길가에 민들레 한 송이 피어나면
    꽃잎으로 온 하늘을 다 받치고 살듯이
    이 세상에 태어나서
    오직 한 사람을 사무치게 사랑한다는 것은
    이 세상 전체를
    비로소 받아들이는 것입니다.
    차고 맑은 밤을 뜬눈으로 지새우며

우리가 서로 뜨겁게 사랑한다는 것은
그대는 나의 세상을
나는 그대의 세상을
함께 짊어지고
새벽을 향해 걸어가겠다는 것입니다.

안도현, 〈사랑한다는 것〉 전문

안도현 시인의 시는 갓 구운 식빵처럼 따뜻하다. 아니, 햇빛이 투명하게 비치는 베란다에서 깨끗한 옷을 널고 있는 사람의 모습처럼 밝고 명쾌하기도 하다. 특히 '사랑'에 대한 잠언(箴言)에 가까운 시들을 보면 그렇다. 민들레 꽃잎이 받치고 있는 하늘이 민들레 꽃잎에게 세상의 전부이듯이, 사랑하는 사람의 세상도 내게는 전부이다. 여백 없이 꽉 들어찬 공기처럼 사랑은 '그대의 세상'을 받치는 것이다. 타자를 받아들이는 가장 뜨거운 방식이 있다면, 그것은 사랑일 것이다. 사랑 속에서만 우리는 비로소 타자를 이해하고 배려할 수 있으며, 자신의 실존을 자각할 수 있는 것이다. 사랑 속에서는 연탄재마저 눈부신 존재로 변하는 것이다. "연탄재 함부로 발로 차지 마라 / 너는 / 누구에게 한 번이라도 뜨거운 사람이었느냐."(안도현, 〈너에게 묻는다〉 전문) 그렇게 사랑은 매우 구체적이고 도발적이어야 하는 것을 가장 아름다운 언어로 표현하고 있다.

이처럼 문학은 우리들의 삶의 모습을 그대로 반영하는가 하면, 한편으로는 우리들이 소망하는 삶의 모습을 그리기도 한다. 우리들은 일상적인 삶에서 기쁨과 즐거움을 느끼는가 하면, 그 일상적 삶을 뛰어넘어 이상을 추구하기도 한다. 우리들이 살아가는 삶은 개인적인 것에서 사회·역사적인 것에 이르기까지 매우 다양하다. 이러한 삶이 모여서 이루는 전체적인 양상을 현실이라고 한다.

과학 언어	문학 언어
지시적 언어: 실재하는 사물과 그것을 표현하는 언어가 1:1 대응 관계를 이루는 언어, 즉 사전적 의미 언어의 외연을 이룸: 객관적, 개념적, 비개인적, 지시적, 논리적	• 함축적 언어: 암시적이고 주관적이며 간접적 의미를 가지며, 대상을 지시함과 함께 정서적 효과를 불러일으키기 위해 사용된 언어. 시적 언어는 지시적 언어로부터 출발하여, 그 내포적 부분을 넓히는 기능을 한다. • 언어의 내포를 이룸: 주관적, 정서적, 간접적, 개인적, 함축적, 비약적

반면 과학이 표현하는 세계는 시와는 다르다. 과학은 간단히 말해 세계에 대한 객관적인 성찰(省察)이다. 관찰과 실험, 공리(公理)로부터의 연역에 의해 유도되는 것이면, 과학적 사유과정이라고 해도 무방하다. 그러나 이러한 정의는 무엇인가 부족하다. 왜냐하면, 문학 또한 작가의 성찰이며, 현실에 대한 관찰과 인간을 상대로 한 실험, 문학적 공리로 이끌기 때문이다. 앞서 문학을 우리 삶의 현실과 소망을 언어로 표현하는 행위로 규정한 바 있다. 이 규정이 내포하고 있는 것은 문학 역시 과학과 마찬가지로 세계에 대한 특수한 표현방식이라는 점이다.

그렇다면, 과학이 표현하는 세계는 무엇인가. 한마디로 말해, 그것은 객관적 현실 세계이다. 문학과 마찬가지로 과학은 현실 세계를 표현한다. 하지만, 과학은 인간의 소망과 꿈, 무의식을 표현하지 않는다. 과학은 다른 무엇보다 보편타당해야 하며, 객관적이어야 하기 때문이다.

1. 시의 특질과 의미

이제 우리는 같은 문학 언어에서 시를 구별해내야 한다. 같은 문학의 범주에 들지만 시와 소설 혹은 시와 희곡은 다른 특성을 보여준다. 왜 시는 소설이 아니고, 또한 희곡과도 다른가? 여기서는 소박하게나마 시의 특성만을 설명하기로 한다.

1) 사고의 단위

> 사고의 단위가 산문의 경우에는 문장임에 비하여 시의 경우에는 시행이 된다.

대체로 모든 시는, 정형시든 자유시든, 행갈이(글의 줄을 바꿈)의 원칙을 지키고 있다. 시인들이 행을 가르는 이유는 소리와 의미의 효과는 사고와 관계된다. 소설가나 수필가들의 글에서는 이러한 효과가 강하게 나타지 않는다. 그들의 경우 하나의 사고는 하나의 문장이 끝날 때 완성된다. 이를테면 쓴다는 것은 자신의 강박관념을 질서 있게 정리하는 일이다. 사고의 단위는 문장으로 나타난다. 시인들은 이렇게 문장을 연결하면서 자신의 사고를 발전시키지 않는다. 김소월의 「가는 길」에서 읽을 수 있듯이 시인들은

　　그립다
　　말을 할까
　　하니 그리워

처럼 시행들을 연결하면서 자신의 사고를 발전해가며 완성한다. 살펴보면 형태상으로 모든 시는 원칙적으로 행갈이를 하고 있다. 행갈이의 유형에는 한 행이 한 문장 이상으로 되어 있는 유형이다. 위의 시를 산문으로 쓰면, "그립다 말을 할까, 하니 그리워"로 되는데, 언어적 효과가 떨어진다.

2) 행갈이의 문제

> 행갈이를 한다고 모든 언어가 시가 되지 않는다.

필요 이상으로 산이 많이 나오는
이른 바 위산과다증은
세 가지 증세로 나타납니다.

첫째가 속쓰림
둘째가 소화불량
셋째가 더부룩함

이 같은 글은 행갈이를 하고 있지만 시라고 할 수 없다. 이 글은 약을 팔기 위해 위산과다의 증세를 설명한 신문광고의 일부이다. 표제는 「위산과다의 증세」로 되어 있다. 허쉬 ○○○ 광고를 보자.

좋아한다고 먼저 말해봐
작은 ○○○로 나누는 큰사랑
허쉬 엑스트라크리미 ○○○밀크

*사랑은 추위도 달콤하게 만드는 것
사랑은 역경도 달콤하게 만드는 것
이 아몬드가 허쉬 ○○○ 속으로 과연 어떻게 들어 갈까요*

*나를 행복하게 하는 또 하나의 나
멈추지 않는다! 그런 나를 지탱하는 힘
인생은 랠리다, 허쉬 랠리*

이 글이 시가 될 수 없는 이유는, 형태상으로는 행갈이를 하고 있지만, 글의 목적이 위산과다증에 대한 객관적 정보를 전달하고, 또한 그런 증상이 있는 사람들에게 약을 판매하기 위한 실용적 가치만을 나타내기 때문이다.

3) 연상의 형식

> 소설가들은 대체로 사고의 단위를 연대기(年代記)적으로 연결하고, 시인들은 연상(聯想)에 의해 연결한다.

소설가는 문장의 계기성(契機性)에 의해 사고를 진행한다.

　날이 밝으려면 아직 멀었다. 나는 아파트 앞에서 택시를 기다려 탔다. 택시는 불을 켜고 빈 영동 거리를 달렸다. 어지러워 눈을 감았다. 제 3한강교를 건널 때 나는 차를 세웠다. 문을 열고 나가자 시원한 공기가 몽롱한 정신을 일깨워 주었다. 나는 난간을 짚고 이제 희뿌연 빛을 반사하며 흘러가는 강물을 내려다보았다. 운전기사가 따라 나와 난간에 기대어 섰다. 그 자세로 담배를 피우며 나를 보았다. 날이 밝기 시작했다. 아버지가 누워 난 한겨울 동안 어머니는 취로장에 나가 일했다. 어머니가 집을 나설 때마다 맞았던 그 새벽의 빛깔을 이제 알았다.

이 글은 조세희의 「난장이가 쏘아올린 작은 공」의 일부이다. 문장이 연결되는 방식은 시간적 질서, 곧 연대기의 순서를 따르고 있으며, 또한 문장과 문장 사이에는 인과적 질서, 곧 계기가 드러난다. 그렇지만 시의 경우에는 이와 다르다.

불이 켜진다
밤이면 집집마다
불이 켜진다

멀리 가까이
우는 듯 속삭이는 듯
불이 켜진다

사랑하는 이들의
사랑하는 이들의
우는 듯 속삭이는 듯
불이 켜진다

이 시는 김춘수의 「밤이면」의 전반부이다. 밤이 되어 불이 켜지는 현상을 노래하고 있지만, 사고의 연결은 시간적 질서나 인과적 질서를 따르기보다는 연상의 질서를 따르고 있다. 밤이 되어 불이 켜지는 현상에서 시인은 울음과 속삭임을 연상하고, 다시 거기서 사랑하는 이들의 울음과 속삭임을 연상한다.

4) 리듬의 구조

> 산문에는 리듬이 없지만, 시에는 리듬이 있다. 물론 산문의 경우에도 리듬이 드러나는 경우가 있다. 그러나 산문의 경우 대체로 단편적이거나, 문장 구조에 의해 창조된다. 이와는 다르게 시의 경우 리듬은 한편의 시를 지배한다.

5) 진술 형식

> 시는 산문(散文)에 비해 압축된 진술의 형식을 취한다.

> 질문 1) 시는 **빼기의 문학**이라고 하며, 산문은 **더하기의 문학**이라고 말한다. 이 말이 의미하는 바는 무엇일까?

啥
豆巴
滿面花
雨打浮沙
蜜蜂錯認家
荔枝核桃苦瓜
滿天星斗打落花

뭐지
콩이야.
얼굴 가득한 꽃
모래밭 빗방울 자국.
꿀벌이 제 집인 줄 알겠네.
여지 열매와 복숭아 씨, 쓴 외
온 하늘의 별들이 지는 꽃잎 때렸나.

이것은 중국 사천 사람들이 곰보를 놀리는 노래이다. 한 글자에서 차례로 한 글자 씩 일곱 자까지 늘여 나갔다. 각 구절의 끝은 같은 운자를 쓰는 면밀한 배려도 잊지 않았다. 중국음으로 읽어 보면 그 자체로 매우 유쾌한 절주를 형성한다. 처음 무얼까? 하는 의문을 던져 놓고, 바로 콩이지 뭐야 하고 받는다. 다시 그 콩은 얼굴에 핀 꽃을 말하는데, 모래밭에 빗방울이 떨어진 형상과 같다. 벌집 같은 그 모습에 꿀벌도 제 집인 양 착각할 지경이다. 여지(荔枝)나 복숭아씨나 맛이 쓴 외는 모두 껍질이 쭈글쭈글하여 곰보의 얼굴을 떠올리는 과일들이다. 하도 얽은 그 얼굴은 마치 하늘의 뭇별들이 가련히 지는 꽃잎을 난타한 듯 참혹하다.

처음부터 끝까지 곰보라는 말은 직접 한 마디도 비치치 않았다. 그러나 위의 진술이 '곰보'라는 어휘와 연결되는 순간, 진술은 갑자기 반짝이는 빛을 발하며 통쾌한 웃음을 아자낸다.

2. 시의 특질

1) 시의 특성

◦ 표현의 압축성 : 시는 가장 짧은 형태의 문학양식으로, 절제된 언어와 압축된 형태로 표현한다.
◦ 시어의 운율성 : 시는 음악성을 추구하는 문학으로, 운율로써 음악적

효과를 나타낸다. 시를 다른 문학과 구별 짓는 가장 중요한 요소는 운율이다.
◦ 내적 고백성 : 시는 시인의 내면적 정서의 주관적이고 은밀한 토로(吐露)라고도 한다. 시란 곧 내면화된 세계의 주관적·고백적 표현이다.
◦ 정서적 환기성 : 시는 인간의 감정을 표현하는 문학으로, 독자에게 특정한 정서를 환기시킨다.
◦ 간접적 전달성 : '시적(서정적)자아'라는 대리인에 의해 간접적으로 전달한다.

2) 시적 언어의 특성

◦ 함축성(含蓄性) : 시의 언어는 일상적인 언어가 나타내는 지시적 의미와 달리, 표현의 의미가 하나로 한정되지 아니하고 문맥을 통하여 여러 가지 의미를 암시하거나 내포하는데, 이러한 시어의 특성을 함축성이라 한다.
◦ 다의성(多義性) : 시어는 함축성이 있으므로 시의 문맥에 따라 다양한 의미가 덧붙여진다. 이와 같이 시에 쓰인 단어나 문장이 단일하지 아니하고 복합적이고 다의적인 의미를 갖는 성질을 다의성 또는 애매성(曖昧性)이라고 한다.
◦ 사이비 진술(似而非陳述) : 사이비 진술이란 일반적 상식이나 과학적 사실에 어긋나지만 시적 진실을 표현하는 진술로 가진술(假陳述)이라고도 한다.
  예) 깃발이 펄럭인다.(과학적 진술)
  깃발이 뜨거운 몸짓을 하며 절규한다.(사이비 진술)
  술이 사람을 마신다.(사이비진술)
◦ 시적 허용(詩的許容) : 일상의 언어만으로도 인간의 섬세한 감정과 오묘

한 사상을 정밀하게 표현하기 어렵다. 그리하여 일상 언어의 규범이나 어긋난 방식으로 진술하여 다양한 정서와 미묘한 사상을 표현하려고 하는데, 이를 '시적 허용' 또는 '시적 자유'라고 한다.

   예) 머언 먼, 사알 짝, 어머니 그 먼 나라를 알으십니까?
      : 갈 봄 여름 없이(갈 ← 가을)

3) 시의 운율

- 외형률(外形律) : 시의 표현에 드러나는 규칙적 운율(⇨ 정형률)
  - ㉠ 음위율(音位律) : 일정한 위치에 배치된 같은 음들에 의해 형성된다. ⇨ 두운(頭韻), 요운(腰韻). 각운(脚韻)
  - ㉡ 음성률(音聲律) : 음의 고저(高低), 강약(强弱), 장단(長短)의 주기적 반복으로 형성되며, 영시·한시에 나타난다.
  - ㉢ 음수율(音數律) : 음절 수의 규칙적 반복으로 형성된다. ⇨ 3·4(4·4)조, 7·5조
  - ㉣ 음보율(音步律) : 소리의 반복과 시간의 등장성(等長性)에 근거한 운율이다. ⇨ 3음보, 4음보
- 내재율(內在律) : 일정한 규칙 없이 시의 내면에 존재하는 개성적·주관적인 운율(⇨ 자유율)로, 내용·호흡에 의해 율격이 느껴진다.

4) 시의 표현

(1) 이미지(image, 심상)

① 종류
   ㉠ 시각적 이미지 : 색채, 명함, 모양, 움직임 등 시각 현상을 이용한 이미지

ⓛ 청각적 이미지 : 소리의 구체적 감각에 호소하는 이미지
(풀잎하고 부를 때)
ⓒ 미각적 이미지 : 맛의 감각을 이용한 이미지 (봄을 씹고…)
② 후각적 이미지 : 냄새의 감각을 이용한 이미지 (달은 과일보다 향기롭다)
ⓜ 촉각적 이미지 : 피부 감각에 관계된 이미지 (부드러운 고양이의 털에)
ⓗ 공감각적 이미지 : 두 종류 이상의 감각이 결합되어 이루어진 이미지. 대부분 하나의 감각이 다른 감각으로 전이(轉移)된다. (동해 쪽빛 바람)
청각의 시각화, 시각의 청각화, 청각의 후각화, 촉각의 시각화.
예〈시의 표현이미지(image, 심상)〉
청각의 시각화 : 분수처럼 흩어지는 푸른 종 소리, 흔들리는 종 소리의 동그라미, 해설피 금빛 게으른 울음을 울던 곳
시각의 청각화 : 금으로 타는 태양의 즐거운 울림
청각의 후각화 : 향기로운 님의 말소리
촉각의 시각화 : 동해 쪽빛 바람
시각의 촉각화 : 피부에 바깥에 스미는 어둠

5) 시의 표현

(1) 시의 어조(tone)

① 어조의 종류

㉠ 남성적 어조 : 의지적이고 힘찬 패기를 전달한다.
예 이육사의 시, 유치환의 '깃발'·'바위'
㉡ 여성적 어조 : 간절한 기원, 한·애상 등을 전달한다.
예 한용운, 김소월, 김영랑의 시
㉢ 풍자·해학의 어조 : 사회 비판적이다.
예 조선 후기 사설시조, 민중시

3. 수필의 특질과 이해

수필은 무형식·다양한 소재·개성적·비전문적·고백적·신변잡기·유머, 위트가 있는 비평이다. 일정한 형식을 따르지 않고 인생이나 자연 또는 일상생활에서의 느낌이나 체험을 생각나는 대로 쓴 산문 형식의 글이다. 수필은 자신이 생각하고 느끼며 경험한 모든 일을 소재로 사실대로 솔직하고 자유롭게 쓴 글이다. 형식에 얽매이지 않는 자유로움 때문에 수필을 '붓 가는 대로 쓴 글'이라고도 한다.

> 수필은 청자연적이요, 수필은 난(蘭)이요, 학(鶴)이요, 청초하고 몸맵시 날렵한 여인이다. 수필은 그 여인이 걸어가는 숲속으로 난 평탄하고 고요한 길이다. (중략)
> — 피천득, 〈수필〉

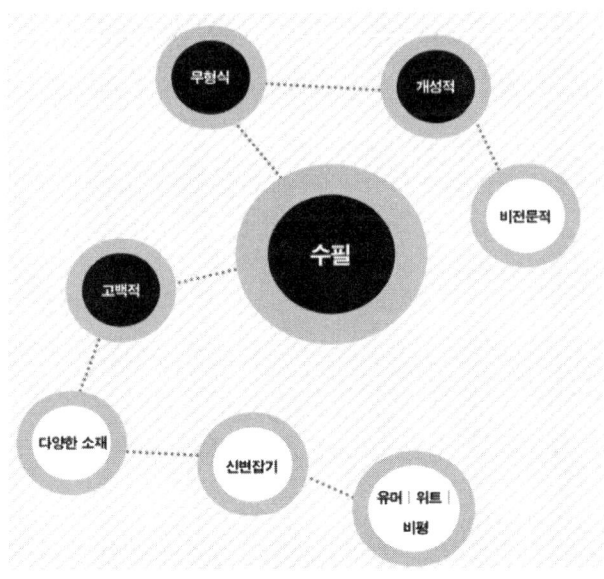

수필의 재료는 생활 경험, 자연 관찰, 또는 사회 현상에 대한 새로운 발견, 무엇이나 가능하다. 그 제재가 무엇이든지 간에 쓰는 이의 독특한 개성과 그때의 분위기에 따라 쓰이는 것이다. 수필은 플롯이나 클라이맥스를 필요로 하지 않는다. 가고 싶은 대로 가는 것이 수필의 행로이다.

1) 무형식

수필은 형식이 없다. 대화문을 쓰거나, 설명만 잔뜩 늘어놓아도 되고 풍경 묘사만 해도 된다. 어떤 인물에 관한 이야기. 주장이나 감상을 직접 드러내도 무방하다. 편지, 일기처럼 써도 된다. 수필은 어떤 형식으로 써도 가능하다.

> 고개 마루턱에 방석소나무가 하나 있었다. 예까지 오면 거진 다 왔다는 생각에 마음이 홀가분해진다. 이 마루턱에서 보면 야트막한 산 밑에 올망졸망 초가집들이 들어선 마을이 보이고 오른쪽으로 넓은 마당 집이 내 진외가로 아저씨뻘 되는 분의 집이다.
>
> 나는 여름 방학이 되어 집에 내려오면 한 번씩은 이 집을 찾는다. 이 집에는 나보다 한 살 아래인, 열세 살 되는 누이뻘 되는 소녀가 있었다. (중략)
>
> 상을 내어 갈 때는 노파 혼자 들어오고, 으레 따라올 소녀는 나타나지 아니했다. 적삼 들킨 것이 무안하고 부끄러웠던 것이다. 내가 올 때 아주머니는 오빠가 떠난다고 소녀를 불렀다. 그러나 소년은 안방에 숨어서 나타나지 아니했다. 아주머니는 갑자기 수줍어졌으니, 얘도 새롭기는 하며 미안한 듯 머뭇머뭇 기다렸으나 이내 소녀는 나오지 아니했다.
>
> — 윤오영, 〈부끄러움〉

소설처럼 첫 부분에 공간적 배경과 인물을 차례로 제시했다. 내용은 시간 순서대로 전개했고, 대화문을 사용하기도 했다.

2) 개성적

글쓴이의 생각, 느낌, 가치관, 경험 등 개인적인 일이나 특성이 글에 드러나는 것. 자신의 인생관, 세계관, 지식, 취미, 감정, 체험, 성격 등이 바로 개성의 표현이다. 수필은 개성이 겉으로 드러나 있다. 자신이 겪은 일을 사실대로 솔직하게 쓰기 때문에 그 사람의 특성을 느낄 수 있다. 그 사람이 어떤 생각과 느낌을 갖고 있는지 또한 어떤 사람인지 알 수 있다. 반면 소설은 저자의 개성이 글 뒤에 숨어 있어 저자가 허구의 이야기를 하기 때문이다.

> 아저씨는 봄이 될 무렵, 다른 장사를 해야 한다며 우리 곁을 떠났지만, 그 후에도 아이를 도와주는 일은 그치지 않았다.
> 가난하지만 마음씨 착했던 군고구마 장수 아저씨가 우리와 한패가 되어 놀면서, 어질고 착하게 자라기를 빌던 아름다운 마음을 지금도 기억하고 있다. 아이들과 함께 놀아 주던 아저씨의 그런 따뜻한 정이 지금은 왜 사라지고 없을까?
>
> 어제 내가 아파트 문을 나설 때, 아이들이 골목에서 공차기를 하고 있었는데, 공이 내 앞으로 굴러왔다. 얼른 발로 아이들에게 차 주자, 아이들이 '와' 하고 소리를 질러서 얼마나 좋았는지 모른다. 나는 공을 한 번 차 주어도 좋아하는 아이들과 친하게 지내고 싶다.
> — 박동규, 〈군고구마 장수〉

3) 유머, 위트, 비평

 글쓴이의 재치와 나름의 독특한 관점이 느껴져 재미를 느낄 수 있고 성찰할 수 있다. 수필은 생활 경험을 소재로 한 것이 많은데도 읽어 보면 재미를 느낄 수 있다. 그것은 필자의 재치가 글 속에 들어 있기 때문에 누구나 겪을 수 있는 평범한 일도 글쓴이가 강조하는 부분에 따라 재미를 발견하고 읽는 사람을 미소 짓게 할 수 있다. 그래서 수필을 유머와 위트의 문학이라고 한다. 유머는 익살스러움을 말하고, 위트는 재치를 설명한다. 유머를 '해학'이라고도 한다. 평범하고 일상적인 사건에 대처하는 글쓴이의 재치있는 태도, 우스운 말과 행동이 읽는 이에게 재미뿐만 아니라 삶의 작은 지혜까지 전달한다.

 수필은 소재에 대한 글쓴이의 독특한 관점이 느껴지는 문학이다. 남들과 구별되는 자기만의 독특한 관점으로 대상을 관찰하고 분석하고 서술하는 것을 '비평'이라고 하는데, 좋은 수필은 글쓴이의 비평 정신이 살아 있다.

> 나의 그 또그닥거리는 구두 소리는 분명 자기를 위협하느라고 일부러 그렇게 따악딱 땅바닥을 박아 내어 걷는 줄로만 아는 모양이다.
> 그러나 이 여자더러 내 구두 소리는 그건 자연이요, 고의가 아니니 안심하라고 일러 드릴 수도 없는 일이고, 그렇다고 어서 가야 할 길을 아니 갈 수도 없는 일이고 해서 나는 그 순간 좀 더 걸음을 빨리하여 이 여자를 뒤로 떨어뜨림으로써 공포에의 안심을 주려고 한층 더 걸음에 박차를 가했더니, 그럴 게 아니었다. 도리어 이것이 이 여자로 하여금 위협이 되는 것이었다.
> (후략)

 여자는 왜 그리 남자를 믿지 못하는 것일까. 여자를 대하자면 남자는 구두 소리에까지도 세심한 주의를 가져야 점잖다는 대우를 받게 되는 것이라면, 이건 이성(異性)에 대한 모욕이 아닐까 생각을 하며, 나는 그다음으로 그 구두 징을 뽑아 버렸거니와 살아가노라면 별(別)한 데다가 다 신경을 써 가며 살아야 되는 것이 사람임을 알았다.

- 계용묵, 〈구두〉

(1) 좋은 비평의 세 가지

1. 비평은 선입견을 가져서는 안 된다.
 - 비평가는 작품의 조화된 정도, 작가가 나타내려고 한 의도가 정확하게 나타났는지, 작품에 드러난 사상이 자기 마음에 들지 않는다고 해서 악평해서는 절대 안 된다.
2. 비평은 마음의 눈으로 작품을 보아야 한다.
 - 비평가는 작품을 보는 것이 아닌 관찰해야 한다. 그 작품을 제대로 평가할 수 있기 때문이다.
3. 비평은 작품에 대한 감상과 평가를 구별해야 한다.
 - 감상에는 자신의 의견이 존재해도 무방하지만, 비평에는 자신의 의견보다는 객관성을 가지고 있어야 한다.

4) 수필의 변천

(1) 고전 수필

고전 수필은 고려에서 조선말까지 한문으로 된 수필류로서, 방대한 양으로서 대개 경우에는 한문학에서는 잡기나 필기 등으로서 수필적인 양식이다. 한문 수필로서는 어숙권의 『패관잡기』, 이인로의 『파한집』, 임진왜란 이후 유성룡의 『징비록』, 박지원의 『열하일기』, 김만중의 『서포만필』 등이 있다. 국문 수필로서는 훈민정음 창제 후에 여인들에 의하여 쓰인 수필로서, 궁정 수필은 『계축일기』, 혜경궁 홍씨의 『한중록』 등이 있다. 기행수필로서는 박창수의 『남정 일기』, 이희평의 『화성 일기』 등이 있다.

(2) 근대 수필

근대 수필은 처음에는 기행적인 수필이었으나, 1930년대에 산문 문학의 한 장르로서, 본격적으로 한문 수필과 국문 수필로 이루어진 고전 수필의 성격을 계승하여 서구적 수필을 개성적인 시각을 수용하면서, 이원적으로 출발을 하였다.

근대 수필은 1910년대는 태동기, 1920년대는 병립, 상충기 1930년대는 형성기, 1940년대는 침체기, 1950년대 이후, 전후로 문학에 이르러 현대수필의 단계로 넘어갔었다. 1910년대의 수필은 최승구의 「남조선의 신부」 등으로 근대 수필의 새로운 출발로서, 최남선의 「소년」, 「청춘」 등이었다.

1920년대 수필은 김환의 「고향의 길」, 박종화의 「감상」 등이었으며, 이때에 수필 양식 형성에 결정적인 역할을 한 것은, 「조선 문단」과 「동광」이었다.

1930년대의 수필은 이때부터 문학성을 지닌 수필이 발표되고 수필 이론이 정립되어 본격적인 수필 문학의 시대로 들어갔다. 김기림의 「수필을 위하여」, 김광섭의 「수필문학 소고」, 이양하의 「신록예찬」, 이효석의 「청포도의 사상」 등이 발표되었다. 1940년대는 국어 말살정책으로 신문 잡지 등이 폐간되면서 침체현상이 되었다. 이런 와중에서도 발표한 수필은 박종화의 「청태집」, 이관수의 「돌베개」, 김진섭의 「인생 예찬」 등이었다.

(3) 현대 수필

　1950년대 이후의 현대수필은 6.25 사변으로 격동하는 시대에 상응하여 수필이 발표되었으며, 역사적 의미를 집약시킨 조지훈의 「지조론」 등이 있어 많은 독자들로부터 수용되는 현상이 일어났다. 현대수필의 주요 경향은, 사회적 변모에 따른 제재의 다양성과 수필형식에서도 다양한 양상이나 생활의 설정, 복합구조 등 새롭고 다양한 기법으로 구사하였다. 그러므로 수필 문예지인 『수필 문학』, 『한국수필』 등 수필전문지, 잡지에서 수필이 발표할 수 있는 무대가 확대되어 문인이나 비문인인 모두가 수필을 쓸 수 있게 되었다.

읽어보기 1

슈크림

백신애

　벌써 신혼이라는 그러그러한 때가 저 먼 옛날같이 되어버린 이때에 새삼스럽게 달콤하고 아기자기한 신혼 여행기를 쓰라는 명령을 받고 펜을 들게 되니 공연히 웃음만 납니다. 대체 쓸 만한 거리가 기억에 남아있어야 될 터인데 잊어버렸는지 또는 눈을 감고 여행을 했는지 좌우간 여행기가 될 만한 것이 생각나지 않습니다. 여행기가 아니라 그저 생각나는 대로만이라도 쓴다면 다음과 같은 운치 없는 말문입니다.

채길지도 못한 단발머리를 겨우겨우 싸 묶어가지고 긴 치마에 얌전을 깨물고 시댁에 가서 이마에 손을 얹고 큰절을 할 때 머리꽁지 나올까봐 조마조마 애를 쓰며 한번 절하고는 곁에 선 피 씨(彼氏)를 바라보고

"꽁지 안 나왔소?"

하는 표정으로 머리 뒤에 손을 대어보이면

"아직 염려 없다."

는 눈 끔직이들 해주면 겨우 안심하고 또 한 상 절을 하는데, 절 받겠다는 사람은 왜 그리 많은지 삼 십여 상을 계속하고 나니 웬만히 심신이 피로해졌을 텐데 그 위에 거창스러운 하루를 묵게 되었으니 예법이고 깻묵뭉치고 간에 그저 펑퍼져 두 다리 쭉 뻗고 뒹굴고 싶은 마음이 굴뚝같았습니다.

그 이튿날에야 비로소 신혼여행인가 무엇을 간다고 좋은 곳 다 버리고 하필 대판(大阪: 오사카)으로 길을 나서 현해탄 위에 둥실 뜨고 보니 무슨 큰 시련이나 겪고 난 다음 같이 갑자기 명랑해져서, 참으로 가뿐하고 시원하더군요.

그런데 왜 구태여 시골뜨기 때를 못 벗고 대판으로 가게 되었나 하면 공업과 상업 외에는 아무것도 없다는 아버지의 의견으로서는

"경치 좋은 곳에 가면 뭣하나. 대판 xx 공장, xx 회사, 무엇 무엇 그것은 다 한 번씩 참고로 보아둘 만하다. 우리 조선사람 손으로는 밥 짓는 솥 하나 경편하게 만들 줄 모르니."

하고 젊은이들 마음을 이해할 줄 몰라주시니 차마 노인의 의견을 반대할 수 없었던 것이었어요.

"그러지 말고 교토(京都)나 나라 쪽으로 갑시다."

연락선에서 이렇게 제의하는 피 씨의 말에 못 이긴 체는 하였으나 속으로는 무척 반가워, 교토로 가자는 약속을 하였는데 하관(시모노세키)에서 채

플린의 '거리의 등불'을 대판 일본전통 공연장에서 상영 중이란 신문광고를 보고는 또다시 약속을 집어치우고 좌우간 대판에 먼저 하차하기로 했습니다. 대판에 내리자 '거리의 등불'을 보고나니 욕심은 그대로 남아 있는지라 곧 아버지의 지기(知己)요, 대판 상공계 중견인 XX 씨를 찾아 자세한 이야기를 들어 삼일간 잘 견학해보라고 권하던 아버지에게 후일 사죄거리를 장만한 후 그날 밤 즉시 대판을 떠났습니다. 교토에서 내리려던 것도 차에 올라 조금 종알거리는 판에 당도하고 말았으므로 내리기가 싫어 그대로 기차 닿는 곳까지 뻗쳐버리자고 한 것이 동경(東京:도쿄)이외다.

"신혼여행을 동경으로 간다는 것은 촌놈이니 이왕 뻗치는 길이면 더 미끄러지자"고 닛코(일본 도치기 서북부에 있는 관광도시)까지 가고 말았습니다.

"백설이 나리는 닛코를 가보는 것은 신애의 성이 백(白)가니까!"

라는 피 씨의 말이 그럴듯했습니다. 정말 일광에 가보니 틀림없이 백설이 만건곤(滿乾坤)이요. 만약에 때 아닌 백화가 만발해 있었어요. 나 역시 시인은 아니지만 한 마디 화답이 없을 수 없어

"백설이 내려 때 아닌 백화가 만발했네. 아마도 이화인가 보다"

요란하게 자동차 폭음을 내서 설운이 자욱한 골짜기를 천길만길 내려다보며 중선사호로 구름을 헤치고 올라갈 때 우화이등선(羽化而登仙)인가 싶던 것 외에는 닛코의 승경 가지가지를 아무 감흥 없이 보고 말았습니다.

피차 닛코는 첫걸음이 아니었던 까닭인지는 모르나 이때에 가본 닛코는 그저 평범한 곳으로 밖에 기억에 없습니다.

그러나 지금 생각하면 하나 기념될 만한 것이 있었습니다. 이 여행을 마치고 돌아온 후 슈크림을 먹기는커녕 보기도 싫어진 것입니다. 어떻게 해서 그렇게 되었느냐 하면 닛코역에 내려 잠깐 끽다점(喫茶店)에 들어갔을 때 내가 슈크림을 정했더니

"그것이 무슨 맛이 있어?"
하고 묻는 것을

"나는 퍽 즐겨요."
하고 대답했더니 그날 밤 닛코호텔에서 없다는 슈크림을 일부러 사람을 시켜 닛코역까지 가서 슈크림 한 상자를 사왔어요.

"자, 실컷 먹으시오. 일부러 당신을 위해 먼 데서 사온 것이니"
하며 갓근스럽게 정성껏 권하는 바람에 한두 개면 넉넉한 것을 이럭저럭 자꾸 집어먹으니 그 정성을 무시할 수 없어 제법 맛있는 척하고 먹어대지 않을 수 없었습니다.

"내일 또 먹겠어요. 더 못먹겠어요."
하고 겨우 거절을 하면 그 편은 내가 체면이나 하는 줄 알고 자꾸 권하니 그런 딱한 노릇이라곤 없었어요. 하는 수 없이 한 자리에서 열 개를 계속해 집어넣었더니 지금까지라도 슈크림이라면 머리가 흔들립니다.

"무턱대고 먹으라고만 권하는 것은 야만적이에요"
하고 지금이라도 간혹 싸움 밑천 삼아 들먹거리면

"내야 체면으로 권했지만 당신의 위 주머니도 상당히 야만적이던데."
하고 비꼬니 내가 체면 차려 억지로 먹은 줄은 모르는 심판입니다.

좌우간 허니문은 아무 데나 되는대로 갈 것입니다 좋은 경치고 뜻깊은 곳이고 무어고무어고 다 소용없는가 합니다. 왜 그러냐하면 어느 겨를에 외계경치 구경을 합니까?

그런 까닭에 신혼여행에는 산을 보나 바다를 보나 꽃을 보나 무엇에든지 아무 감흥도 인상도 없다고 그 저 이렇게 우물쭈물 쓰다 마는 것이 옳겠지요.

읽어보기 2

나를 벗 삼다

박수밀

    살다 보면 깊이 외로울 때가 있다. 관계가 틀어져서 외롭고, 내 막막함을 누구도 답해줄 것 같지 않아 외롭다. 외로우니까 사람이 그립고, 누군가를 간절히 생각한다. 그러나 마음을 터놓을 친구가 항상 곁에 있는 것은 아니다. 밥을 나누고 웃는 얼굴로 안부를 묻는 정도의 사람은 있어도 좋은 날 마음이 통하는 대화를 나눌 벗은 찾기 어렵다.

    조선 후기의 시인 이덕무(李德懋)는 "마음에 꼭 드는 시절에 마음에 꼭 드는 친구를 만나서 마음에 꼭 맞는 말을 나누며 마음에 꼭 맞는 글을 읽으면, 이것이야말로 지극한 즐거움인데 그런 일이 어찌도 적은가?"라며 탄식했다. 이렇게 참다운 친구를 얻기가 어렵다면 어떻게 해야 할까. 그는 "나는 나를 벗으로 삼는다!"라 말한다.

    **눈 오는 새벽, 비 내리는 저녁에 좋은 벗이 오질 않으니
    누구와 얘기를 나눌까? 시험 삼아 내 입으로 글을 읽으니,
듣는 것은 나의 귀였다. 내 팔로 글씨를 쓰니, 감상하는 것은 내 눈이었다.
      내가 나를 벗으로 삼았거늘, 다시 무슨 원망이 있으랴!**

이덕무,「선귤당농소(蟬橘堂濃笑)」

눈 내리는 새벽, 비 내리는데 홀로 있는 밤은 더욱 외롭다. 그러나 곁에는 함께 이야기를 나눌 친구가 없다. 듣는 사람 없고 보는 사람 없다 한들 무슨 상관이랴! 글을 읽으니 듣는 것은 나의 귀이고, 글을 쓰고 있자니 감상하는 것은 내 눈이다. 이 세상에 나를 가장 잘 알아주고 나를 가장 아끼는 건 오직 나뿐! 나는 나를 친구 삼아 스스로 즐기도록 하겠다! 이덕무는 '나는 나를 벗 삼는다'는 말을 자신의 호로 삼아 '오우아거사(吾友我居士)'라고 스스로 일컬었다. 자기 자신을 친구 삼으려는 심리에는 고단한 현실에 굴복하지 않고 자신을 지켜내려는 자의식이 있다. 남이 알아주지 않더라도, 속을 터놓을 사람이 없더라도 내 품위와 내 자존감을 나 스스로 지키겠다는 마음이다.

나도 마찬가지다. 나는 다만 내게 속했을 뿐이다. 나는 내게 속했다! 자존감이 세상을 당당히 홀로 가게 한다. 이해관계에 얽매일 필요 없으니, 푸른 것은 푸르다고 하고 붉은 것은 붉다고 말한다. 홀로 가는 길은 자유로운 길이다. 지금은 혼밥 혼술의 시대! 당당하게 혼자 살면서 혼자 밥 먹고 혼자 술 마시는 행위가 일상적인 풍경이 되었다. 물론 세상은 혼자서는 살 수가 없고, 관계는 여러모로 중요하다. 그러나 억지로 무리에 끼고, 관계에 연연할 것은 없다. 우리 사는 세상은 관계 과잉의 시대가 아니던가! 나는 내게 속했고 나는 나를 벗 삼는다. 이 마음으로 무소의 뿔처럼 가면 그뿐이다.

노자는 "나를 알아주는 이가 드물다면 나는 참으로 고귀한 존재"라고 했다. 주위에 사람이 없더라도, 나를 알아주는 이가 적더라도 나는 내 길을 꿋꿋하게 걸어가면 된다. 삶이 외로울지언정 그 외로움을 기꺼이 사랑하고 내 길을 따라 가는 것이다.

조선 후기 문신인 이언진(李彦瑱)도 "나는 나를 벗하고 남을 벗하지 않겠다"고 선언한다. 이 세상에 나는 오직 한 사람이니, 내가 좋아하는 바를 따라 살아가겠노라고 다짐했다. 세상이 나를 인정해주지 않더라도 나의 자존감을 일으켜 세워 홀로됨을 사랑하고 그 길을 기꺼이 걸어가고자 했다.

- 박수밀, 『오우아(吾友我)』, 메가스터디북스, 2020.

읽어보기 3

인연

지난 사월, 춘천에 가려고 하다가 못 가고 말았다. 나는 성심(聖心) 여자 대학에 가보고 싶었다. 그 학교에, 어느 가을 학기, 매주 한 번씩 출강한 일이 있었다. 힘드는 출강을 한 학기 하게 된 것은, 주 수녀님과 김 수녀님이 내 집에 오신 것에 대한 예의도 있었지만, 나에게는 사연이 있었다.

수십 년 전, 내가 열일곱 되던 봄, 나는 처음 도쿄(東京)에 간 일이 있다. 어떤 분의 소개로 사회 교육가 미우라 선생 댁에 유숙(留宿)을 하게 되었다. 시바쿠(芝區)에 있는 그 집에는 주인 내외와 어린 딸, 세 식구가 살고 있었다. 하녀도 서생(書生)도 없었다. 눈이 예쁘고 웃는 얼굴을 하는 아사코(朝子)는 처음부터 나를 오빠같이 따랐다. 아침에 낳았다고 아사코라는 이름을 지어 주었다고 하였다. 그 집 뜰에는 큰 나무들이 있었고, 일년초(一年草) 꽃도 많았다. 내가 간 이튿날 아침, 아사코는 스위이트 피이를 따다가 화병에 담아, 내가 쓰게 된 책상 위에 놓아 주었다. 스위이트 피이는 아사코같이 어리고 귀여운 꽃이라고 생각하였다.

성심 여학원 소학교 일 학년인 아사코는 어느 토요일 오후, 나와 같이 저희 학교에까지 산보를 갔었다. 유치원부터 학부(學部)까지 있는 카톨릭 교육 기관으로 유명한 이 여학원은, 시내에 있으면서 큰 목장까지 가지고 있었다. 아사코는 자기 신장을 열고, 교실에서 신는 하얀 운동화를 보여 주었다.

내가 도쿄를 떠나던 날 아침, 아사코는 내 목을 안고 내 뺨에 입을 맞추고, 제가 쓰던 작은 손수건과 제가 끼던 작은 반지를 이별의 선물로 주었다.

그 후, 십 년이 지나고 삼사 년이 더 지났다. 그동안 나는, 국민 학교 일 학년 같은 예쁜 여자아이를 보면 아사코 생각을 하였다.

내가 두 번째 도쿄에 갔던 것도 사월이었다. 도쿄역 가까운 데 여관을 정하고 즉시 미우라 선생 댁을 찾아갔다. 아사코는 어느덧 청순하고 세련되어 보이는 영양(令孃)이 되어 있었다. 그 집 마당에 피어 있는 목련꽃과도 같이. 그 때, 그는 성심 여학원 영문과 3학년이었다. 나는 좀 서먹서먹했으나, 아사코는 나와의 재회를 기뻐하는 것 같았다. 아버지, 어머니가 가끔 내 말을 해서 나의 존재를 기억하고 있었나 보다.

그 날도 토요일이었다. 저녁 먹기 전에 같이 산보를 나갔다. 그리고 계획하지 않은 발걸음은 성심 여학원 쪽으로 옮겨져 갔다. 캠퍼스를 두루 거닐다가 돌아올 무렵, 나는 아사코 신발장은 어디 있느냐고 물어 보았다. 그는 무슨 말인가 하고 나를 쳐다보다가, 교실에는 구두를 벗지 않고 그냥 들어간다고 하였다. 그리고는, 갑자기 뛰어가서 그날 잊어버리고 교실에 두고 온 우산을 가지고 왔다. 지금도 나는 여자 우산을 볼 때면, 연두색이 고왔던 그 우산을 연상(聯想)한다. '셸부르의 우산'이라는 영화를 내가 그렇게 좋아한 것도 아사코의 우산 때문인가 한다. 아사코와 나는 밤늦게까지 문학 이야기를 하다가 가벼운 악수를 하고 헤어졌다. 새로 출판된 버지니아 울프의 소설 '세월'에 대해서도 이야기한 것 같다.

그 후 또 십여 년이 지났다. 그동안 제2차 세계 대전이 있었고, 우리나라가 해방이 되고, 또 한국 전쟁이 있었다. 나는 어쩌다 아사코 생각을 하곤 했다. 결혼은 하였을 것이요, 전쟁통에 어찌 되지나 않았나, 남편이 전사(戰死)하지나 않았나 하고 별별 생각을 다 하였다. 1954년, 처음 미국 가던 길에 나는 도쿄에 들러 미우라 선생 댁을 찾아갔다. 뜻밖에 그 동네가 고스란히 그대로 남아 있었다. 그리고 미우라 선생네는 아직도 그 집에 살고 있었다. 선생 내외분은 흥분된 얼굴로 나를 맞이하였다. 그리고 한국이 독립이 되어서 무엇보다도 잘 됐다고 치하(致賀)하였다. 아사코는 전쟁이 끝난 후, 맥아더 사령부에서 번역 일을 하고 있다가, 거기서 만난 일본인 2세와 결혼을 하고 따로 나서 산다는 것이었다. 아사코가 전쟁미망인(戰爭未亡人)이 되지 않은 것은 다행이었다. 그러나 2세와 결혼하였다는 것이 마음에 걸렸다. 만나고 싶다고 그랬더니, 어머니가 아사코의 집으로 안내해 주었다.

뾰족 지붕에 뾰족 창문들이 있는 작은 집이었다. 이십여 년 전 내가 아사코에게 준 동화책 겉장에 있는 집도 이런 집이었다.

"아! 이쁜 집! 우리, 이담에 이런 집에서 같이 살아요."

아사코의 어린 목소리가 지금도 들린다.

십 년쯤 미리 전쟁이 나고 그만큼 일찍 한국이 독립되었더라면, 아사코의 말대로 우리는 같은 집에서 살 수 있게 되었을지도 모른다. 뾰족 창문들이 있는 집이 아니라도. 이런 부질없는 생각이 스치고 지나갔다.

그 집에 들어서자 마주친 것은 백합같이 시들어 가는 아사코의 얼굴이었다. '세월'이란 소설 이야기를 한 지 십 년이 더 지났었다. 그러나 그는 아직 싱싱하여야 할 젊은 나이다. 남편은 내가 상상한 것과 같이 일본 사람도 아니고 미국 사람도 아닌, 그리고 진주군 장교라는 것을 뽐내는 사나이였다. 아사코와 나는 절을 몇 번씩 하고 악수도 없이 헤어졌다.

그리워하는데도 한 번 만나고는 못 만나게 되기도 하고, 일생을 못 잊으면서도 아니 만나고 살기도 한다. 아사코와 나는 세 번 만났다. 세 번째는 아니 만났어야 좋았을 것이다.

　오는 주말에는 춘천에 갔다 오려 한다. 소양강 가을 경치가 아름다울 것이다.

― 피천득, 〈인연〉, 『피천득 수필집 인연』, 민음사, 2018.

학습활동

1. '나'를 키워드로 마인드맵을 그리시오.

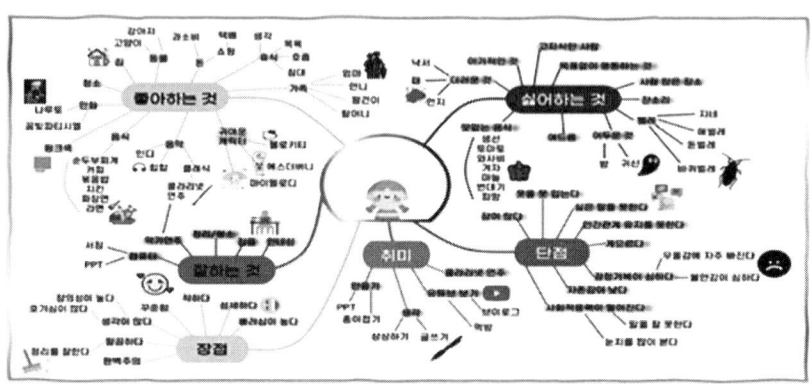

2. '나'의 개성이 잘 나타나도록 한 단락 이상 수필을 작성하시오.

한 단락 글쓰기 제출용

학 번 :
이 름 :

퀴즈

01 시에서 흔히 사용되는 '함축적 언어'의 특징으로 옳지 않은 것은?
    a. 암시적이고 주관적인 의미를 가진다.
    b. 대상을 지시함과 동시에 정서적 효과를 불러일으킨다.
    c. 사전적 의미에 충실하여 명확한 정보 전달에 중점을 둔다.
    d. 간접적인 표현을 통해 다양한 해석을 가능하게 한다.

02 과학적 언어와 문학적 언어가 공통적으로 지향하는 바는 무엇인가?
    a. 현실 세계의 객관적 표현
    b. 인간의 소망과 꿈의 주관적 표현
    c. 실재하는 사물과의 1:1 대응 관계
    d. 정서적 환기와 개인적 경험의 전달

03 시의 '행갈이'가 문학적 의미를 갖는 이유는 무엇인가?
    a. 문장의 길이를 조절하기 위함이다.
    b. 소리와 의미의 효과를 사고와 연결시키기 위함이다.
    c. 글의 목적이 실용적 가치에 있기 때문이다.
    d. 단순히 시각적인 아름다움을 위함이다.

04 시에서 '리듬의 구조'가 중요한 이유는 무엇인가?
    a. 시의 내용을 더 잘 이해할 수 있게 하기 위해서
    b. 시의 음악성과 감정의 흐름을 전달하기 위해서
    c. 독자가 시를 더 쉽게 암기할 수 있게 하기 위해서
    d. 시의 형식을 정형화하기 위해서

05 '시는 빼기의 문학'이라는 표현이 시에 대해 설명하는 것으로 적절하지 않은 것은?
  a. 시는 절제된 언어를 사용한다.
  b. 시는 압축된 형태로 표현한다.
  c. 시는 정보의 양을 최대화하기 위해 노력한다.
  d. 시는 간결하고 의미심장한 표현을 추구한다.

06 시적 언어의 '다의성'이란 무엇을 의미하는가?
  a. 단어가 하나의 의미만을 가진다.
  b. 문맥에 따라 단어나 문장이 다양한 의미를 갖는다.
  c. 문장이 항상 명확하고 직접적인 의미를 전달한다.
  d. 언어의 사용이 일상적인 대화와 동일하다.

07 시에서 '사이비 진술'의 사용 목적은 무엇인가?
  a. 과학적 사실을 정확하게 전달하기 위해
  b. 시적 진실과 감정을 표현하기 위해
  c. 독자에게 구체적인 지식을 제공하기 위해
  d. 문장의 문법적 정확성을 유지하기 위해

08 시의 '외형률'과 '내재율' 중 어느 것이 개성적이고 주관적인 운율을 의미하는가?
  a. 외형률
  b. 내재율
  c. 둘 다 아니다
  d. 둘 다 맞다

09 시에서 사용되는 '이미지'의 목적은 무엇인가?
  a. 독자에게 구체적인 정보를 전달하기 위해
  b. 독자의 감정과 상상력을 자극하기 위해
  c. 시의 내용을 논리적으로 설명하기 위해
  d. 시의 길이를 늘리기 위해

10 시의 '어조'가 시에 중요한 이유는 무엇인가?
   a. 시의 문법적 구조를 결정하기 때문에
   b. 시의 리듬과 운율을 결정하기 때문에
   c. 시의 감정적 분위기와 기백을 전달하기 때문에
   d. 시의 형식을 정형화하기 위해서

11 수필의 특징 중 하나인 '무형식'에 대한 설명으로 옳지 않은 것은?
   a. 대화문이나 설명을 주로 사용할 수 있다.
   b. 플롯이나 클라이맥스가 필수적인 요소이다.
   c. 편지나 일기 형식으로 쓸 수 있다.
   d. 인물에 관한 이야기나 주장을 드러내도 된다.

12 수필에서 개성적인 요소가 드러나는 이유는 무엇인가?
   a. 저자가 허구의 이야기를 하기 때문이다.
   b. 저자의 인생관, 세계관, 지식 등이 반영되기 때문이다.
   c. 저자가 다른 사람의 경험을 대변하기 때문이다.
   d. 저자가 전문적인 지식을 바탕으로 글을 쓰기 때문이다.

13 수필에서 유머와 위트가 중요한 이유는 무엇인가?
   a. 읽는 이에게 삶의 지혜를 전달하기 위해서이다.
   b. 필자의 재치가 없으면 글이 지루해지기 때문이다.
   c. 모든 수필은 웃음을 주는 것을 목표로 하기 때문이다.
   d. 유머와 위트 없이는 수필이라고 할 수 없기 때문이다.

14 수필에서 비평의 역할에 대한 설명으로 올바른 것은?
   a. 비평은 작품에 대한 감상과 평가를 혼동해서는 안 된다.
   b. 비평은 작가의 의도와 상관없이 주관적인 의견을 담아야 한다.
   c. 비평은 선입견을 가지고 작품을 평가해야 한다.
   d. 비평은 작품의 단점만을 지적하는 것이 주된 목적이다.

15 근대 수필의 특징으로 가장 적절한 것은?
  a. 한문 수필과 국문 수필의 성격을 계승하며 서구적 수필을 수용했다.
  b. 고전 수필과 달리 오직 한문으로만 작성되었다.
  c. 근대 수필은 주로 궁정 수필로 분류된다.
  d. 근대 수필은 플롯과 클라이맥스를 중요시했다.

16 현대 수필의 발전에 영향을 미친 요소는 무엇인가?
  a. 6.25 사변과 같은 역사적 격동이 반영되었다.
  b. 오직 전문 작가들만이 수필을 쓸 수 있었다.
  c. 수필은 전통적인 형식에만 국한되어 발전했다.
  d. 수필은 과거의 주제와 스타일을 유지하며 발전했다.

17 백신애의 '슈크림'에서 저자가 신혼 여행기를 쓰게 된 계기는 무엇인가?
  a. 독자들의 요청으로 인해
  b. 개인적인 추억을 기록하기 위해
  c. 명령을 받고
  d. 여행의 경험을 공유하고자

18 수필 '슈크림'에서 저자가 신혼 여행 중 경험한 일 중 기억에 남는 것은 무엇인가?
  a. 슈크림을 먹고 싶어진 것
  b. 슈크림을 먹고 나서 싫어지게 된 것
  c. 닛코의 아름다운 풍경
  d. 신혼 여행지로 오사카를 선택한 것

19 수필에서 '개성적'이라는 특성이 중요한 이유는 무엇인가?
  a. 독자가 저자를 개인적으로 알 수 있기 때문이다.
  b. 개성이 없으면 수필이 아니라고 여겨지기 때문이다.
  c. 개성적인 요소가 글을 더 흥미롭게 만들기 때문이다.
  d. 개성이 글의 진정성을 높여주기 때문이다.

20 수필에서 '무형식'이라는 특성이 갖는 의미는 무엇인가?
    a. 글쓴이가 자유롭게 표현할 수 있는 자유로움을 의미한다.
    b. 글쓴이는 반드시 정해진 형식을 따라야 한다.
    c. 수필은 오직 일기 형식으로만 쓰여야 한다.
    d. 무형식은 글쓴이의 개성을 제한한다.

제 3 장

소설의 이해

1. 소설의 형성과정

우리는 흔히 '소설(小說)'을 현실에서 있을 법한, 매우 잘 꾸며진 이야기로 생각한다. 이때 허구적 이야기는 작가가 자신의 삶을 포함하여, 인간의 생활 대부분의 영역에 걸쳐 존재한다. 이는 소설의 종류를 살펴보아도 쉽게 알 수 있는데, 인간 내면의 심리상태를 그린 심리소설, 그리고 한 시대의 변화를 주인공의 삶을 통해 파헤쳐 나간 역사소설, 현대 사회에서 인간의 실존을 다룬 소설, 작가 자신의 삶을 이야기로 만들 일본의 1인칭 소설 등 소설이 다루지 못하는 인간의 영역은 없다. 이 말은 곧 소설은 우리의 삶의 모습을 고스란히 반영하고 있다는 것과 같다.

동양에서 소설(小說)이라는 단어가 처음 나타난 것은 『장자(莊子)』의 「외물편(外物篇)」이다. 장자(莊子)는 소설을 '상대방의 환심을 사려는 의도로 꾸며낸 재담(才談)' 정도로 생각하고 있다.

대체로 작은 낚싯대를 가지고 개울에서 붕어새끼나 지키고 있는 사람들은 큰 고기를 낚기 어렵다. 이처럼 소설(小說)을 꾸며서 그걸 가지고 현(縣)의 수령(守令)의 마음에 들려 하는 자는 크게 되기 어렵다.[1]

장자에 의하면 소설은 사설(邪說), 간언(奸言)처럼 사람의 판단을 흐리게 하고, 눈앞의 이익에 눈먼 소인(小人)들이 쓰는 언사(言辭)이다. 이는 물론 장자는 무척 혼란스러웠던 춘추 전국 시대에 세상을 돌아다니면서 현실 경륜의 방법과 그에 필요한 지식을 팔았던 유가(儒家)에 대한 경멸의 의미로 썼던 것이라고 추측할 수 있겠지만,[2] 소설이 '꾸며낸 이야기'라는 것에는 동의하고 있다.

이에 반해 공자(孔子)는 『논어(論語)』의 「자장편(子張篇)」에서 소설을 '소도(小道)'라고 칭하며, 다음과 같이 언급한다. "소도(小道)에는 볼만한 것이 있기는 하지만, 원대한 일을 당해 이를 인용하면 통하지 않을 염려가 있다. 그러므로 군자(君子)는 이런 것을 하지 않는다."[3] 간과해서는 안 될 것은 공자가 소설을 소도라고 칭한 것으로, 소설이 부정되지 않는다는 것이다. 문학을 학문의 연장으로 생각했던 공자는 여기서 소설의 효용성을 강조한 것으로 보아야 한다. 즉 공자는 소설의 윤리적 측면을 더 중요하게 여긴 것이다. 후에 반고(班固)는 오늘날의 소설에 근접한 개념을 제시한다. "소설가(小說家)란 대개 패관(稗官)이란 관직에서 나온 말로 소설이란 길거리에서 떠도는 이야기와 풍문(風聞)으로 길에서 듣고 말할 수 있는 것들로 만들어진 것이다."[4] '소설가'란 말이 길거리의 백성들 사이에서 떠도는 잡다한

---

1 夫揭竿累趣灌瀆守鯢鮒 其於得大魚難矣飾小說以干縣令 其於大達亦遠矣
2 조남현, 『소설원론』, 고려원, 1982, 11쪽.
3 孔子曰 雖小道 必有可觀 者焉 致遠恐泥是以君子不爲也

이야기(여론)를 수집하는 관리인 패관에서 비롯되었고, '소설'이란 그 패관들이 수집한 가담항어(街談巷語)나 도청도설(道聽塗說), 즉 패설(稗說) 혹은 패관소설(稗官小說)과 같은 의미임을 알 수 있다.

우리나라에서 지금은 전해지지는 않지만 고려 말의 이규보가 쓴 『백운소설(白雲小說)』과 이제현의 『역옹패설』 등에서 그러한 명칭이 처음 나타나는데, 이 또한 설화를 포함한 잡록의 개념으로 쓰인 듯하다. 고려시대에는 사물(술·돈·죽부인)을 의인화한 가전체 소설이 출현했고, 조선초기에는 김시습의 『금오신화』와 그 후 이어진 최초의 한글 소설 허균의 『홍길동전』을 거쳐 고소설과 신소설, 현대소설로 이어져 내려오고 있다.

소설은 조선 시대에 접어들면서 허구성과 이야기의 요소를 갖춘 것으로 보는 경향이 나타나기 시작했다. 특히 양성지는 소설의 효능을 정보성과 오락성의 두 측면에서 살펴보기도 했다. "패관소설에 이르러서는 역시 유자(儒者)들이 문장으로써 쾌활한 이야기를 만든 것이니 혹은 견문을 넓히는 데 이용하고 혹은 심심풀이를 삼으니 모두 소용되지 않는 것이 없다."[5] 이와 더불어 이덕형은 『송도기이(松都記異)』에서 양성지와 비슷한 견해를 피력했다. "소설(小說)을 만드는 이유는 한가할 때 보려고 함이다. 비록 말이 낮고 거칠다 하더라도 명교(名敎)에 도움이 되지 않는 바 없다."[6] 물론 소설의 부정적인 측면, 곧 소설이 황당하고 음란(淫亂)한 이야기로 유가적(儒家的) 질서를 어지럽히고 있다는 주장을 펼친 조선시대 선비들도 적지 않았지만, 소설이 '꾸며진 이야기'라는 점은 대체로 인정하고 있었다. 이러한 소설

---

4 小說家者流蓋出於稗官 街談拂巷語道聽塗設者之所造也
5 至於稗官小說亦儒者以文章爲劇談或 資博聞或因破閑 皆不可無者也
6 抄爲小說以備閑賢 言雖俚野不無有助於名敎世也

의 개념은 개화기에 이르러 더욱 정교한 형태로 다듬어진다.

개화기 소설의 대표자라 할 수 있는 이해조는 「화(化)의 혈(血)」 서언(序言)에서 다음과 같이 말하고 있다.

> 무릇 쇼셜은 테직가 여러 가지라 한 가지 젼례를 들어 말ᄒᆞᆯ 수 업스니 혹 졍치를 언론ᄒᆞᆫ 자도 잇고 혹 졍탐을 긔록ᄒᆞᆫ 자도 잇고 혹 샤회를 비평ᄒᆞᆫ자도 잇고 혹 가졍을 경곙ᄒᆞᆫ 자도 잇스며 기타 륜리 과학 교졔 등 인셩의 쳔ᄉᆞ만ᄉᆞ 즁 관계 안이 되는 자이 업나니 샹쾌ᄒᆞ고 악착ᄒᆞ고 슯흐고 즐겁고 위틱하고 우슨 것이 모도다 됴흔 직료가 되야 긔자의 붓긋을 싸라 주미가 진ᄉᆞᄒᆞᆫ 쇼셜이 되나 (중략) 이졔 쏘 그와 갓튼 현금ᄉᆞᆯ의 실젹으로 화의 혈이라 ᄒᆞᄂᆞᆫ 쇼셜을 셔로 져술ᄒᆞᆯᄉᆡ 허언랑셜은 한 구졀도 긔록지 안이ᄒᆞ고 졍녕히 잇는 일동일졍을 일호차착업시 편즙ᄒᆞ노니 긔자의 직료가 민쳡지 못ᄒᆞᆷ으로 문쟝의 광치는 황홀지 못ᄒᆞᆯ지언졍 ᄉᆞ실은 젹확ᄒᆞ야 그 ᄉᆞᆷ을 보고 귀로 그 셩경을 듯ᄂᆞᆫ 듯ᄒᆞ야 션악간 죡히 밝은 거울이 될 만ᄒᆞᆯ가 ᄒᆞ노라

소설은 단순히 꾸며낸 이야기만은 아니다. 위 인용문에서도 언급되듯 소설은 비록 그것이 허구성을 기반으로 한 이야기이지만, '사실을 적확하게 그려 독자로 하여금 선악의 판단을 내릴 수 있게 해야 한다'는 개념으로까지 발전한다.[7] 요컨대 소설의 허구성은 현실에 기반한 허구성이어야 한다는 것이다.

동양에서의 발전된 소설 개념은 서구의 경우라도 크게 달라지지는 않는다. 다만 현대적 개념의 소설이 정착되기까지 동양에 비해 그 발전 경로가

---

7   또한 이해조는 「화의 혈」 후기에서도 "긔쟈왈 쇼셜이라 ᄒᆞᄂᆞᆫ 것은 믹양 빙공착영으로 인졍에 맛도록 편즙ᄒᆞ야 풍속을 교졍ᄒᆞ고 샤회를 경셩ᄒᆞᄂᆞᆫ 것이 데일 목뎍"이라고 언급하고 있다.

뚜렷할 뿐이다. 보통 서구에서 소설은 고대의 신화(myth) 혹은 서사시(epic)와 중세의 로망스(romance)를 벗어난 근대적 양식으로 이해되고 있다. 신화와 서사시의 영웅담과 로망스의 기사 이야기의 주인공의 초인적 성격, 그리고 전체적인 사건을 지배하는 우연성, 환상성은 소설에서는 우리가 살고 있는 현실의 세계를 배경으로 평범한 인물과 그들의 필연적인 사건의 전개 과정으로 바뀌게 된다. 쉬로더는 로망스(romance)와 소설(novel)의 차이를 다음과 같이 언급하고 있다.

> 로망스는 주로 프로타고니스트가 자기 자신이 영웅임을 입증하는 과정, 즉 영웅으로서의 잠재력을 실현시키는 과정을 다룬다. 이에 비해 소설은 우선 현상과 실체 사이의 갭에 주목한다. 그리고 소설은 주로 부르주아지의 생활, 사업, 근대 도시에 펼쳐지는 여러 삶의 모습을 다루고자 하였다.[8]

쉬로더에 따르면, 로망스는 애초에 영웅으로 운명지어진 주동 인물이 자신을 증명하는 과정인데 비해 소설은 갈등하는 인간을 주동 인물로 등장시키고, 그 배경 또한 그가 살고 있는 현실의 모습이다. Gillian Beer 또한 소설과 로망스의 차이점을 대비하고 있다.

> 소설은 알려진 세계의 묘사와 해석에 한층 몰두하고 로맨스는 그 세계의 숨은 꿈을 분명히 하는 데 전념한다. 로맨스는 항상 소망의 실현에 관심이 있고, 따라서 그것은 여러 가지 형식을 취하며, 영웅적인 것, 전원생활, 이국 취미, 신비, 어린 시절, 정열적인 완전한 사랑이 그것들이다. (중략) 로맨스는 인간의 기본적 충동에 의지하고 있으나, 그것은 가끔 한 시대의 독특한 형식과

---

[8] 조남현, 앞의 책, 56쪽.

동기(動機)를 매우 세밀하게 기록한다. 그 결과로 로맨스는 흔히 유행처럼 덧없는 것이며, 그것이 쓰여진 시대에는 매우 재미있으나 후대에는 읽을 수 없는 것이 된다.[9]

이처럼 소설과 로망스는 세계 묘사와 해석에 있어 보다 근본적인 차이를 드러낸다. 로망스가 알려지지 않은 세계에 존재하는 인물들의 소망 — 영웅의식, 전원생활, 이국취미, 신비, 완전한 사랑 — 의 실현에 관심을 가지고 있는 반면에, 소설은 잘 알려진 세계에 존재하는 인물의 사는 모습을 그린다. 곧 로망스가 현실 너머의 세계를 묘사하는 것이라면, 소설은 '지금, 여기'의 현실을 묘사하는 것이다. 이러한 경향은 소설의 사실주의적 태도와 밀접하게 연결된다. 다시 말해 로망스가 공상적이고 환성적인 이야기라면, 노벨은 진기하면서도 비허구적이거나 현실적인 이야기라는 측면에서 차이를 보인다. 14세기 이탈리아에서는 진지하면서도 스캔들이기도 한 로망집이 크게 유행했는데, 이중 가장 잘 알려져 있는 것이 최초의 근대소설이라고도 불리는 보카치오(1313~1375)의 『데카메론』이다. 『데카메론』은 노벨의 대표적인 작품이라 하겠다.

서구 사실주의 문학적 경향을 대표하는 발자크(1799~1850, 프랑스의 소설가)는 『인간희극』의 서문에서 자신이 작품을 쓰게 된 동기를 당대의 사상적 흐름을 대표하는 실증주의적 태도와 연결하면서, 작가는 '동·식물학자와 같이 인간의 삶과 사회를 관찰하며 분석'해야 한다는 점을 강조한다.

다만 하나의 생물만이 존재한다. 창조주는 유기적인 모든 존재에 대하여

---

9 Gillian Beer, 문우상 역, 『로망스』, 서울대학교출판부, 1980, 16쪽.

오직 하나 그리고 동일한 수호신을 사용한 데에 불과하다. 생물은 외적 형태를 가진 하나의 원시적인 힘이다. 더 정확하게 말하면 그 힘이 발전할 수 있도록 놓여 있는 외계에 있어서 여러 가지 다른 형태를 취한 것이다. (중략) 그러한 관계에서는, 사회도 자연계도 같은 것으로 나는 보았다. 사회도 인간을, 마치 동물계에 있는 동물의 종류처럼, 각기 활동하는 외계에 따라 다양한 인간들을 만든 것이 아닐까.[10]

그는 이어 뷔퐁(1707~1788, 프랑스의 박물학자·계몽사상가)은 "동물계 전체를 한 권의 책으로 훌륭하게 저술했으나, 사회에 관해서는 이런 종류의 저술이 없지 않은가"라고 말함으로써 자신이 태도를 당대 현실의 객관적인 묘사에 두었다.

2. 소설의 개념 및 특성

소설이란 작자가 자신의 직·간접적인 체험을 바탕으로 현실의 구체적 삶을 구성적(構成的)으로 서술한 창조적 이야기로 정의할 수 있을 것이다. 아울러 인간의 행위를 중심으로 한 사건이 일정한 시·공간 속에서 전개되는 서사문학으로서의 속성 또한 강조될 수 있다. 여기서 구성적 이야기로서의 소설은 재미있게 꾸민 이야기와 새롭고 놀라운 이야기로 나누어 설명할 수 있을 것이다.

긴 산문의 이야기는 대부분의 민족이 예전부터 가지고 있었다. 어떤 사건에 대하여 제3자에게 보고하는 것은 결국 이야기가 되며 그것을 듣는

---

10 문덕수·황송문, 『문예사조사』, 국학자료원, 1997, 115~116쪽.

사람이 자기에게 직접적, 현실적 이해관계 없이 그 보고에 흥미를 느끼면 그 이야기는 재미있는 이야기가 된다. 그러한 흥미를 일으킬 수 있는 여러 요소를 의도적으로 발전시키고 적절히 이용하면 재미있게 이야기하는 기술이 된다.[11] 이때의 재미란 단순히 통속적인 재미를 말하는 것은 아니며, 이것은 읽거나 듣는 사람에게 어떤 사건을 재미있게 꾸며서 감동을 준다는 것을 의미한다. 재미있게 꾸민 이야기는 '옛날이야기'를 생각할 수 있다. 이야기의 재미는 특정한 사건과 인물이 시간과 공간의 이동에 따라 독자를 흥미롭게 끌어가는 허구(Fiction) 때문이다.

그리고 소설은 재미뿐만 아니라 새롭고 놀라우며 환상적인 어떤 이야기의 특성 또한 갖추고 있다. 일상적으로 보고 듣는 것에 사람들은 흥미를 가지지 못한다. 사람들은 '새롭고 놀라우며 자극적인 이야기'를 원한다. 보고 듣지 못한 세계에 대한 호기심과 신기한 남의 이야기 그리고 소문을 포함한 이 모든 것이 이야기가 될 수 있는 중요한 조건들이다. 이런 이야기 가운데는 환상적이고 놀라운 이야기도 있지만 사실적인 이야기를 적절히 윤색한 것도 있고 이 둘을 혼합한 것도 있다. 이러한 사실은 서사문학이 인간의 삶과 인간을 둘러싼 세계에 대한 이해를 바탕으로 함을 의미한다. 즉, 신화에서 근대소설까지 서사문학의 변천 과정은 인간의 삶의 양상과 인식구조의 변화로서 나타난다.

고소설의 경우 작가의 세계관은 그 시대와 사회 제도 및 그 이념에 순응하고 부합하는 양상으로 표출되어 등장인물의 삶은 운명적이거나 가족적인 삶의 테두리에 머물고, 신선이나 도인(道人) 혹은 술법(術法)의 도움으로 위기를 극복하여 성취에 이르게 되는 순행적 시간구조를 따르게 되는 것이

---

11 이상섭, 『문학비평용어사전』, 민음사, 1981, 148쪽.

다. 즉, 작가의 시선이 사회 전체의 어긋남보다는 사회의 제도에 순종하는 등장인물에 주목되고 있어 출생, 성장, 혼인, 성취의 과정을 모두 중요하게 여기며 그에 따라 한 개인의 일생담을 이야기하게 된 것이라 하겠다.

반면, 근대소설에 있어서는 작가의 세계관이 그 시대의 사회 제도 이념이 구조적으로 어긋나 있음을 파악하고 있는 까닭에 등장인물의 개인적인 성취보다는 사회의 어긋남을 드러내 보여 주는 한 개인의 삶에 주목하게 된다. 그래서 영웅적인 출생과 탐색은 무의미하게 되며 사회의 거대한 흐름의 한쪽에 자리 잡고 있는 평범한 인물의 관계적 삶을 드러내는 데 필요한 진술만을 부분적으로 끼워 넣게 되는 것이다. 근대소설의 이야기는 전적으로 허구에 의존되어 있으므로 인물과 이야기는 모두가 가상적인 것이다. 그러나 이 가상적인 이야기에는 진실이 담겨 있다. 즉, 가상적인 이야기를 펼침으로써 우리의 삶 속에 내재해 있는 진실을 일깨우는 효과를 준다.[12]

우리는 소설이 다른 어느 문학 장르보다도 허구적 요소를 의식적으로 사용하고 있나고 말할 수 있다. 그런데 우리가 간과해서는 안 될 것은 허구성이 단순한 의미로 '꾸며낸 거짓 이야기'만을 의미하지 않는다는 것이다. 허구성은 반드시 개연성(蓋然性)을 바탕으로 한다. 소설이 가공의 세계를 그리면서도 어떻게 진실을 표현할 수 있는가 하는 문제는 소설가의 선택에 의해 가능해진다. 소설가는 무질서하고 체계 없는 잡다한 현실 세계에서 질서 있고 일관성 있는 하나의 세계를 선택하는 것이다. 다시 말해서 소설가는 현실 세계를 재창조하여 소설이라는 가공의 세계를 만들어 내는 사람이며 소설은 일상적인 생활을 허구적인 설계도에 따라 변화시키는 작업의 결과라고 할 수 있다.

---

[12] 신동욱, 『문학개설』, 정음문화사, 1984, 74~75쪽.

위에서 말한 '질서 있고 일관성 있는 하나의 세계'라는 것은 곧 리얼리티 (reality)의 세계를 가리키는 것으로, 브룩스와 워렌(C. Brooks & R. P Warren) 은 『소설의 이해(Understanding Fiction)』(1959)에서 '리얼리티'란 논리(Logic)이며 이 논리에 의해서 작품의 통일성을 갖추게 된다고 하였다. 논리는 필연성을 요구하고 필연성 앞에는 필연성에 도달할 수 있는 가능한 것들이 존재한다.[13] 여기서 리얼리티란 구체적으로 소설에 있어 플롯의 전개나 인물의 설정 및 배경의 변화 등에서 전체적인 통일과 질서를 확립시키는 논리 또는 사건의 인과 관계로 설명된다. 그래서 허구가 실제의 세계가 아니라도 진실(True)의 세계에 도달하게 된다. 가령 황당무계한 사건을 다룬 우리의 고소설의 경우에도 그 내적 논리로 인해 비록 현실적인 사실이 아니라도 그 속에 담겨진 진실은 우리들에게 감동을 준다.

소설의 특성은 허구(Fiction)를 방법으로 삼는데 있지만 궁극적인 특성은 인간을 탐구하고 인생을 표현하는데 있다. W. H 허드슨이 『문학의 연구 안내(An Introduction to the study of Literature)』(1958)에서 '소설은 인생의 해석'이고 '소설가의 주제는 곧 인생'이라고 한 것은 소설의 특성을 잘 표현한 말이라 하겠다. 또한 Hamilton도 "소설은 증유된 인생"이라 하여 갖가지 모습으로 살아가는 많은 인간들의 생활 가운데 어떤 의도에 의해 의미 있는 인생의 표현임을 강조하고 있다.

근대와 현대 소설에서 인물의 구체적인 리얼리티를 보여 주기 위하여 인물 묘사, 성격 창조, 심리 표현을 내세우는 것도 바로 인간에 대한 이해를 넓히기 위한 새로운 영역의 발견을 보여 주는 것에 불과하다.

---

13 김성곤 외, 『문학에 이르는 길』, 열음사, 1993, 126쪽.

3. 소설의 구성 요소

소설은 근대 시민사회의 성장과 더불어 태어난 장르로서 200년도 채 안되는 짧은 연륜과 또 소설의 형태가 누리는 자유로운 형식의 폭이 크기 때문에 그 구성 요소를 다양하게 들 수 있다. 소설의 구성 요소에 대한 견해는 글쓴이에 따라 조금씩 다르다. 허드슨(W. H. Hudson)은 구성, 성격, 대화, 행동과 시간의 장소, 문체, 인생관 등 여섯 가지를 소설의 구성 요소로 들었고[14] 포스터(E. M. Forster)는 스토리, 인물, 구성, 판타지, 패턴, 리듬으로 나누어 소설의 양상을 설명하고 있다.[15] 캐니(W. Kenny)는 플롯, 성격, 배경, 시점, 문체와 톤(tone), 구조와 기법, 주제로 나누고 있다.[16] 브룩스(C. Brooks) 워렌(R. P. Warren)은 플롯, 성격, 주제로 3분하고 여기에 시점, 거리, 스케일 등을 세분하고 있다.[17]

1) 플롯(Plot)

(1) 플롯과 스토리

플롯의 개념을 살펴보기 전에, 우선 플롯과 대비되는 스토리(*story*)를 살펴보자. 흔히 플롯은 스토리와 유사한 측면이 있다고 생각되고 있다. 둘 다 사건의 전개 과정을 통해 존재하기 때문이다. 그러나 플롯과 스토리는 이야기의 전개를 어떠한 방식으로 풀어가는지 사건의 구조를 어떤 방식으

---

[14] W. H. Hudson, An Introduction to the Study of Literature (London, 1958), p. 131.
[15] E. M Forster, Aspects of The Novel (Pengun Books, 1957) 참조.
[16] W. Kenny, How to Analyze Fiction (New York. 1966) 참조.
[17] C. Brooks & R. P. Warren, Understanding Ficction (New York, 1959) 참조.

로 엮는지에 따라 달라진다. 이는 소설의 본질에까지 영향을 미치는 매우 중요한 차이이다.

E. M. 포스터는 이 두 단어의 차이를 간명하게 설명하고 있다. 그는 스토리를 시간의 순서에 따라 정리된 사건의 서술로, 그리고 플롯을 인과관계(因果關係)에 중점을 둔 사건의 서술로 정의한 뒤, 다음과 같이 스토리와의 차이점을 들고 있다.

> "왕이 죽자 왕비가 죽었다"는 스토리이다. "왕이 죽자 왕비도 슬퍼서 죽었다" 하는 것은 플롯이다. 시간적 순서는 그대로 가지고 있지만, 인과율(the sense of causality)이 이에 그림자를 드리운다. 다시 "왕비가 죽었다. 아무도 그 까닭을 모르다가 왕의 죽음에 슬퍼하다가 죽었다는 사실이 밝혀졌다." 이것은 신비를 간직한 플롯이며 고도의 발전이 가능한 형식이다.[18]

포스터의 지적은 플롯이 플롯이나 스토리를 논리적이며 지적으로 재구성한 것으로 사건 전개의 실마리를 지니면서 또한 예술성을 나타내는 것이다. 여기서 우리는 소설에서 플롯의 역할이 무엇인가 하는 질문에 답을 할 수 있게 된다. 플롯은 자칫 지루한 이야기 구조를 '흥미' 있는 구조로 바꾸는 역할을 한다. 스토리는 다음에 무슨 일이 일어나게 되는가에 대한 관심을 유발하지 못하는 반면, 플롯은 다음 사건에 대한 강한 호기심을 불러일으키게 된다. 이에 포스터는 플롯을 일종의 '고급 관리(higher governmental official)'[19]로 비유하고 있기도 하다.

---

18 E. M. Forster, 앞의 책, 81~82쪽.
19 이 개념은 작품 전체의 분위기 형성에 있어 평형을 유지하는 기능을 한다. 가령 소설 속의 인물들이 너무 오랜 시간 명상에만 잠겨 소설의 흐름을 지루하게 하는 것을 막고, 인물들

(2) 플롯의 개념

플롯이란 보통 '구성', '줄거리', '짜임새' 등으로 번역될 수 있는데, 구체적으로는 '소설에서 어떤 갈등 혹은 문제를 지닌 동기화된 행위의 서술'을 뜻한다.[20] 이때 동기화는 소설을 형성하는 크고 작은 단위이고 행위의 서술은 사건을 풀어나가는 작중 인물의 모든 행동을 지칭하는 것이다.

소설은 '플롯'을 통하여 하나의 논리적인 구조로 구성된다. 다시 말해, 플롯은 소설의 배경이 되는 시간과 공간, 사건과 그에 따른 행위의 필연성, 등장인물의 성격 그리고 작품의 주제까지 소설의 핵심적 요소의 근본적인 토대가 된다. 이를 위해서는 플롯은 건축에서의 설계나 항해 지도 또는 비밀결사의 은밀한 책략(策略)과 같이 구조적인 논리의 형태(form)를 지녀야 한다. 즉, 소설의 플롯은 소설 속에 전개되는 사건의 전체적인 연쇄를 가리키지만 단순한 사건 자체가 아니라 사건의 연속체로써 인과 관계에 의하여 연결된 일련의 사건을 의미하는 것이다.

아리스토텔레스는 비극에 있어서 플롯을 설명하면서, 플롯은 전체(a whole)라고 말한 바 있다. 그것은 시작과 중간과 끝을 가진 것으로서의 전체이며 시작은 그것 앞에는 아무 것도 없는 것이고, 끝은 그것 뒤에 아무 것도 없는 것이라고 정의했다. 이는 구성이 인과적으로 연관된 사건임을 말하는 것이며 각 사건은 가능성과 필연성의 법칙에 의해 행해졌던 것을 의미하는 것이다.

플롯이란 개념은 때때로 혼란을 야기하기도 하는데 그것은 플롯이 두

내면에 편중되는 데 걸리는 시간도 제어한다. (E. M. Forster, 앞의 책, 93쪽.)
[20] M. K. Danziger & W. S. Johnson, Introduction td The Literary Criticism (Boston, 1961), 19쪽.

가지 의미를 지니고 있기 때문이다. 브룩스와 워렌은 『소설의 이해』에서 "플롯은 한 편의 소설에 나타난 행동의 구조"라고 언급한 바 있는데, 그것은 좁은 의미에서의 플롯이며, 넓은 의미로는 성격 설정과 배경의 변화까지 포함하는 소설의 모든 설계를 뜻하기도 한다. 플롯이 넓은 의미로 사용되면 좁은 의미의 플롯은 해체될 수 있다. 현대 심리소설의 허구적 기법은 플롯에 대하여 도전적 양상을 보이고 있다. 이른바 인물의 의식의 흐름으로 표현되는 내적 독백과 같은 것이 바로 그것이다. 그 구조는 사건과 행동에 의해서 이룩되는 것이라기보다는 인물의 사고가 내용물로 되어 있기 때문이다. 그럼에도 불구하고 소설의 핵심적 요소는 여전히 플롯이다. 18세기 이후 많은 전통적 소설들은 좁은 의미의 플롯을 충실히 따르고 있음을 우리는 알 수 있다.[21]

플롯 단계의 분석은 작가가 그의 이야기를 그 자신의 방법으로 기술한 것을 바탕으로 이루어져야 할 것이다. 우선, 독자가 플롯의 단계를 분석하기 위해서는 모티프(*motif*)에 의한 개개의 사건을 분류하는 작업이 필요하다. 모티프는 크게 나누어 구성 모티프(*bound motif*)와 자유 모티프(*free motif*)[22]로 나눌 수 있다. 구성 모티프는 이야기의 인과 관계를 이루고 있어서 이것이 없이는 이야기가 성립되지 않는다. 자유 모티프는 사건의 인과적인 연계를 방해하지 않으므로 줄거리와는 상관이 없다. 따라서 플롯의 전개를 분석하기 위해서는 구성 모티프를 찾아내고 이들의 연계 관계를 파악해야 한다.

---

21 김성곤 외, 앞의 책, 144쪽.
22 Boris Tomashevsky, 『Thematics, Russian Formalist Criticism』, 67쪽.

(3) 플롯의 전개방식

플롯의 전개 방식은 연구자에 따라 다르지만 브룩스와 워렌은 『소설의 이해』에서 '발단-전개-절정-대단원'의 4단계로 나눴는데 이를 참고하기로 한다.

① 발단(Exposition)

발단은 인물이 소개되고 배경이 제시되며 기본 상황, 윤곽이 드러나는 등 스토리가 전개되어 가는 기점이 된다. 한 작품의 분위기 환경도 자연스럽게 그려져야 하며 인물들의 기본적인 성격과 사건이 제시되어야 한다. 유의해야 할 점은 독자들에게 매력을 주어 작품을 계속 읽어 나가도록 하는 흥미를 일으켜야 한다.

> (가) 그때가 아마 내 나이 일곱 살 때였을 게다. 연년생 누이동생이 다섯 살 나던 해 여름, 마을 앞을 흐르는 강이랄 것도 없는 개천에 빠져 죽은 다음 해 여름이었으니까. 지금은 신층 주택가가 되었지만 그때만 해도 돼지우리와 돼지우리 비슷하게 생긴 인가가 지독한 똥냄새를 풍기는 채소밭 사이에 띄엄띄엄 흩어져 있는 시골이면서, 인심과 주소만은 서울인 변두리에 우리는 살고 있었다.
> 　마을 앞엔 개천이 있었는데 채소밭에서 나는 것과 같은 진한 똥냄새를 풍기며 어디서 어디로 흐르는지 모르게 질펀히 고여서 무수한 장구벌레를 키우고 있었다. 그러나 비가 오면 흐름이 빨라지면서 어른 한 길도 넘게 물이 불어나는 수도 있었다. 누이동생은 장마가 개고 불볕이 나는 7월의 어느 날 거기서 빠져 죽었다. 내 뒤만 졸졸 따라다니는 게 성가셔서 감쪽같이 따돌리고 나서 불과 한 시간도 안 돼서 그 일은 일어났던 것이다.

(나) 폭풍이 이는 날에는 수로의 난간에 가까이 가는 것을 금하라. 그리고 안개, 특히 겨울 안개에 조심하라...... 그리고 미로 속으로 들어가라. 그것을 두려워할수록 길을 잃으리라.

로마에서의 일을 끝내자마자 그는 기차에 올라탔고 저녁 늦게 베네치아에 도착했다. 그리고 방향 잃은 호흡이 하얗게 서려 오는 새벽의 어느 창가에서 그는 이 환상에 가까운 팻말을 보았다. 여전히 정리되지 않은 환상을 헤매는 피곤한 꿈속에서였다.

그러나 그것은 이탈리아에 도착한 이래 그가 읽은 여러 여행안내 책자 속의 단어들이 거의 무의식중에 조립된 것일 뿐.

그가 눈을 떴을 때 기차는 어둠 속에서 육지와 베네치아를 잇는 철로 다리를 달리고 있었다. 약간 설익은 어두움. 겨우 여덟 시를 넘겼을 뿐이다. 이윽고 베네치아 산타루치아라는 진짜 팻말이 어둠 속에 떠오르며 기차는 역 안으로 들어섰다. 기차에서 내리는 사람들의 흐름을 따라 역을 나왔을 때...... 그는 서른두 살의 생애에 그가 본 것 중 가장 놀랍고 이상한 도시 앞에 있음을 알아차렸다.

(가)는 박완서의 『배반의 오후』의 발단부분이다. 작가는 이 소설을 통하여 개인이 삶의 의미를 배우게 되는 과정을 자전적 형식으로 그리고 있다. 여기서 '배반'은 주인공이 간직하고 있던 삶의 의미가, 세상과의 불화로 인해 무너져 내리는 것을 암시하는 단어로 쓰이고 있는데, 작가는 '누이동생의 죽음'을 발단에 배치함으로써 '배반'이 나의 의지와는 관계없이 언제든지 올 수 있음을 넌지시 암시하고 있다.

(나)는 최윤의 『하나코는 없다』의 발단 부분이다. 작품 전체의 주제를 "안개에 조심하라"라는 문장으로 암시하고 있다. 현대사회에서 소외된 여성의 존재, 혹은 인간성의 상실을 우회적으로 그리고 있는데, 여기서 '안개'는 그 주제를 부각하는데 커다란 디딤돌이 되고 있는 것이다. 아울러 '안개'

는 소설을 이끌어 나가고 있는 '그'의 막연한 심리상태를 보여주고 있다. 발단에서는 인물, 배경 등을 통하여 앞으로 전개될 사건의 흐름과 주제에 대한 암시를 보여 주고 있다.

② 전개(Conflication)

이야기의 전개 단계로 작중인물은 대립 세력의 행동이나 성격에 의하여 심리적으로 갈등을 겪게 되고 그의 긴장감은 분규(紛糾)로서 행동화된다. 사건의 성격은 변화 발전되고 배경이나 분위기도 강화된다. 특히 이 전개 부분은 논리와 리얼리티에서 이루어져야 한다. 성격과 사건이 복잡해지되 갈등과 긴장을 잊지 말아야 하며 분규를 일으키되, 해결될 수 있어야 한다. 현진건의 대표작 「운수 좋은 날」을 통해 이를 살펴보자.

> 이윽고 끄는 이의 다리는 무거워졌다. 자기 집 가까이 다다른 까닭이다. 새삼스러운 염려가 그의 가슴을 눌렀다. "오늘은 나가지 말아요. 내가 이렇게 아픈데!" 이런 말이 잉잉 그의 귀에 울렸다. 그리고 병자의 움쑥 들어간 눈이 원망하는 듯이 자기를 노리는 듯하였다. 그러자 엉엉하고 우는 개똥이의 곡성을 들은 듯 싶다. 딸국딸국 하고 숨 모으는 소리도 나는 듯 싶었다.

이 부분은 김첨지의 갈등이 드러나는 과정이다. 위 예문은 계속 손님이 많아 돈을 벌면서도 인력거가 자신의 집 근처로 지날 때 김첨지의 내적인 갈등을 보여 주며 아울러 긴장감을 조성한다. 즉, 아침에 아내가 "오늘은 나가지 말라"는 애원과 개똥이의 곡성(哭聲)이 환청(幻聽)으로 들리며 돈을 벌수록 그 불안감은 가중된다. 이러한 전개 과정이 발전하면서 그 불안이 현실로 나타나며 절정으로 치닫게 되는 것이다.

조세희의 장편 『난장이가 쏘아올린 작은 공』을 보자.

사람들은 아버지를 난쟁이라고 불렀다. 사람들은 옳게 보았다. 아버지는 난쟁이였다. 불행하게도 사람들은 아버지를 보는 것 하나만 옳았다. 그 밖의 것들은 하나도 옳지 않았다. 나는 아버지, 어머니, 영호, 영희, 그리고 나를 포함한 다섯 식구의 모든 것을 걸고 그들이 옳지 않다는 것을 언제나 말할 수 있다. 나의 〈모든 것〉이라는 표현에는 〈다섯 식구의 목숨〉이 포함되어 있다. 천국에 사는 사람들은 지옥을 생각할 필요가 없다. 그러나 우리 다섯 식구는 지옥에 살면서 천국을 생각했다. 단 하루라도 천국을 생각해 보지 않은 날이 없다. 하루하루의 생활이 지겨웠기 때문이다. 우리의 생활은 전쟁과 같았다. 우리는 그 전쟁에서 날마다 지기만 했다.

1970년대를 대표하는 소설 중의 하나인 『난장이가 쏘아올린 작은 공』은 김불이와 그의 가족의 삶이 중심축을 이루고, 은강그룹 경영자 가족, 변호사 가정의 윤호, 변두리 주택가에 사는 신애의 삶이 맞물려 전개된다. 인용된 부분은 난장이 가족의 큰 아들인 영수가 그들의 생활상을 말하는 부분이다. 영수 남매들이 가지고 있는 것들은 모두 주워온 것들이고, 그들이 살고 있는 집도 구청에 의해서 철거될 처지에 놓여 있다. "우리의 생활은 전쟁과 같았다. 우리는 그 전쟁에서 날마다 지기만 했다"라고 술회(述懷)하는 영수네의 생활은 한 마디로 "지옥"이었던 것이다.

작가 조세희는 이 부분을 통해 등장인물의 갈등을 압축하고 있다. 이후의 전개 과정은 영수가 삶의 지옥을 어떻게 벗어나려고 하는가에 집중되어 있다. 철거당하는 집들에는 아파트 입주권이 주어지지만 입주금을 마련할 수 없는 사람들에게는 먼 나라 이야기일 뿐이고, 입주금을 마련할 수 없는 난쟁이 가족은 부동산 업자에게 입주권을 팔 수밖에 없었다. 집이 철거되던

날 밤 영수의 아버지인 '난장이'는 벽돌공장 굴뚝에 올라가 자살을 기도한다.

③ 절정(Climax)

독자의 흥미가 최고조에 오르는 순간 또는 독자의 감정적 반응이 최고점에 이르는 부분을 말한다. 절정은 행동의 역전(逆轉)이 이루어지는 부분인 동시에 상승 행동과 하향 행동이 나눠지는 분기점(分岐點)이기도 하다. 여기서 이야기는 혼란을 통해 질서로 향하는 움직임이라 할 수 있다. 다시 현진건의 「운수 좋은 날」을 보자.

> 하여간 김첨지는 방문을 왈칵 열었다. 구역을 나게 하는 추기-떨어진 삿자리 밑에 나온 먼지내, 빨지 않은 기저귀에서 나는 똥내와 오줌내, 가지각색 때가 케케히 앉은 옷내, 병인의 땀 썩은 내가 섞인 추기가 무딘 김첨지의 코를 찔렀다. 방안에 들어서며 설렁탕을 한구석에 놓을 사이도 없이 주정군은 목청을 있는 대로 다 내어 호통을 쳤다.
> "이년 오라질 년, 주야장천(晝夜長川) 누워만 있으면 제일이야! 남편이 와도 일어나지를 못해."라는 소리와 함께 발길로 누운 이의 다리를 몹시 찼다. 그러나 발길이 채이는 건 사람의 살이 아니고 나무둥걸과 같은 느낌이 있었다. 이때에 빽빽 소리가 응아 소리로 변하였다. 개똥이가 물었던 젖을 빼어 놓고 운다. 운대도 온 얼굴을 찡그려 붙여서, 운다는 표정을 할 뿐이다. 응아 소리도 입에서 나는 게 아니고 마치 뱃속에서 나는 듯하였다. 울다가 울다가 목도 잠겼고 또 울 기운조차 시진(澌盡)한 것 같다.

전개 과정에서 싹튼 불안감이 현실화되는 부분이다. 그리고 지금까지 미루어두었던 위기감이 구체화되기도 한다. 이것은 지금까지 김첨지의 혼란스럽고 어수선했던 심리 상태가 어쩔 수 없는 환경에 의해 하향적으로 질서를 잡고 정리되는 부분이다.

이에 비해 김동인의 작품 「감자」의 절정은 다음과 같다.

"이까짓 것!"
그는 발을 들어서 치장한 신부의 머리를 찼다.
"자, 가자우, 가자우."
왕 서방은 와들와들 떨었다. 왕 서방은 복녀의 손을 뿌리쳤다. 복녀는 쓰러졌다. 그러나 곧 다시 일어섰다. 그가 다시 일어설 때는 그의 손에 얼른얼른하는 낫이 한 자루 들리어 있었다.
"이 되놈, 죽어라. 이놈, 나 때렸디! 아이구 사람 죽이누나."
그는 목을 놓고 처울면서 낫을 휘둘렀다. 칠성문 밖 외딴 밭 가운데 홀로 서 있는 왕 서방의 집에서는 일장의 활극(活劇)이 일어났다. 그러나 그 활극도 곧 잠잠하게 되었다. 복녀의 손에 들리어 있던 낫이 어느덧 왕 서방의 손으로 넘어가고, 복녀는 목으로 피를 쏟으며 그 자리에 고꾸라져 있었다.

복녀가 피를 쏟으며 죽어가는 상황을 묘사함으로써 극적인 반전을 꾀하고 있다. 이 부분은 우리나라의 단편소설 가운데 가장 극적인 절정 부분을 보여주고 있는데, '복녀'가 '왕서방'을 죽이려다 오히려 살해된다. 이는 지금까지 전개되어 온 갈등이 파국(破局)으로 치닫게 됨을 보여주는 부분이다.
김승옥의 「서울 1964년 겨울」에서는 '사내'의 죽음을 통해 갈등이 절정으로 치닫게 된다.

다음날 아침 일찍이 안이 나를 깨웠다.
"그 양반, 역시 죽어 버렸습니다." 안이 내 귀에 입을 대고 그렇게 속삭였다.
"예?" 나는 잠이 깨끗이 깨어버렸다.
"방금 그 방에 들어가 보았는데 역시 죽어 버렸습니다."
"역시……" 나는 말했다. "사람들이 알고 있습니까?"

"아직까진 아무도 모르는 것 같습니다. 우린 빨리 도망해 버리는 게 시끄럽지 않을 것 같습니다."
"자살이지요?"
"물론 그렇겠죠."
나는 급하게 옷을 주워 입었다. 개미 한 마리가 방바닥을 내 발이 있는 쪽으로 기어오고 있었다. 나는 그 개미가 내 발을 붙잡으려고 하는 것 같은 느낌이 들어서 나는 얼른 자리를 옮겨 디디었다.
밖이 이른 아침에는 싸락눈이 내리고 있었다. 우리는 할 수 있는 한 빠른 걸음으로 여관에서 떨어져 갔다.

위 작품은 1964년 겨울 어느 날 저녁부터 다음 날 아침까지 우연히 만난 세 남자의 이야기로, 급속한 산업화와 근대화가 진행되는 1960년대 서울의 단편(斷片)을 섬세하게 그려내고 있다. 공동체 의식이 무너지고 고향마저 상실해버린 서울의 젊은이들, '나'와 '안'은 어찌 보면 근대 자본주의 이념에 능동적으로 대처하지도 못하고, 급속히 해체되는 전통을 복원하려는 노력을 하지 않는 수동적인 인물로 묘사되고 있다. 익명의 공간을 상징하는 '선술집'에서 '나'와 '안'은 쓸데없는 말장난을 하며 서로 동질감을 느낀다.
그러나 삶에 절망하여 끝내 자살하고야 마는 '사내'는 두 청년과는 전혀 다른 인물이다. 평범한 서민에 불과한 '사내'는 자신의 고통을 함께 나눌 친구를 구하지만, '나'와 '안'은 외면하고 결국 '사내'를 자살에 이르게 하고 만다. 어떻게 보면, 사내의 죽음은 1960년대의 서울이라는 익명화된 도시의 한 단면일 뿐이다. 스물다섯 살이라는 나이를 거듭 확인하는 두 사람이 마지막에 이르러 생기를 상실해 버린 자신들을 돌아보게 된다. "우리가 너무 늙어버린 것 같지 않습니까."

④ 대단원(Denouement)

파국, 해결, 결말이라고도 부르며 등장인물의 운명이 분명해지고 그에 실패나 성공의 전모가 드러나는 최종적인 단계이다.

현진건의 「운수 좋은 날」에 잘 나타난다.

"이 눈깔! 이 눈깔! 왜 나를 바루 보지 못하고 천정만 보느냐, 응?" 하는 말 끝엔 목이 메었다. 그러자 산 사람의 눈에서 떨어진 닭의 똥 같은 눈물이 죽은 이의 뻣뻣한 얼굴을 어룽어룽 적신다. 문득 김첨지는 미친 듯이 제 얼굴을 죽은 이의 얼굴에 한데 비비대며 중얼거렸다.

"설렁탕을 사다 놓았는데 왜 먹지를 못하니, 왜 먹지를 못하니....괴상하게도 오늘은! 운수가 좋더니만....."

결말에 와서 비로소 발단에서 제기된 반어적(反語的)인 주제가 정면으로 드러나며 김첨지의 불행이 사실로 확인되며 그 전모(全貌)가 드러난다. 이에 비해 황석영의 「객지」는 "꼭 내일이 아니라도 좋다"라고 결말을 맺으면서 주인공의 삶이 지속될 것임을 암시하고 있다.

"만일 나와 생각을 같이 하는 인부가 한 사람이라도 있다면 나는 함께 행동하겠소."

"내일까지 기다릴 작정이요?"

동혁은 그에게 대답하지 않고 바위가 우뚝 선, 보다 높은 쪽으로 올라갔다. 그는 앞으로 어떻게 될지는 알 수 없으나, 이미 이젠 마음을 내일로 활짝 열고 있었으므로 자기에게 맞서 올 어떠한 조건에 대해서도 자유로이 응할 수 있을 것 같았다.

(중략)

그는 자기의 결의가 헛되지 않으리라는 것을 믿었으며, 거의 텅 비어버린 듯한 마음에 대하여 스스로 놀랐다. 알 수 없는 강렬한 희망이 어디선가 솟아 올라 그를 가득 채우는 것 같았다. 동혁은 상대편 사람들과 동료 인부들 모두에게 알려주고 싶었다.
"꼭 내일이 아니라도 좋다."
그는 혼자서 다짐했다.

(4) 플롯의 유형

아리스토텔레스는 플롯의 유형을 단일 구성과 복합 구성으로 나누어 설명했다.

> 단일한 플롯에서 주인공의 운명의 변화는 급전과 발견없이 이루어진다. 복잡한 행동이란 이 변화가 급전, 혹은 발견, 혹은 양자를 다 상반하여 이루어지는 경우의 행동이다.[23]

아리스토텔레스는 복잡한 행동, 즉 복합 구성을 강조했음은 물론이다. 아리스토텔레스 이후 플롯의 유형에 대해서 여러 논자들의 견해가 있지만 여기서는 흔히 나누는 방법, 단순 구성, 복합 구성, 피카레스크 구성으로 나누어 설명하고자 한다.

① 단순 구성

단순 구성(simple plot)은 가장 기본이 되는 플롯으로 단일한 사건을 단순하게 이끌어가는 구성 방법이다. 주로 단편소설에서 그러하듯이 단일한 주인공과 단일한 사건이 제한된 배경 속에서 진행되면서 압축된 긴장과 통일

---

[23] 아리스토텔레스, 손명현 역, 『시학』, 동서문화사, 1975, 77쪽.

성을 유지하도록 한다. 첫 번째 사건이 두 번째 사건의 원인이 되는 식으로 발전해 나가는 순행법(順行法)에 의한다.

앞에서 예를 든 김유정의 「동백꽃」도 그러하고, 김동인의 「감자」나 현진건의 「운수좋은 날」, 등도 모두 단순 구성의 방식을 따른다. 「감자」의 줄거리는 다음과 같다. 가난했지만 선비의 집안에서 규칙있게 자라난 처녀였던 복녀가 열다섯 살 나는 해에 동네 홀아비에게 팔십 원에 팔려서 시집가게 된다. 극도로 게으른 남편 탓에 칠성문 밖 빈민굴로 밀려나게 되고, 거지와 송충이잡이 인부(人夫), 매음(賣淫) 등을 거치면서 전락(轉落)을 거듭하다가 간통의 대상이었던 왕서방에게 죽음을 당하고 남편에게는 삼십 원이 건네지는 것으로 이야기가 끝난다. 이 이야기는 줄거리에서와 같이 순차적 구조로 되어 있고 주인공이 궁핍한 환경에서 전락과 타락을 거듭한 끝에 죽음을 맞이하는 하강 구조로 되어 있는 이야기이기도 하다.

② 복합 구성

복합 구성(intricate)은 단순 구성처럼 단순하게 순차적으로 진행되는 것이 아니라, 역행적으로 짜여지기도 하며, 여러 사건이 따로 진행하다가 서로 얽혀 복잡한 양상으로 발전하기도 하고, 한 사건의 도중에 다른 사건이 침입함으로써 사건의 흐름이 끊어지는 듯 하다가 다시 본래의 사건으로 이어지는 방식을 취하기도 한다. 몇 개의 사건이 하나로 얽혀 하나의 커다란 플롯을 이루므로 고도의 발전이 가능한 플롯으로 변화가 풍부하고 현실의 복잡한 양상을 반영하는 데 효과적인 구성 방법이다. 이러한 구성법은 대체로 주도적 사건과 부속 사건이 교차되거나 주도적 사건이 동시에 교차되면서 긴장을 더 하는 방식이다.

염상섭의 「삼대」나 채만식의 「탁류」와 같이 대부분의 현대 장편소설들은 복합 구성 방식을 취하고 있다. 염상섭의 「삼대」는 고루한 봉건 가치를 대표하는 조부 조의관과 위선적인 기독교인이며 난봉꾼인 무능한 지식인 부친 조상훈, 비판의식을 가지고 있으나 현실을 외면하지 못하는 손자 조덕기라는 삼대 사이에서 펼쳐지는 복잡한 갈등 구조와 진보주의자 김병화 등 많은 인물들과 사건들이 얽혀 빚어내는 1930년대 당대 사회의 총체적인 삶의 모습을 그려내고 있다.

③ 피카레스크 구성

피카레스크 구성(picaresque plot)은 인과관계에 의해 플롯을 발전시켜 나가는 것이 아니라 작품을 일관하는 뚜렷한 방향이나 지향점을 갖지 않은 채, 각기 독립된 여러 에피소드들을 병렬적으로 나열하는 구성 방법이다. 피카레스크란 원래 에스파니아어의 피카로(picaro)에서 온 말로 극악무도(極惡無道)하지는 않고 재미있는 무뢰한(無賴漢)을 뜻한다. 에스파니아에서 타락하고 힘든 현실에서 생존하기 위해 재치있는 임기응변과 가벼운 악행을 범하는 모험담이었다. 이것이 프랑스와 영국에서 하나의 장르로 자리잡게 된 것이다.

이러한 소설의 특징은 로망스가 정의를 위해 모험을 펼치는 기사의 이야기로 미화되는 데 반해 그러한 낭만적 영웅이 아니라 현실 속에서 임기응변과 재치로 성공하는 반(反)로망스적이고 반(反)영웅적인 인물의 이야기라고 할 수 있다. 발전하는 플롯이 아니므로 이러한 소설의 인물 또한 끝까지 성격이 변화하지 않는 평면적 인물이다. 이러한 구성법의 소설에는 보카치오의 『데카메론』, 세르반테스의 『돈키호테』, 디포우의 『로빈슨 크루소』, 『수호지』 같은 작품이 가깝다.

④ 액자식 구성

이 밖에 액자식 구성(이중적 구성)이라고 하여, 액자처럼 외화와 내화로 구성된 플롯이 있다. 이때 내화(內話)는 중심 플롯이고 외화(外話)는 종속 플롯이 된다. 김동인의 「배따라기」가 대표적이다.

> 나는 다만 그를 건너다볼 뿐이다.
> 한참 잠잠하니 있다가 나는 다시 말하였다.
> "자, 노형의 경험담이나 한번 들어봅시다. 감출 일이 아니면 한번 이야기해 보고."
> "머, 감출 일은……"
> "그럼 어디 들어봅시다그려."
> 그는 다시 하늘을 쳐다보았다. 그러나 좀 있다가,
> "하디요."
> 하면서 내가 담배를 붙이는 것을 보고 자기도 대에 담배를 붙여 물고 이야기를 꺼낸다.
> "잊히디두 않는, 십구 년 전 팔월 열하룻날 일인데요" 하면서, 그가 이야기한 바는 대략 이와 같은 것이다.
>
> 그의 살던 마을은 영유 고을서 한 이십 리 떠나 있는, 바다를 향한 조그만 어촌이다. 그의 살던 조그만(서른 집쯤 되는)에서는 그는 꽤 유명한 사람이었다.
> 그의 부모는 모두 열댓에 났을 때 돌아갔고, 남은 사람이라고는 곁집에 딴 살림하는 그의 아우 부처(夫妻)와 그 자기 부처뿐이었다. 그들 형제가 그 마을에서 제일 부자이고 또 제일 고기잡이를 잘하였고, 그중 글이 있었고, 배따라기도 그 마을에서 빼나게 그 형제가 잘 불렀다. 말하자면 그 형제가 그 동네의 대표적인 사람이었다.
> 팔월 보름은 추석 명절이다. 팔월 열하루날 그는 명절에 쓸 장도 볼 겸, 그의 아내가 늘 부러워하는 거울도 하나 사올 겸, 장으로 향하였다.

"당손네 집에 있는 것보다 큰 것이요, 잊디 말구요."
그의 아내는 길까지 따라나오면서 잊지 않도록 부탁하였다.
"안 잊어."

이러한 구성법은 외화의 인물 '나'가 들은 이야기(내화의 이야기)를 들려주는 형식을 취한다. 이 구성법은 외화의 주인공 '나'가 마치 실제의 이야기를 듣고 본 것처럼 서술함으로써 이야기의 진실에 대한 환상을 높일 수 있다. 그리고 액자식 구성법은 외화의 일인칭 부속적 인물 시점인데 반해, 내화의 시점이 전지적 시점이 되는 시점의 교체와 혼합의 문제로도 설명할 수 있겠다.

2) 인물

소설에서 가장 중요한 요소는 인물(character)이다. 소설가가 작품에서 가장 심혈을 기울여 창조해내고자 하는 대상도 인물이다. 그러므로 소설을 쓴다는 것은 새로운 인물을 창조한다는 것을 의미한다고 해도 과언이 아니다. 소설 속의 인물은 행위를 통하여 성격을 드러내며 행위와 성격들이 만나서 사건을 유발하여 플롯으로 이어진다. 플롯은 인물을 염두에 두고 구성되고 인물은 행위를 통해서 플롯을 구현하는 것이다. 그러므로 인물의 행위와 성격은 플롯과 불가분의 긴밀한 관계를 가진다.

인물이란 작품에 등장하는 이를 통칭하는 것이지만, 성격은 그 인물의 내적 속성에 초점을 맞춘 용어로 사실상 같은 뜻으로 쓰인다. 인물은 반드시 사람일 필요는 없고, 동물(「이솝우화」나 조지 오웰의 『동물농장』, 『별주부전』 등)이나 식물, 사물(「국순전」, 「죽부인전」 등), 신(신화) 등이 등장하기도 하며 이 경우 이들은 인격체를 대신하는 역할을 한다.

(1) 인물화 유형

인간의 숫자만큼 인간의 성격은 다양하고 복잡하다. 인간의 삶을 반영하는 소설에 나타난 인물의 성격 유형도 그만큼 다양하고 복잡할 수밖에 없다. 그렇지만 소설 속의 인물은 작가가 설정한 소설적 공간(배경) 속에서, 작가가 의도한 방향을 향해, 다른 인물들과의 관계 속에서 움직여야 하므로 일정한 제약을 받게 마련이며, 그러한 제약 속에서 인생을 진짜처럼(여실히) 형상화함으로써 삶의 진실을 보여주고자 한다. 셰익스피어가 위대했던 것은 코울리지(S. T. Coleridge)가 말했던 대로 그가 '만인의 마음'(myriad minded)을 가졌기 때문이었고 그것을 그 인물에 맞게 잘 형상화했기 때문이다.

포스터는「소설의 양상」에서 소설 인물을 성격의 단순성과 복합성에 따라 크게 두 가지 유형으로 나누어 설명하고 있다. 평면적 인물(flat character)과 입체적 인물(round character)이 그것이다

① 평면적 인물과 입체적 인물

평면적 인물은 소설을 일관하여 성격이 변하지 않는 정적(靜的) 성격을 말한다. 다른 인물들과의 갈등 관계나 환경이 바뀌고, 플롯이 발전하여도 성격의 변화나 발전이 없이 처음의 성격을 그대로 유지한다. 겁쟁이는 변함없이 겁쟁이로, 사기꾼은 끝까지 사기꾼으로 교활하게 그려진다. 이러한 인물은 특징적인 성격을 주로 드러내기 때문에 그 인물을 설명하기가 비교적 간단한 편이다. 특정한 가치를 일관성있게 대표하는 고전소설이나 추리소설, 모험소설, 소극(farce play)과 같이 인물의 개성보다는 그 인물이 수행하는 기능을 중시하는 작품에서 흔히 나타나는 유형(type)화된 인물이다. 이러한 인물들은 현실적인 박진감은 떨어지지만 특정한 가치나 소설적 기

능과는 잘 어울리는 인물이므로, 독자에 의해 쉽게 기억되는 인물이다.

우리의 고전소설 『심청전』의 심청은 효의 가치를 일관하여 지키는 인물이며, 『춘향전』의 춘향은 이몽룡을 향한 사랑이 한번도 갈등을 겪는 모습으로 나타나지 않는 정절의 표상으로 그려진다. 셜록 홈즈나 『보물섬』의 인물들이나 판타지 소설 『호빗』의 주인공 빌보 배긴즈는 그에게 주어진 역할의 기능에 충실할 뿐 갈등하지 않는다. 특정한 성격만 지나치게 부각되어 평면성이 심해지면 희화화된 소극(劇)이 되기도 한다. 현대소설에서는 주인공보다는 부수적 인물(minor character)을 통해 주로 제시되며, 풍자적 알레고리의 작품에서 주인공으로 제시되기도 한다. 또 장편소설에서보다는 단편소설에서 평면적 인물이 더 흔한 편이다.

입체적 인물은 기질이나 복잡한 동기를 다각도로 드러내며 소설이 진행됨에 따라 성격이 변화하고 발전하는 인물이다. 말 그대로 평면적 인물이 아니라 여러 면을 다 볼 수 있는 둥근 입체성의 인물(round character)이고 발전적 인물(developing character)이며 역동적 인물(dynamic character)이다. 입체적 인물은 변화의 놀라움을 주어 독자들에게 경이로움을 선사한다.

처음에는 우유부단하고 용기없는 인물인 듯했지만, 점차 신중하고 이성적인 인물로, 나중에는 결단력 있고 용기 있는 인물로 그려지기도 하고, 자신의 판단을 과신(過信)하다가 자신의 어리석음에 괴로워하는 인물(『리어왕』), 부왕을 위한 복수를 지연하면서 착잡한 심리 상태를 보여주는 햄릿같은 인물이 입체적 인물에 해당된다. 최인훈의 「광장」의 주인공도 그의 이념적 갈등과 선택 사이에서 방황하는 입체적 인물이며, 톨스토이의 『전쟁과 평화』나 도스토예프스키의 『죄와 벌』의 주인공은 입체적 인물이다.

인간의 성격을 평면적 인물과 입체적 인물로 양분할 수 없듯이 소설의 인물 또한 두 가지 성격으로만 변별될 수 있는 것은 아니다. 이것은 편의상의 유형화일 뿐, 소설의 인물 또한 소설의 수만큼 다양하다. 그리고 소설의 인물이 평면적이라고 하여 반드시 열등한 인물은 아니며, 입체적 인물이 가지는 성격의 변화와 발전만이 의미있는 것은 아니다. 그렇게 변화하고 발전할 만한 동기와 개연성, 일관성이 있어야 하는 것이다. 인물의 성격을 느닷없이 바꾸거나 독자가 알고 있는 인물로서는 불가능한 행동을 그럴만한 동기 없이 행하는 경우 신뢰할 수 없는 소설이 된다. 통속소설이나 TV 드라마가 흔히 남발하는 오류이다.

② 전형적 인물과 개성적 인물

소설의 인물은 또한 그 인물의 보편적 성격과 개별적 성격을 기준으로 나누기도 한다. 전형적 인물(typical character)과 개성적 인물(particular character)이 그것이다.

전형적 인물(典型的人物)이란 어떤 특정한 사회나 집단, 계층을 대표하는 성격을 나타내는 인물이다. 군인은 군인으로서의 전형이 있고, 노동자는 노동자로서의 전형이 있다. 흔히 전형적인 노동자니, 전형적인 군인이니 라고 말하는 것도 그러한 전형적 성격을 의미하는 것이다. 『흥부전』의 흥부는 선함과 가난함을 대표하는 전형적인 인물이며, 염상섭의 「삼대」의 조의관은 구한말의 봉건적 가치를 신봉하는 타락한 인물로 지주(地主) 계급을 대표하는 전형이라 하겠다.

사회주의 리얼리즘 문학에서도 전형성을 강조하기도 하는데, 루카치는 전형적 성격을 "개인이 속하는 계급의 사회적 요구와 개인적 성질이 통일된 것이며, 개인적 특성을 반영하는 동시에 개인이 속해 있는 사회의 요구의 대표자"라고 하여 계급(노동자 계급)의 대표성을 강조함과 동시에 그 대표성 속에 개인의 특성을 포함시킨다. 전형에 대한 이러한 인식은 개인의 특수성을 말살할 위험을 보여주기도 한다.

개성적 인물(個性的 人物)이란 인물의 특유한 개별성이나 개별적 품성이 강조되는 인물형을 말한다. 소설의 인물도 하나의 관념적 존재가 아니라 저마다의 성격이 다르고 체험 세계가 다를 수밖에 없는 구체적인 인간이기 때문에 어느 누구와도 다른 독자적 개성을 가질 수밖에 없다. 작중의 농민은 농민의 계층에 속하지만 그만의 기질과 삶에 대한 가치 의식과 그에 따른 특별한 경험을 가진 개성이 뚜렷한 인물이어야 한다. 군인도 똑같은 인물이 아니라 제복(制服) 속에 감추어진 생생하게 살아서 숨 쉬는 그만의 독자성을 드러내야만 작품으로서의 가치를 획득한다. 그런데 전형적 인물과 개성적 인물은 서로 대립되는 가치를 가지는 것은 아니다. 개성적 인물이라고 하여 고립된 존재로서의 개인이 아니라 어느 집단 속에 소속되어 구체적 환경 속에서 더불어 살아가는 인간이다. 그는 어느 집단이나 세대의 특성을 공유할 수밖에 없다. 그는 보편성의 바탕 위에 개인의 특수성을 지니고 사는 개인인 것이다. 그러므로 좋은 소설의 인물은 전형성을 자신의 개성을 통해서 드러내는 인물이어야 하며 보편적 공감의 획득과 함께 특별하고 유일한 개성을 지닌 인물이어야 한다.

『춘향전』의 춘향은 평면적이고 전형적이면서도 개성적인 면이 있고, 방자는 평면적이지만 개성적이다. 소설은 방자로 인해 더 활기를 띠는 것이다. 햄릿형 인물로 회자되는 햄릿은 전형성과 개성, 입체성을 동시에 보여주는 인물이어서 명작이 될 수 있었고, 돈키호테 또한 평면적이지만 전형적이고 개성적인 인물이다. 『태평천하』의 윤직원도 전형성과 개성을 동시에 구현하고 있다. 플로베르나 발작, 스탕달, 톨스토이 등 많은 현대 작가들의 작품들은 전형성과 개성을 동시에 갖추고 있음은 물론이다.

③ 주동인물과 반동인물

주동인물(protagonist)과 반동인물(antagonist)은 인물 유형의 문제라기보다는 인물이 소설에서 수행하는 기능의 문제에 해당되지만 여기서 함께 다루고자 한다.

주동인물이란 소설의 인물 중에서 가장 중요한 역할을 하는 인물로 이야기 속에서 사건을 주도적으로 이끌어간다. 특히 주인공이라고도 하는데『춘향전』에서 춘향이와 이도령은 주동인물이다.

반동인물은 주동인물에 맞서서 투쟁하여 갈등을 유발하는 인물이다.『춘향전』의 변학도와 같은 인물이다. 이외에 부수적 인물(minor character)이 있는데 주동인물을 돕거나 부수적인 사건이나 에피소드를 만들어냄으로써 이야기를 재미있게 만들거나 풍부하게 하는 역할을 한다.『춘향전』에서 향단과 방자, 월매와 같은 인물이 부수적인 인물이다. 이들에 의해 작품은 더욱 풍성해지고 활력이 생기는 것이다.

(2) 성격 구현 방법

① 알려주기

성격 구현 방법으로 대체로 세 가지로 나누어 설명할 수 있는데, 알려주기와 보여주기, 내면제시의 방법이다.

알려주기(telling)는 작가가 직접 작중 인물의 성격이나 외적 특징, 살아온 내력, 행동 동기 등을 소개하거나 논평하기 위해 개입하는 방법이다. 이러한 방법은 인물의 특징을 정확하게 전달할 수는 있으나 형상화의 구체성을 떨어뜨리고 인물에 대한 독자의 상상력을 제한하는 한계가 있다. 한 예로 김동인의 단편소설「붉은 산」을 보겠다.

익호라는 인물의 고향이 어디인지는 XX의 아무도 아는 사람이 없었다. 사투리로 보아서 경기 사투리인 듯하지만 빠른 말로 죄죄거리는 때에는 영남 사투리가 보일 때도 있고 싸움이라도 할 때에는 서북 사투리가 보일 때도 있었다. 그런지라 사투리로써 그의 고향을 짐작할 수가 없었다. 쉬운 일본 말도 알고 한문 글자도 좀 알고 중국말은 물론 꽤 하고 쉬운 러시아 말도 할 줄 아는 점 등등 이곳저곳 숱하게 주워 먹은 것은 짐작이 가지만 그의 경력을 똑똑히 아는 사람은 없었다.
(.....) 그 몸이나 얼굴 생김이 어디로 보든지 남에게 미움을 사고 근접지 못할 놈이라는 느낌을 갖게 한다.

인물의 정체와 외모에 대해 화자가 직접적으로 알려줄 뿐만 아니라 평가까지 하고 있다. 인물의 특성을 화자의 설명에 의하여 미리 규정함으로써 독자는 인물의 앞으로의 행동에 대해 예측하고 다음 사건을 기대하게 되지만, 인물이나 사건에 대한 정보가 과다하게 주어졌을 때는 독자의 상상적 참여를 제한하여 소설의 내용이 건조하게 받아들여질 수 있다.

근대 이전의 소설로 거슬러 올라갈수록 이러한 성격 구현 방식이 흔하다. 특히 고소설에서는 작가가 편집자적 논평(論評)은 물론 주제에 대한 가치 판단에도 개입한다.

② 보여주기

다음으로 보여주기(showing)의 방법이 있다. 이 방법은 화자가 소설의 인물을 직접 설명하여 알려주는 것이 아니라 인물의 말과 행동을 통해 그 성격을 간접적으로 보여주는 방법이다. 극적 제시의 방법이라고도 하는데 독자는 인물의 행위를 구체적으로 들여다봄으로써 그 인물의 됨됨이와 성격을 판단하고 사건이 어떻게 전개될지를 예측한다.

현대 사실주의 이후의 소설은 이 방법을 바람직한 소설적 기법으로 여겨서 작가의 개입이나 논평을 최대한 자제하는 편이다. 이러한 방법은 작가의 개입이 최대한 자제된다는 점에서 비개성적이고 극적이라 하겠다. 그러나 이러한 방법은 인물의 행동과 말을 통해서만 묘사해야 하므로 표현의 제약이 따르고 인물에 대한 작가의 의견을 제대로 드러낼 수 없다. 작가의 권위가 축소된 방식이다.

> 다음날은 좀 늦게 개울가로 나왔다. 이날은 소녀가 징검다리 한가운데 앉아 세수를 하고 있었다. 분홍 세에타 소매를 걷어 올린 팔과 목덜미가 마냥 되었다. 한참 세수를 하고 나더니, 이번에는 물속을 빤히 들여다본다. 얼굴이라도 비추어 보는 것이리라. 갑자기 물을 움켜 낸다. 고기새끼라도 지나가는 듯 소녀는 소년이 개울 뚝에 앉아 있는 걸 아는지 모르는지 그냥 날쌔게 물만 움켜 낸다. 그러나 번번이 허탕이다. 어제마냥 개울을 건너는 사람이 있어야 자리를 비킬 모양이다.
> 그러다가 소녀가 물속에서 무엇을 하나 집어낸다. 하이얀 조약돌이었다. 그리고는 홀 일어나 팔작팔작 징검다리를 뛰어 건너간다. 다 건너가더니만 홱 이리로 돌아서며,
> "이 바보"
> 조약돌이 날아왔다.
> 소년은 저도 모르게 벌떡 일어섰다.

황순원의 단편 「소나기」의 일부이다. 화자의 설명 없이 대화와 행동만을 객관적으로 보여주고 있다. 독자는 이 소설에서 살아 있는 두 인물의 행동을 통해 극적 생동감을 느낀다. 그러나 위의 인용에서 묘사하는 예는 완벽한 '보여주기' 방식의 예는 아니다. '좀 늦게', '마냥 비추어 보는 것이리라', '아는지 모르는지', '자리를 비킬 모양이다' 등의 표현은 객관성을 약화시키

는 것으로 다소의 직접 표현(작가의 개입)이 있다. 그렇다고 이러한 요소의 개입이 이 소설 표현 방식의 약점이라는 것은 아니다. 편의상 알려주기와 보여주기의 방법을 구분하기는 하지만 실제 소설에서는 서로 뒤섞여 실현되는 것이 보통이며 이 소설도 그러한 점에서 적절하다.

③ 내면 제시

작중 인물의 성격을 구현하는 방법으로 알려주기가 작가가 인물의 성격이나 인품을 직접적으로 소개하고 논평하는 가장 간단한 방법이라면, 보여주기는 인물의 말과 행동을 통해 그 성격을 드러내 보이는 간접적인 방법이다. 이 두 방법이 주로 인물의 바깥에서 인물의 성격을 드러내는 것이라면, 내면 제시는 인물의 내부 세계를 보여줌으로써 그 성격을 구현하려는 방법이다. 이 방법의 대표적인 기법으로 의식의 흐름(stream of consciousness)의 방법이 있다.

의식의 흐름이란 인물의 정신 속에서 나타나는 상념(想念), 과거의 기억, 연상(聯想) 등이 거의 무의식적으로 흐르는 것을 말한다. 그러나 억제됨이 없이 무질서하게 표출되는 듯하지만 실제로는 작가의 세심한 계획에 의해 이루어지는 것이다.

의식의 흐름 기법은 프로이트의 정신 분석학의 영향을 크게 받았지만 이것을 문학에 적용하여 개인의 내면을 그리는 데 크게 기여한 것은 제임스 조이스의 『젊은 예술가의 초상』(1916)에서부터였다. 그리고 『율리시즈』(1922)에서도 이러한 기법이 더 철저히 추구되면서 내적 독백의 방법을 보여주었다. 제임스 조이스, 버지니아 울프, 윌리엄 포크너, 마르셀 프루스트 등이 대표적인 작가들이다. 우리나라에서는 이상의 「날개」에서부터 부분적으로 시험되었다.

그는 지상(地上)의 모든 일, 인간의 모든 일에 무감각하며, 여름과 기쁨과 사랑의 모든 호소에도 무감각한 벙어리가 되고, 아버지의 말소리에 지쳤다. 그는 자기에게서 나오는 것을 생각 같지도 않게 여기며, 혼자 이렇게 중얼거렸다.

'나는 스티븐 디다러스. 나는 아버지와 나란히 걷고 있다. 아버지 이름은 사이몬 디다러스, 여기는 애란 코크라는 곳이다. 코크는 시가지. 우리 방은 빅토리아 호텔에 있다. 빅토리아, 스티븐, 사이몬, 스티븐, 사이몬, 빅토리아 모두 이름이다.'

어린 날의 추억이 별안간 희미해졌다. 그 시절의 생생한 순간을 이것저것 크레인, 크론고우즈, 옷장 속에 두 개의 솔을 간직하고 있는, 할머니한테서 지리 공부를 배우는 어린 소년, 그 후 집을 떠나 학교로 갔다.

제임스 조이스의 『젊은 예술가의 초상』(1916)의 일부이다. 이 소설은 자기가 사는 식민지 조국 아일랜드의 수도 더블린을 돼지가 뒹구는 시궁창으로 인식하는 주인공 시티븐 디딜러스의 성장을 그린 성장소설이자 모더니즘 소설이다. 이 소설에서는 '스티븐, 사이몬, 스티븐, 사이몬'이나 '댄티, 파넬, 크레인, 크론고우즈' 등으로 반복되는 것에서도 볼 수 있듯이 논리와 관계없이 무의식적인 내적 독백을 보여준다. 내적 독백은 작가의 관여나 중개없이 작중 인물의 내면적 사고를 제시하는 자유 연상의 방법이다. 이러한 기법은 현대의 고립된 개인의 내면의 갈등과 심리적 분열을 이해하는 데 효과적인 방법이다. 의식의 흐름의 수법은 이와 같은 인간의 내면을 이해하기 위해 20세기 소설이 개발한 가장 큰 공헌의 하나라 하겠다.

나는 그러나 그들의 아무도 놀지 않는다. 놀지 않을 뿐만 아니라 인사도 않는다. 나는 내 아내와 인사하는 외에 누구와도 인사하고 싶지 않았다. 내 아내 외의 다른 사람과 인사를 하거나 놀거나 하는 것은 내 아내 낯을 보아

좋지 않은 일인 것만 같이 생각이 되었기 때문이다. 나는 이만큼까지 내 아내를 소중히 생각한 것이다. 내가 이렇게까지 내 아내를 소중히 생각한 까닭은 이 33번지 18가구 속에서 내 아내가 내 아내의 명함처럼 제일 작고 제일 아름다운 것을 안 까닭이다. 18가구에 각기 빌어 들어 송이송이 꽃들 가운데서도 내 아내가 특히 아름다운 한 떨기의 꽃으로 이 함석지붕 밑 볕 안 드는 지역에서 어디까지든지 찬란하였다. 따라서 그런 한 떨기 꽃을 지키고-아니 그 꽃에 매어달려 사는 나라는 존재가 도무지 형언할 수 없는 거북살스러운 존재가 아닐 수 없었던 것은 물론이다.

 나는 어디까지든지 내 방이 집이 아니다. 집은 없다. 마음에 들었다. 방안의 기온은 내 체온을 위하여 쾌적하였고, 방안의 침침한 정도가 또한 내 안력을 위하여 쾌적하였다. 나는 내 방 이상의 서늘한 방도 또 따뜻한 방도 희망하지 않았다. 이 이상으로 밝거나 이 이상으로 아늑한 방은 원하지 않았다. 내 방은 나 하나를 위하여 요만한 정도를 꾸준히 지키는 것 같아 늘 내 방에 감사하였고, 나는 또 이런 방을 위하여 이 세상에 태어난 것만 같아서 즐거웠다.

이상의 「날개」의 일부이다. 무의미할 정도로 반복되는 생각이 계속해서 이어진다. 작가의 인위적인 개입이나 의식적인 통제 없이 방임된 의식이 계속해서 흐른다. 의미를 갖춘 논리는 없고 그저 의식의 무질서하고 자유로운 나열만 있다. 고립되어 박제된 인간의 내면을 읽을 수 있도록 의식의 흐름의 기법을 적용한 것이다.

3) 소설의 주제

(1) 주제의 개념

 주제(theme)란 소설의 중심적인 의미를 말한다. 그러나 소설의 의미를 단순히 요약한 것은 아니다. 즉 작가의 인생관이나 세계관, 사상이나 작품에서 드러내고자 하는 작가의 의도 자체는 아니다. 작품 속의 인물, 사건,

배경, 문체, 어법, 분위기 등 다양한 요소들을 통해 독자에게 구현되는 궁극적 의미라고 할 수 있다.

『소설의 이해』에서 브룩스와 워렌은 주제를 '전체적인 서술 속에서 구체화된 단일화된 인생관'이라고 하였고, 러복은 "주제는 소설의 시초(始初)요 전체이다. 주제에 의하지 않고는 소설은 그 형태를 이룰 수 없다."고 하였으며, 김동리도 그의 『소설작법』에서 다음과 같이 말하고 있다.

> 작가가 소재를 다루어 나가는 통일된 원리가 곧 주제다. 즉 어떤 소재에 대하여 느낀 인생의 의미를 구체화시킨 것이 곧 주제다. 환언하여 동기의 구체화가 주제인 것이다.

주제란 전체적인 서술 속에서 구체화된 단일한 인생관이며, 소설의 형상화는 주제에 의해서 가능하며 물론 그 역(逆)도 성립된다고 할 때 주제란 작품의 형상화를 통해서만 구현될 수 있는 구조적인 개념임을 알 수 있는 것이다. 특히 '동기의 구체화가 주제'라는 김동리의 정의는 가장 간명하면서도 정확하다.

(2) 테마와 서브직트

흔히 테마라는 의미에서의 이 주제의 개념을 subject라는 개념의 주제와 혼동하는 경우가 있는데, 테마가 작품의 구체적 형상화를 통해 얻어지는 커다란 관념의 영역이므로 구체적 작품을 떠나서 추출하면 그 의미를 상실한다. subject로서 주제는 그러한 작품 전체의 형상적 가치를 통해 얻어지는 무엇이 아니라 그 테마를 요약한 단순화된 의미를 말한다. 예컨대, 권선징악(勸善懲惡)이나 충효열(忠孝烈)과 같은 도덕적 가치나 '인간은 고독한 존재'라거나 '실존은 본질에 앞선다'와 같은 철학적 명제, 사랑의 고통 등과 같은 현실적 주제 등으로 요약하여 전달되는 것은 모두 subject로서의 주제에 해당되는 것이다.

그러나 문학은 철학이나 과학과 달리 구체적 형상화를 통해서 그 의미가 얻어지는 예술의 한 영역이다. 테마로서의 주제는 작품의 구체성과 그 감동 속에서 독자에게 수용되는 것이고 그런 만큼 그 주제는 단순 명료하기보다는 함축적이고 막연한 경우가 많다.

『춘향전』이 춘향의 삶을 정절이라는 단일한 가치로만 표면화시켜 놓고 있기 때문에 테마로서의 주제와 서브직트로서의 주제가 별로 차이가 나지 않으므로 소설적 긴장도가 떨어지는 작품이 된다. 이에 비해『무정』의 경우 어릴 때 이형식과 정혼을 한 영채가 순결을 잃고 자살을 하려다가 새로운 교육과 계몽의 가치로 나아가는 모습에서 사랑과 인간의 삶의 다양한 가치를 드러내며, 다른 인물들 또한 갈등을 극복하면서 다양한 가치 지향을 보여준다는 점에서 『춘향전』에 비해 풍부한 주제 의식을 갖춘 작품이라 하겠다.

(3) 동기와 소재

주제와 동기를 같은 의미로 쓰는 경우도 있는데 주제와 동기는 구별되어야 한다.

주제를 '동기의 구체화'라 하고 동기, 즉 모티프(motif)란 하나의 작품, 한 작가 또는 한 시대를 통해 끊임없이 반복되어 나타나는 의미있고 전형적인 상황을 말한다. 예컨대 서정시에서 묘지, 이별, 소쩍새, 원한, 산천은 의구하되 인걸은 간데 없다 등은 중요한 모티프의 하나이며, 서사에서 계모, 요술할멈, 미녀이야기, 공주를 구하는 기사 등도 중요한 모티프이다. 모티프는 그 명칭이 내포하고 있듯이 주제를 형성하는 동력(動力)을 가지고 있다. 모티프는 의미있는 구조적 단위이므로 형상화의 가능성을 갖추고 있으며 문학적 전통 속에서 같은 모티프들이 작가에 의해 어떻게 구체화되는지에 따라 작가의 창조성과 개성이 나타나며 모티프의 총체는 시대정신을 드러내기도 한다. 서정시의 경우는 모티프가 상황의 사건에서 발전하는 것이 아니라 시의 내적 체험 속에서 형상화된다. 한편 러시아형식주의자 토마셰프스키(Boris Tomashevsky)는 작품에서 더 이상 분해할 수 없는 최소의 의미 단위, 즉 문장의 내용을 모티프라 했다. 예컨대 '황혼이었다', '라스콜리니코프는 노파를 죽였다', '주인공은 죽었다'와 같은 개개의 주제를 모티프라고 지칭했다. 이 가운데서, 사건의 인과관계를 구성하는 데 꼭 필요한 모티프를 관련 모티프(bound motif)라 했고, 이야기 구성에 직접적으로는 아무런 관계가 없는 모티프를 자유 모티프(free motif)라 했다.

예컨대, 김승옥의 「무진기행」에서 주인공이 목격한 미친 여자에 대한 이야기는 관련 모티프(혹은 한정 모티프)이고, 안개에 대한 자세한 묘사는 자유 모티프이다. 그것은 주인공의 내면 의식을 드러내는 역할만 할 뿐이다. 그러나 현대소설에서는 자유 모티프를 많이 이용함으로써 작품이 특별한 이야기로서의 개성과 예술성을 획득할 수 있다.

또한 모티프를 동적 모티프(動的, dynamic motif)와 정적 모티프(靜的, static motif)로도 나누기도 하는데, 전자는 상황의 변화를 가져오는 기능을 하며, 후자는 그러한 기능을 하지 않는다. 주동 인물의 행위는 동적 모티프에 속하고, 작품의 배경이나 인물 묘사 등은 정적 모티프에 속한다. 따라서 관련 모티프는 동적 모티프와 연관되며, 자유 모티프는 정적 모티프와 밀접하다.

개별의 모티프와 모티프의 총체적 도입을 정당화하는 수법의 방식을 동기부여라 하는데, 이것에는 구성적 동기부여, 사실적 동기부여, 예술적 동기부여 등이 있다. 모티프는 작품의 주제를 구현하고 통일성을 구축하는 중요한 단위의 역할을 한다. 신화비평에서의 원형적 심상도 일종의 모티프이며, 상징주의자들이 반복적으로 사용하는 상징도 그러하다.

소재(素材, subject matter, material)란 주제를 구현하기 위해 작품에서 쓰이는 재료를 말한다. 『춘향전』에서 춘향과 이도령의 러브스토리는 하나의 소재이다. 이 소재는 신분 차이를 극복하고 사랑을 성취하는 모티프와 정절을 목숨보다 소중하게 여기는 열녀 모티프가 결합되어 있다. 신분이나 계층의 차이를 극복하고 사랑을 성취하는 모티프는 예로부터 내려온 가장 흔한 모티프(사장아들과 여사원의 사랑, 신데렐라 이야기 등)이며, 정절 모티프 또한 동서(東西)의 중요한 모티프이다. 그러므로 하나의 소재는 많은 모티프를 포함하고 있다. 하나의 모티프는 끊임없이 반복되어 수많은 양상으로 실현된다. 소쩍새 모티프는 많은 설화와 시(이조년의 시조 김소월의 시「접동새」, 서정주의「국화옆에서」,「귀촉도」, 장만영의「소쩍새」등)에서 반복되어 시인의 창조적 개성 속에서 거듭 재생된다.

(4) 주제의 보편성

소설 속의 경험은 작가에 의해 창조된 특별한 경험이지만 독자가 공감한 사실과 관련된다. 보편성이란 동일한 세계에서 생활하며 비슷한 상황에서 비슷한 정서와 감정을 체험할 수 있는 사람들이 공시적이며 보편적인 문제에 직면하여 비슷한 반응으로 대응하게 되는 인간 경험의 동질성을 말한다.

독자는 『테스』에서와 같은 여성이 아니고 테스의 인생을 살지 않았다고 해서 그 고통과 비참한 파멸을 공감하지 못하는 것은 아니다. 그러한 경험은 모든 인간이 보편적으로 갖는 선험적 체험의 동질성이기 때문이다. 또 우리는 살인 경험이 없기 때문에 『죄와 벌』 라스콜리니코프의 고뇌를 이해하지 못하는 것도 아니다.

주제는 개연성과 리얼리티의 문제와 관련된다. 소설은 개연성과 적절성, 리얼리티라는 소설 미학이 구현하는 보편적 원리에 충실할 때 그 호소력을 획득할 수 있다. 결국 주제는 훌륭한 작가에 의해 제대로 구현된 보편성을 가진 주제가 독자의 폭넓은 공감을 얻을 수 있을 때 의미 있는 것이 된다. 현실을 그리되 현실과 동떨어진 왜곡된 현실을 그리거나 작품의 주제가 그릇된 방향으로 흐를 때 그 작품의 가치는 떨어진다.

4) 시점

(1) 시점의 소설 미학적 미적 가치

원뿔은 위에서 바라보면 원이지만 옆에서 바라보면 삼각형으로 보인다. 멀리서 바라보느냐 가까이서 보느냐에 따라 그 대상에 대한 생생한 느낌이나 입체감이 달라질 수도 있다. 이처럼 우리가 어떤 대상을 바라볼 때 어느 쪽에서 어느 정도의 거리를 두고 보느냐에 따라 그 대상을 바라보는 생각이나 느낌은 크게 달라질 수 있다. 여기에서 소설의 시점과 거리의 문제가 중요성을 가지게 되는 것이다.

소설의 시점은 이야기나 사건을 바라보는 각도나 서술의 초점의 문제이다. 즉 누가 어떤 위치나 각도에서 이야기와 사건을 바라보는 것이 시점 미학의 핵심이 되는 것이다. 같은 스토리를 가진 소설이라 하더라도 누가 어떤 각도와 입장에서 어떻게 서술(전달)하느냐에 따라 작품의 미적 가치와 독자의 공감의 정도는 크게 달라질 수밖에 없다. 그러므로 어떤 시점이든지 그 시점은 이야기의 특성과 범위는 물론 독자의 반응까지도 조절하는 근본

장치로 기능한다.

예컨대 주요섭의 「사랑손님과 어머니」의 경우 시점을 일인칭 관찰자인 6살 난 여자아이로 설정함으로써 작품의 미적 가치를 성공적으로 구현하고 있다.

"옥희, 오늘 어디 가노? 저렇게 곱게 채리구."
하고 물었습니다.
"엄마하고 예배당에 가."
"예배당에?"
하고 나서 아저씨는 잠시 나를 멍하니 바라보더니,
"어느 예배당에"
하고 물었습니다.
"요 앞에 예배당에 가지 뭐."
"응? 요 앞이라니?"
이 때 안에서,
"옥희야."
하고 부드럽게 부르는 어머니 목소리가 들리었습니다. 나는 얼른 안으로 뛰어 들어오면서 돌아다보니까 아저씨는 또 얼굴이 빨갛게 성이 났겠지요. 내 원 참으로 무슨 일로 요새는 아저씨가 그렇게 성을 잘 내는지 알 수 없었습니다.
예배당에 가서 찬미하고 기도하다가 기도하는 중간에 갑자기 나는 '혹시 아저씨두 예배당에 오지 않았나?' 하는 생각이 나서 눈을 뜨고 고개를 들어 남자석을 바라다보았습니다. 그랬더니 하, 바로 거기에 아저씨가 와 앉아 있겠지요. 그런데 아저씨는 어른이면서도 눈감고 기도하지 않고 우리 아이들처럼 눈을 번히 뜨고 여기저기 두리번두리번 바라봅니다. 나는 얼른 아저씨를 알아보았는데 아저씨는 나를 못 알아보았는지 내가 빙그레 웃어 보여도 웃지도 않고 멀거니 보고만 있겠지요. 그래 나는 손을 흔들었지요, 그러니까 아저씨는 얼른 고래를 숙이고 말더군요. 그때에 어머니가 내가 팔 흔드는 것을 깨닫고

두 손으로 나를 붙들고 끌어당기더군요. 나는 어머니 귀에다 입을 대고
"저기 아저씨두 왔어."
하고 속삭이니까 어머니는 흠칫하면서 내 입을 손으로 막고 막 끌어잡아다가 앞에 앉히고 고개를 누르더군요. 보니까 어머니도 얼굴이 홍당무처럼 빨개졌군요.

이 작품은 남녀가 가질 수 있는 사랑의 감정을 내용으로 한다. 특별한 극적인 사건도 없는 특별하지 않은 이야기일 뿐인 것이다. 그럼에도 이 이야기를 매우 애틋하고 아름다운 작품으로 승화시킨 것은 어린 여자아이라는 시선을 도입한 시각적 장치를 사용했기 때문이다. 청상(靑孀)과 죽은 남편의 친구인 사랑손님 사이에서 오고가는 미묘한 사랑의 감정은 천진난만한 어린 여자아이의 시선을 통과함으로써 상투적인 이야기가 아니라 매우 낯설고 예술적인 차원으로 승화될 수 있었던 것이다.

이 작품의 경우 관찰자의 시점을 시어머니나 시누이, 혹은 다른 인물을 채용했을 경우를 생각해볼 수 있다. 이 작품은 어른들 사이의 사랑의 감정을 이해하지 못하는 어린아이의 천진한 시선을 중심으로 자칫 감상에 빠지거나 무시되기 쉬운 사랑의 미묘하고 복잡한 부분을 오히려 섬세하고 객관적으로 살려내고 있는 것이다. 이처럼 시점은 작품 구성의 한 단순한 요소가 아니라 작품의 미적 가치를 위해 중요한 미적 기능을 수행하는 요소인 것이다.

(2) 시점의 분류

시점을 분류하는 견해는 여러 가지가 있을 수 있겠지만 통상적으로 네 가지로 나누어 설명하는 경우가 많다.

	사건의 내적 분석	사건의 외적 관찰
이야기의 등장인물로서의 화자	① 주인공이 자신의 이야기를 함	② 부차적 인물이 주인공의 이야기를 함
이야기의 등장인물이 아닌 화자	④ 분석적이거나 전지적인 작가가 이야기를 함	③ 작가가 관찰자로서 이야기를 함

브룩스와 워렌이 『소설의 이해』에서 '서술의 초점'을 논하면서 제시한 도표이다. ①과 ②는 작품 속의 인물이 화자가 되며, ③과 ④는 작품 속의 인물이 아니라 작가가 서술자가 되는 경우이다. 또 ①과 ④는 내밀한 이야기를 분석적으로 전하는 것이고, ②와 ③은 이야기를 외부적으로 관찰하여 전달한다. 이와 같은 기준을 중심으로 설명하겠다.

① 일인칭 주인공 시점

일인칭 주인공 시점은 일인칭 주관적 서술, 혹은 일인칭 자기 고백 시점이라고도 한다. 주인공이 자신의 이야기를 들려준다는 점에서 인물의 초점과 서술의 초점이 일치하는 시점 유형이다. 이러한 서술 방식은 주인공 '나'가 허구적인 인물이지만 마치 직접 체험하듯이 자신의 이야기를 들려줌으로써 독자들에게 신뢰와 높은 호소력을 줄 수 있다.

그러므로 이러한 시점은 이야기의 내용이 진실한 것이라는 실제성에 대한 환상(illusion of reality)을 심어주는 데에 효과적인 방식이다. 1인칭 주인공 시점이 고백체나 서간체, 일기체와 같은 자기고백의 형식을 취하는 것은 이 때문이다. 이상의「날개」, 최서해의「탈출기」, 김유정의「동백꽃」등이 이에 해당한다.

나는 아내가 하자는 대로 아내 방으로 끌려갔다. 아내 방에는 저녁 밥상이 조촐하게 차려져 있는 것이다. 생각하여 보면 나는 이틀을 굶었다. 나는 지금 배고픈 것까지도 긴가민가 잊어버리고 어름어름하던 차다.

나는 생각하였다. 이 최후의 만찬을 먹고 나자마자 벼락이 내려도 나는 차라리 후회하지 않을 것을 사실 나는 인간 세상이 너무나 심심해서 못 견디겠던 차다. 모든 일이 성가시고 귀찮았으나, 그러나 불의의 재난이라는 것은 즐겁다. 나는 마음을 턱 놓고 조용히 아내와 마주앉아 이 해괴한 저녁밥을 먹었다.

김군! 나는 더 참을 수 없었다. 나는 나부터 살려고 한다. 이때까지는 최면술에 걸린 송장이었다. 제가 죽은 송장으로 남(식구)들을 어찌 살리랴. 그러려면 나는 나에게 최면술을 걸려는 무리를, 험악한 이 공기의 원류를 쳐부수어야 하는 것이다.

나는 이것을 인간의 생의 충동이며 확충이라고 본다. 나는 여기서 무상의 법열을 느끼려고 한다. 아니 벌써부터 느껴진다. 이 사상이 나로 하여금 집을 탈출케 하였으며, xx단에 가입케 하였으며, 비바람 밤낮을 헤아리지 않고 벼랑 끝보다 더 험한 x선에 서게 한 것이다.

위의 인용은 이상의「날개」의 일부이고 아래의 인용은 최서해의「탈출기」일부이다. 날개의 주인공 '나'는 자신의 매우 특이한 체험과 그에 따른 내면의 생각을 들려준다. 독자들은 이러한 특별한 이야기에 흥미를 느끼며 호기심을 가진다. 그렇지만 이러한 화자는 독자의 도덕적 기준이나 삶에 대한 이해 수준에서 볼 때 신빙성 없는 화자로 볼 수 있다. 이와 같이 이미 이루어진 가치나 삶을 파기하거나 거부하는 화자(모더니즘 소설처럼)의 신빙성이 없는 화자로 추측된다.

「탈출기」의 경우는 주인공이 자신이 처한 고통스러운 상황과 결의를 친구에게 전하는 형식의 편지투의 소설로 결연한 의지를 호소력 있게 형상화하고 있다. 이처럼 일인칭 주인공 시점은 주인공의 체험이나 감정 상태를 직접적으로 전달하려 한다는 점에서 친근성의 밀도가 높다.

하지만 이와 같은 주관적 시점은 자아의 경험과 주관성에 지나치게 기울어질 경우 객관적 타당성이 부족하게 되어 공감이 약화될 수도 있다. 그러므로 화자의 설정과 진술이 독자들에게 타당한 동감이나 인식에 도달해야 한다는 사실을 작가는 충분히 인식해야 한다.

한편 일인칭 소설에는 작가 자신이 '나'의 입장에서 자신의 삶을 서술하는 사소설(私小說)도 있다. 주인공이 작가 자신이어서 허구와 비허구 사이가 불분명해질 수 있고 자칫 작가의 경험을 고백하는 수필의 형태로 변질될 수도 있다. 일본의 사소설도 여기에 해당된다.

이러한 형식의 소설은 일인칭 소설이지만 작가의 삶과 내면을 그린다는 점에서 주인공 '나'가 아닌 '그'로 지칭하기도 한다. 작가와 주인공인 '나'가 합쳐질 때 생길 수 있는 과도한 주관성을 어느 정도 객관화하는 데 도움이 될 수 있기 때문이다. 손창섭의 「신의 희작」을 한 예로 들 수 있겠다.

> 시시한 소설가로 통하는 S―좀 더 정확히 말해서 삼류 작가 손창섭 씨는, 자기 자신에게 숙명적인 유머를 발견하고 있는 것이다. 무딘 대가리를 쥐어짜서 소설이랍시고 어이없는 소리만을 늘어놓는 그 자신의 글이 반드시 해괴망측하대서만 아니다. 외양과 내면을 가릴 것 없이, 그의 지극히 빈약한 인생 그 자체가 이미 하나의 유머로서 존재하고 있기 때문이다.
> 우선 아무렇게나 생겨먹은 그의 외모부터가 도무지 탐탁한 구석이라곤 없는 것이다. 한 번도 제대로 손질을 해본 성싶지 않은 봉두난발에, 과도히 작은

머리통, 기품이라곤 찾아볼 수 없는 검고 속된 얼굴 모습, 정채 없는 회절 건눈, 불안하게 길고 가는 목, 본새 없이 좁고 찌그러진 어깨, 게다가 팔이라는 건 이제 양쪽이 아주 짝짝이다. 그밖에 억지로 뽑아 늘인 듯이 균형을 알고 휘청거리는 동체며 다리, 어느 한 구석 정상적인 엄격한 인간 규격에 들어가 맞는 풍모는 도시 아니다.

대담하게도 작가가 작가의 삶을 실명(實名)을 동원하여 그려내고 있는 희귀한 실명소설이다. 허구적 방법을 사용하지 않았다면 하나의 수기(手記)거나 논픽션으로 바뀔 수도 있다.

② 일인칭 관찰자 시점

이 시점은 주인공이 아닌 부차적 인물 '나'가 주인공의 행적과 심리를 관찰하여 이야기해 가는 방식이다. 부차적 인물도 작품 속의 인물이긴 하지만 자신에 대해 이야기하기보다 주인공에 대해 서술하는 것에 초점을 맞추는 증인의 입장이 된다.

관찰자로서 '나'의 시각 범위에 포착된 내용만을 서술하게 되므로 일인칭 주인공 시점보다 서술의 시야가 더 제한적일 수 있지만, 일인칭 주인공 시점이 주관성에 치우쳐 객관성이 부족한 듯한 인상을 줄 수 있는데 비해, 일인칭 관찰자 시점은 주관적 관찰자와 주인공이 분리되어 있으므로 관찰자 시점의 주관성과 관찰 대상의 객관성의 균형을 유지할 수 있는 장점이 있다. 그러므로 이 시점은 일인칭 시점에 있어서보다 작중 인물과 독자가 더 거리를 유지하게 한다.

여기서 시점과 거리의 관계가 논의될 수 있는데, 브룩스와 워렌에 의하면 거리란 "소설 속의 인물이 관찰되어지는 분리(detachment)의 정도"를 말한다. 즉 작가와 인물과의 거리, 혹은 독자와 인물과의 거리인 일종의 정서적 거리를 의미한다고 할 수 있다. 일인칭 시점은 독자와 인물의 거리가 가까운 편이고 작가 관찰자 시점은 일인칭 시점보다 상대적으로 멀 것이며, 전지적 시점은 그 거리가 매우 가까울 수도, 멀 수도 있겠다. 그러므로 거리의 문제는 시점 외에도 인물의 성격에 의해서도 달라질 수 있는 것이다.

일인칭 관찰자 시점에 해당하는 소설로는 현진건의「빈처」, 전영택의「화수분」, 주요섭의「사랑손님과 어머니」등을 들 수 있다. 현진건의 소설「빈처」의 일부를 예로 들어보겠다.

이런 곤란에 그는 근 이 년 견디어왔건마는 나의 하는 일은 오히려 아무 보람이 없고 방 안에 놓였던 세간이 줄어가고 장롱에 찼던 옷이 거의 다 없어졌을 뿐이다.

그 결과 그다지 견딜성 있던 저도 요사이 와서는 때때로 쓸데없는 탄식을 하게 되었다. 손잡이를 잡고 마루 끝에 우두커니 서서 하염없이 먼 산만 바라보기도 하며 바느질을 하다가 말고 실심(失心)한 사람 모양으로 멍멍히 앉았기도 하였다. 창경(窓鏡)으로 비추는 으스스한 햇빛에 나는 흔히 그의 눈물 머금은 근심 있는 눈을 발견하였다. 이럴 때에는 말할 수 없는 쓸쓸한 생각이 들며 일없이,

"마누라"라고 부르면 그는 몸을 흠칫하고 고개를 돌리어 치맛자락으로 눈물을 씻으며,

"네에!" 하고 울음에 떨리는 가는 대답을 한다. 나는 등에 찬물을 끼얹은 듯 몸이 으쓱해지며 처량한 생각이 싸늘하게 가슴에 흘렀었다. 그렇지 않아도 자비(自卑)하기 쉬운 마음이 더욱 심해지면 '내가 무자격한 탓이다' 하고 스스로 멸시를 하고 나니 더욱 견딜 수 없다. 그럴 만도 하다는 동정심이 없지 아니하되 그래도 그만 불쾌한 생각이 일어나며 '계집이란 할 수 없어' 혼자 이런 불평을 중얼거리었다.

「빈처」의 경우 부차적 인물인 가난한 문사(文士)의 관찰을 통해 이야기의 주제와 분위기가 결정되고 해석된다. 이에 비해 「화수분」의 경우는 집주인인 부차적 화자가 「빈처」의 경우보다 훨씬 객관적으로 엄격한 거리를 유지하면서 감상화된 해석을 절제하고 있다. 이러한 거리감을 두는 화자는 독자의 추론을 유발하여 동정과 공감을 끌어내는 기능을 수행한다. 「화수분」의 경우와 같은 중립성도 가지지 않는 어린아이로서의 '소박한 나'의 제한된 시점을 내세움으로써 오히려 섬세하고 기민한 감각을 살려내는 반어적 묘미를 얻고 있다.

③ 작가 관찰자 시점

삼인칭 객관적(한정적) 시점(화자)이라고 부르기도 한다. 작가가 관찰자의 입장에서 이야기하는 형식이다. 모든 사건을 눈에 보이는 부분만 있는 그대로 객관적으로 보여주는데 인물에 대한 해석이나 평가도 눈에 보이는 범위 내에서 이루어진다. 일인칭 관찰자 시점처럼 시야가 제한되긴 하지만 작가가 마음대로 조작한다는 느낌을 주지는 않는다. 작가의 주관을 배제하고 작중 인물의 행위를 그려나가면서 인생을 보여주려는 현대 리얼리즘 소설의 주된 기법인 '보여주기' 방식에 적합한 시점 방식이다. 이러한 작품에는 김동인의 「감자」, 염상섭의 「임종」, 현진건의 「B사감과 러브레터」, 안수길의 「제삼인간형」, 황순원의 「소나기」 등이 해당된다.

> 한 시간쯤 뒤에 그는 왕서방의 집에서 나왔다. 그가 밭고랑에서 길로 들어서려 할 때에, 문득 뒤에서 누가 그를 찾았다.
> "복네 아니야?"
> 복녀는 홱 돌아서 보았다. 거기는 자기 결집 여편네가 바구니를 끼고, 어두

운 밭고랑을 더듬더듬 나오고 있었다.

"형님이댔쉐까? 형님두 들어갔댔쉐까?"

"님자도 들어갔댔나?"

"형님은 뉘 집에?"

"나? 눅 서방네. 님자는?"

"난 왕서방네 …… 형님 얼마 받았소?"

"눅 서방네 그 깍쟁이 놈, 배추 세 페기 ……."

"난 삼 원 받았다."

복녀는 자랑스러운 듯이 대답하였다.

십 분쯤 뒤에 그는 자기 남편과, 그 앞에 돈 삼 원을 내어놓은 뒤에, 아까 그 왕 서방의 이야기를 하면서 웃고 있었다.

그 뒤부터 왕 서방은 무시로 복녀를 찾아왔다.

한참 왕서방이 눈만 멀찐멀찐 앉아 있으면, 복녀의 남편은 눈치를 채고 밖으로 나간다. 왕서방이 돌아간 뒤에는 그들 부처는 일 원 혹은 이 원을 가운데 놓고 기뻐하곤 하였다.

복녀는 차차 동네 거지들한테 애교를 파는 것을 중지하였다. 왕 서방이 분주하고 못 올 때가 있으면 복녀는 스스로 왕서방의 집까지 찾아갈 때도 있었다. 복녀의 부처는 이제 이 빈민굴의 한 부자였다.

김동인의 「감자」의 일부이다. 「감자」는 화자의 냉엄한 관찰자의 태도로 인해 독자들에게 극적 충격을 던져 주고 있다. 한편 나도향의 「물레방아」는 작가 관찰자 시점으로 일관하면서도 주인공의 마음을 독자들에게 전달할 필요가 있을 때에는 전지적 작가의 시점으로 전환함으로써 이야기 전개의 효율성을 높이고 있다.

④ 전지적 작가 시점

이 시점은 이야기하는 사람이 인물과 사건에 대하여 모두 다 알고 있는 입장에서 서술한다. 소설의 공간에 제시되는 모든 사물에 관하여 화자가 속속들이 분석하고 인물의 비밀스러운 내면 심리까지 들여다볼 수 있는 우월한 위치에서 설정된 하나의 문학적 관례(慣例)이다. 인물의 행동 동기 등을 신처럼 자유롭게 투시할 뿐만 아니라 무의식적 심리 작용까지도 보여준다. 이 시점은 작가의 사상이나 지식을 동원하여 논평을 가할 수도 있고 화자의 서술 초점을 다양하게 옮겨 다니면서 삶의 총체적인 모습을 다각도로 그릴 수 있으므로 장편소설에 적합한 유형이다. 이러한 작품에는 염상섭의 「삼대」, 채만식의 『태평천하』, 이광수의 「흙」 등 대부분의 장편 소설이 해당된다. 이광수의 「흙」의 일부를 인용한다.

　　숭도 잠을 이루지 못하고 아내를 생각하였다. 밉던 점을 다 떼어 버리고 생각하면 정선은 아름다운 아내였다. 얼굴도 아름답고 몸도 아름답고 맘도 아름답고 목소리도 아름다웠다. 다만, 숭의 뜻을 알아주지 아니하였다. 정선이가 만일 갑진에게 시집을 갔으면 얼마나 좋은 아내가 될까 허숭은 여러 번 생각하였다.

　작가는 주인공의 내부적 심리와 그 갈등까지 환히 들여다보고 전달하고 있다. 이러한 시점 유형은 작가의 감정이나 사상, 가치관을 작중 인물을 통해 전달하기가 용이하다. 또한 이러한 시점은 인물과 사건을 총체적인 구조의 맥락 속에서 파악하여 개인의 삶과 집단의 삶의 관련성을 해명하기에 좋은 미적 특성을 가진다.
　김동인의 「배따라기」의 경우는 일인칭 관찰자 시점과 전지적 작가 시점(액자안의 이야기)을 외화와 내화의 시점으로 삼는 독특한 틀을 가진 작품이다. 염상섭의 「표본실의 청개구리」도 일인칭 관찰자와 전지적 작가 시점(김창억의 이야기 부분)의 예가 된다.

퀴즈

01 장자가 생각한 소설의 개념에 대한 설명으로 옳지 않은 것은?
    a. 상대방의 환심을 사려는 의도로 꾸며낸 재담이다.
    b. 현실을 반영하는 창조적 이야기이다.
    c. 사람의 판단을 흐리게 하는 언사이다.
    d. 소인들이 쓰는 언사로 여겨졌다.

02 공자가 소설에 대해 언급한 내용으로 적절한 것은?
    a. 소설은 윤리적 측면에서 중요하다.
    b. 소설은 현실을 왜곡하는 거짓말이다.
    c. 소설은 오락적 요소만을 강조한다.
    d. 소설은 사회적 질서를 해치는 요소이다.

03 이규보의 '백운소설'에서 소설이 지칭하는 바는?
    a. 허구적 이야기만을 의미한다.
    b. 시화와 잡록을 총칭하는 것이다.
    c. 역사적 사실만을 다룬다.
    d. 현대적 개념의 소설을 의미한다.

04 양성지가 소설의 효능에 대해 언급한 두 가지 측면은 무엇인가?
    a. 윤리성과 교육성
    b. 정보성과 오락성
    c. 사회성과 정치성
    d. 문화성과 예술성

05 근대소설의 특징으로 옳지 않은 것은?
    a. 사회의 어긋남을 드러내는 데 주목한다.
    b. 영웅적인 출생과 탐색을 중요시한다.
    c. 평범한 인물의 관계적 삶을 드러낸다.
    d. 가상적인 이야기에 진실을 담는다.

06 로망스와 소설의 차이점으로 적절하지 않은 것은?
    a. 로망스는 영웅의식과 전원생활에 관심을 가진다.
    b. 소설은 현실의 세계를 배경으로 한다.
    c. 로망스는 현실 너머의 세계를 묘사한다.
    d. 소설은 주로 초인적 성격의 인물을 다룬다.

07 발자크가 '인간희극'의 서문에서 강조한 작가의 태도는 무엇인가?
    a. 인간의 삶과 사회를 관찰하며 분석해야 한다.
    b. 신화와 서사시의 영웅담을 중심으로 해야 한다.
    c. 환상적 요소를 주로 사용해야 한다.
    d. 사회적 이념에 순응하는 이야기를 해야 한다.

08 소설의 구성적 이야기로서의 특성에 대한 설명으로 옳은 것은?
    a. 오직 통속적인 재미만을 추구한다.
    b. 독자에게 감동을 주기 위해 사건을 재미있게 꾸민다.
    c. 일상적인 사건만을 다룬다.
    d. 사실적인 이야기는 포함하지 않는다.

09 근대소설과 고소설의 차이점으로 적절한 것은?
    a. 근대소설은 신선이나 도인의 도움을 중요시한다.
    b. 고소설은 사회의 어긋남을 드러내는 데 주목한다.
    c. 근대소설은 평범한 인물의 삶을 중심으로 한다.
    d. 고소설은 주로 사회적인 성취를 강조한다.

10 소설의 허구성에 대한 올바른 이해는?
    a. 단순히 거짓 이야기를 의미한다.
    b. 현실을 왜곡하는 요소로 볼 수 있다.
    c. 허구성은 현실에 기반한 허구성이어야 한다.
    d. 허구적 요소는 문학에서 배제되어야 한다.

11 E. M. 포스터가 말한 '플롯'의 정의에 따르면, 다음 중 플롯에 해당하는 예는 무엇인가?
    a. 왕이 죽었다.
    b. 왕비가 슬퍼서 죽었다.
    c. 왕비가 죽었다.
    d. 왕이 죽고 왕비도 죽었다.

12 소설에서 '플롯'의 역할에 대한 설명으로 올바른 것은?
    a. 사건의 전개에 필연성을 부여한다.
    b. 인물들의 내면에만 집중한다.
    c. 사건의 순서만을 중요시한다.
    d. 사건의 전개를 무작위로 배열한다.

13 소설의 '발단' 단계에서 중요한 것은 무엇인가?
    a. 사건의 해결
    b. 인물과 배경의 소개
    c. 절정에 이르는 긴장감
    d. 사건의 완전한 종결

14 소설의 '전개' 단계에서 갈등이 표현되는 방식으로 적절하지 않은 것은?
    a. 인물 간의 대화를 통해
    b. 인물의 심리적 변화를 통해
    c. 사건의 묘사를 통해
    d. 작품의 주제를 직접 설명함으로써

15 소설에서 '플롯'과 '스토리'의 차이점으로 가장 적절한 것은?
    a. 플롯은 사건의 순서에 중점을 둔다.
    b. 스토리는 인과관계에 중점을 둔다.
    c. 플롯은 사건의 인과관계에 중점을 둔다.
    d. 스토리와 플롯은 동일한 개념이다.

16 소설의 구성 요소 중 '플롯'이 아닌 것은 무엇인가?
    a. 사건의 필연성
    b. 등장인물의 성격
    c. 작품의 주제
    d. 작가의 전기적 사실

17 다음 중 소설의 '플롯'에 대한 설명으로 부적절한 것은?
    a. 플롯은 사건의 전체적인 연쇄를 가리킨다.
    b. 플롯은 단순한 사건의 나열을 의미한다.
    c. 플롯은 인과 관계에 의해 연결된 사건을 의미한다.
    d. 플롯은 소설의 논리적 구조를 형성한다.

18 소설의 '전개' 단계에서 주로 다루어지는 요소는 무엇인가?
    a. 사건의 해결
    b. 인물의 성격 변화
    c. 갈등과 긴장의 조성
    d. 작품의 주제 선언

19 소설의 '발단'에서 작가가 독자에게 전달하고자 하는 것은 무엇인가?
    a. 인물들의 최종 운명
    b. 사건의 상세한 설명
    c. 작품의 분위기와 주제의 암시
    d. 인물들의 행동의 정당성

20 소설에서 '플롯'의 중요성에 대한 설명으로 올바르지 않은 것은?
    a. 플롯은 이야기를 흥미롭게 만든다.
    b. 플롯은 사건의 순서를 무의미하게 만든다.
    c. 플롯은 소설의 구조적인 논리를 제공한다.
    d. 플롯은 사건의 인과관계를 명확히 한다.

21 아리스토텔레스가 강조한 플롯의 유형은 무엇인가?
    a. 단일 구성
    b. 복합 구성
    c. 피카레스크 구성
    d. 액자식 구성

22 단순 구성의 플롯에서 주로 사용되는 소설의 종류는?
    a. 장편소설
    b. 단편소설
    c. 시
    d. 희곡

23 복합 구성의 플롯이 효과적으로 반영하는 것은 무엇인가?
    a. 단일한 사건의 전개
    b. 현실의 복잡한 양상
    c. 인물의 단순한 성격
    d. 일관된 주제의 표현

24 피카레스크 구성의 플롯에서 인물은 어떤 특징을 가지는가?
    a. 성격이 변화하는
    b. 평면적인
    c. 복잡한 성격을 가진
    d. 역사적 사건에 중점을 둔

25 액자식 구성에서 내화(話)는 무엇을 의미하나?
    a. 주변적인 사건
    b. 중심 플롯
    c. 부속적인 사건
    d. 배경 설명

26 소설에서 인물의 행위와 성격이 만나 유발하는 것은 무엇인가?
    a. 배경
    b. 주제
    c. 사건
    d. 대화

27 평면적 인물과 입체적 인물의 차이점은 무엇인가?
    a. 평면적 인물은 변화하는 반면 입체적 인물은 변하지 않는다.
    b. 평면적 인물은 변하지 않는 반면 입체적 인물은 변화한다.
    c. 평면적 인물은 주인공만을 의미하고 입체적 인물은 조연을 의미한다.
    d. 평면적 인물은 현실적이고 입체적 인물은 비현실적이다.

28 전형적 인물이란 무엇을 대표하는 인물인가?
    a. 개별적인 성격
    b. 보편적인 성격
    c. 소설의 주제
    d. 작가의 의도

29 『삼대』의 조의관이 대표하는 전형적 인물은 무엇인가?
    a. 현대 지식인
    b. 봉건적 가치를 신봉하는 인물
    c. 노동자 계급
    d. 혁명적 인물

30 소설에서 인물이 성격의 변화 없이 처음부터 끝까지 일관된 성격을 유지하는 경우, 이 인물을 무엇이라고 하는가?
    a. 입체적 인물
    b. 평면적 인물
    c. 전형적 인물
    d. 개성적 인물

31 소설 「사랑손님과 어머니」에서 시점을 어떤 인물로 설정함으로써 작품의 미적 가치를 구현하였나?
    a. 6살 난 여자아이
    b. 시어머니
    c. 시누이
    d. 사랑손님

32 소설의 시점이 작품의 미적 가치에 미치는 영향에 대한 설명으로 올바른 것은?
    a. 시점은 작품의 미적 가치에 영향을 주지 않는다.
    b. 시점은 독자의 공감 정도에 영향을 주지 않는다.
    c. 시점은 이야기의 특성과 범위, 독자의 반응을 조절하는 근본 장치로 기능한다.
    d. 시점은 작품의 구성 요소 중 가장 덜 중요하다.

33 소설에서 시점의 분류 중 '일인칭 주인공 시점'에 해당하는 설명은?
    a. 작가가 관찰자로서 이야기를 함
    b. 부차적 인물이 주인공의 이야기를 함
    c. 주인공이 자신의 이야기를 함
    d. 분석적이거나 전지적인 작가가 이야기를 함

34 일인칭 주인공 시점의 소설에서 독자들에게 주로 전달되는 것은?
    a. 객관적 사실만
    b. 주인공의 내면적 체험과 생각
    c. 작가의 개인적 의견
    d. 부차적 인물의 관점

35 일인칭 관찰자 시점에서 화자는 주로 무엇에 초점을 맞추나?
   a. 자신의 개인적 경험
   b. 주인공의 행적과 심리
   c. 작가의 전지적 관점
   d. 독자의 반응

36 소설에서 '거리'의 개념이 의미하는 바는 무엇인가?
   a. 문자 그대로의 물리적 거리
   b. 인물 간의 관계적 거리
   c. 인물이 관찰되는 분리의 정도
   d. 소설의 배경과 시간적 거리

37 일인칭 주인공 시점의 소설이 독자에게 주는 환상은 무엇인가?
   a. 이야기의 내용이 진실한 것이라는 환상
   b. 이야기가 완전히 허구라는 환상
   c. 이야기가 미래에 일어날 일이라는 환상
   d. 이야기가 과거에 일어난 일이라는 환상

38 소설 「날개」의 주인공이 전달하는 것은 무엇인가?
   a. 주인공의 특별한 체험과 내면의 생각
   b. 주인공의 객관적인 사건 분석
   c. 주인공의 일상적인 생활
   d. 주인공의 사회적 활동

39 소설에서 '일인칭 관찰자 시점'의 화자는 어떤 인물인가?
   a. 주인공
   b. 부차적 인물
   c. 전지적 작가
   d. 독자

40 소설 「신의 희작」에서 작가는 어떤 방식으로 자신의 삶을 그려내고 있나?
    a. 일인칭 주인공 시점
    b. 일인칭 관찰자 시점
    c. 작가 관찰자 시점
    d. 실명을 동원한 서술

제 4 장

서평쓰기의 이해

서평이란 말 그대로 책의 내용을 평가하는 글, 즉 비평글이다. 책을 읽고 난 후 자신의 관점으로 체계적으로 정리, 재해석하면서 독자들과 글로써 안내하고 '소통'하기 위해 쓰는 글이라고 할 수 있다. 서평의 중요한 기능 중 하나는 독자에게 책에 대한 안내를 할 수 있어야 한다. 서평자는 책과 독자를 이어주는 중요한 다리 역할을 한다.

아직 책을 읽지 않은 예비 독자는 서평을 통해 책을 선택하기도 하고, 책을 읽은 독자라면 자신의 생각과 무엇이 같고 다른지 비교해보며 생각을 확장시킬 수 있다.

독서감상문의 특징	서평의 특징
◦ 자신이 감동을 느낀 부분이 중요하다. ◦ 자신이 재미있게 읽은 부분이 중요하다. ◦ 자신의 생각과 감상이 중요하다. ◦ 대체로 '나는'이라는 주어를 사용한다.	◦ 저자의 의도와 주제가 드러난 부분이 중요하다. ◦ 작가가 강조하는 메시지가 중요하다. ◦ 작가와 책이 주고자 하는 메시지가 무엇

	인지 드러내는 것이 중요하다. ◦ 대체로 '작품은, 저자는'이라는 주어를 사용한다.

서평을 쓰는 과정은 크게 책을 읽고 발췌, 메모하며 개요를 짠 후 초고, 퇴고로 나눌 수 있다. 개요를 짤 때는 서론 - 본론 - 결론 3단계로 나누어 써보기를 권한다.

주로 서론, 도입 부분은 작가 및 작품 소개, 책을 읽게 된 배경이나 단상, 혹은 전체 느낌 또는 평, 간단한 작가 및 작품 소개 등으로 시작할 수 있다. 서론에서 독자들이 호기심을 갖고 계속 읽을 수 있도록 주의를 이끌어가는 것이 중요하다. 책을 읽고 저자가 말하고자 하는 바가 무엇인지 논지 파악을 제대로 해야 한다. 저자가 자신의 주장이나 입장을 제대로 증명했는지 그 과정이 올바른지 등을 분석하면서 읽는다. 독후감은 책을 읽고 느낀 점을 쓴다면 서평은 책을 읽고 자신의 부정적 혹은 긍정적인 면 등 논리적인 평가를 쓴다.

서평은 아직 책을 접하지 않은 독자를 대상으로 쓴다. 저자가 의도하는 바와 책에서 전달하고자 하는 주제는 무엇인지 정확하게 파악한 후 작성한다. 글을 쓸 때에는 책의 내용과 자신의 의견을 명확하게 구분해서 사용해야 한다.

서평은 '처음 - 중간 - 끝' 3단계로 구성해서 쓰는 것이 좋다.

① '처음' : 책을 선택하게 된 동기나 이유, 혹은 책이 나오게 된 배경 및 저자가 제기하는 핵심 주장 등을 언급한다. 책에 대한 개괄적인 안내나 설명을 한다.

② '중간' : 저자의 주장이나 논지를 분석하면서 그에 대해 평가하는 글을 쓴다. 책을 비평하는 자신의 입장이나 시각 또는 이를 바탕으로 한 자신만의 독자적 해석, 감동이나 비판의 근거 등을 제시한다.

③ '끝' : 이 책이 지닌 가치와 의미를 점검하고 자신의 생각, 전망 등을 쓴다.

〈예시〉

도서명 :	출판사 :	읽은 날짜 :
이 책은 ~ 라고 생각한다. : 책에 대한 주제나 간단하게 작가와 배경 소개를 한다. 그리고 이 책을 어떻게 생각하는지 스스로의 견해를 밝힌다. 그 이유는(이유와 근거 쓰기) 첫째, 둘째, 셋째 결론 : 전체평 및 추천 이유 등. (그래서 이 도서는~라고 생각한다. ~에게 추천한다.)		

서평 쓸 때 기억해야 할 요소

① 정확한 독해. 책의 저자가 의도하는 바와 책에서 전달하고자 하는 핵심을 정확하게 파악한다.
② 서평은 책의 내용과 자신의 의견을 명확하게 구분해서 써야 한다.
③ 서평의 대상이 되는 책을 포함하여 인용한 자료의 출처를 반드시 밝힌다.
④ 독서감상문은 주관적 느낌 위주로 쓰지만 서평은 주관적인 생각이나 판단을 객관적으로 기술해야 한다.

서평에서 반드시 써야 할 것은 제목이다. 제목은 서평의 첫인상을 결정하는데 가장 중요한 요소로 기능하기 때문이다. 서평 쓰기에서 흔히 하는 실수는 책의 제목을 서평의 제목으로 그대로 옮겨 쓰는 것이다. 제목은 반드시 글쓴이 자신이 새로 지어야 한다. 글쓴이가 정한 제목을 쓰고 그 뒤에 부제의 형식으로 서지 사항을 부연해 주는 것이 좋다. 그렇다고 하여 제목에 멋있어 보이는 단어를 많이 넣거나 의욕에 넘쳐서 의미가 통하지 않는 제목을 쓰는 것은 곤란하다. 서평의 제목에는 자신이 쓴 서평의 핵심 키워드(key word, 주제어)를 담는 것이 중요하다.

대체로 서평의 첫 문단은 비평하고자 하는 책에 관한 예상 독자의 관심을 환기하기 위해, 책의 내용과 관련이 있는 사회·문화적 쟁점에 대한 논평으로 시작한다. 즉, 서평의 도입부는 서평 전체의 내용에 대한 읽는 이의 지적 호기심을 불러오는 기능을 한다. 서평의 도입부를 잘 쓰기 위해서는 기본적으로 글쓴이가 책의 전체적인 내용을 정확하게 이해하고 있어야 하며, 평소 뉴스·책·영화 등을 즐겨 보면서 자신이 써야 할 부분과 연관하는 작업이 필요하다.

서평쓰기에서 당연히 책의 내용에 대해서 써야 한다고 생각하기 쉽다. 그러나 그것 외에도 서평에서 중요하게 언급할 것은 책을 쓴 저자에 대한 소개, 그 저자가 쓴 다른 책들의 스타일, 내가 다루고자 하는 책과 저자에 대한 세간의 평가 등이다. 대개 서평의 대상이 되는 책들은 일반적으로 학계의 인정을 받은 저서이며 따라서 인터넷 검색 등으로 어렵지 않게 관련 정보를 찾을 수 있다.

서평 대상 도서의 저자 소개 혹은 책에 대한 평가 소개가 필요한 것은 어떠한 책의 출판 배경과 독자의 반응을 살펴봄으로써 서평 대상도서의 역사적·학문적 위치를 가늠하기 위함이다. 어떠한 책에 대한 가치를 평가하기 위해서는 그 내용을 세밀하게 들여다보는 것과 동시에 책의 외부에서 그 내용을 구성하게 만든 사회·문화적 요소들을 파악해야 한다.

서평의 중반부에서는 논의하고자 하는 책의 전체적인 내용과 구성 방식 등을 개괄하고 이에 대한 객관적인 분석을 시도함으로써 대상 도서의 논지를 분명하게 밝힌다. 이 부분은 서평의 핵심적인 영역으로 아직 책을 읽지 않은 가상의 독자가 실제의 독자가 될 수 있도록 도움을 줄 수 있다. 이를 위해 책의 체계를 일목요연하게 서술하여 내가 쓴 서평을 누가 읽든지 대상 도서의 내용을 정확하게 이해할 수 있도록 해야 한다. 그렇지만 인터넷 블로그나 인터넷 서점 사이트 등에서 쉽게 찾을 수 있는 책의 줄거리를 그대로 옮겨 적어서는 안 된다. 출판사의 책 소개는 상업적(商業的)인 목적에 의해 작성되기에 자신의 관점을 보여주는 서평에서는 적합하지 않고 윤리적인 글쓰기에도 어긋난다.

책의 내용을 정리하여 소개하고 이에 대해 객관적인 시각을 제시했다면 이후에는 앞서의 작업에 대한 글쓴이의 주관적 해석을 부연하면서 책의 가치와 의의를 규명해야 한다. 이 부분에서는 책을 쓴 저자의 사유를 서평자의 시작에서 해석하고, 더 나아가 서평자의 비판적 생각에 따라 책의 가치와 의의를 밝히고 장단점을 파헤치는 작업이 이루어진다. 대체로 대학에서의 서평쓰기에서는 "책을 읽은 후 떠오른 자신의 생각 쓰기" 정도로 생각하면 이해가 쉽다. 즉, 내가 어떠한 책을 읽고 들었던 생각과 흥미로웠던 점을 쓰고, 어떠한 면에서 독자에게 추천하고 싶은지를 작성하면 된다.

〈예시〉

'나'라는 타인을 보여주는 상처

간호학과 ○○○

나는 문이라는 가수의 노래 〈비행운〉을 통해서 김애란이라는 작가를 처음 알게 되었다. 노래 〈비행운〉에는 '너는 겨우 자라 내가 되겠지'라는 가사가 있는데, 그 가사가 김애란 작가의 단편 소설인 '서른'에서 가져온 것임을 알게 되고, 그 소설을 읽었던 것이 김애란 작품과의 첫 만남이었다. 작가 김애란은 일상적이고 사소한 소재에서 사소하지 않은 새로움을 표현하고, 특유의 유머 감각과 짧은 호흡의 문장으로 사랑받고 있는 작가이다. 그런 그녀의 특징은 책 『비행운』에서도 잘 드러나고 있다. 책 『비행운』은 김애란 작가의 단편 소설집으로 문학과지성사에서 2012년에 발매되었고, 총 8개의 단편소설로 구성되어있다. 〈비행운〉이라는 제목은 두 가지 뜻으로 해석이 가능한데 하나는 '비행'운이고 다른 하나는 '비'행운이다. 제목이 불행을 암시하듯이 각 소설의 주인공들은 '비행'운을 꿈꾸지만 결국 '비'행운을 경험하게 되는데, 이 때문인지 『비행운』은 전체적으로 우울하고 음습한 분위기를 풍기고 있다. 오늘 내가 서평을 쓸 〈너의 여름은 어떠니〉도 『비행운』의 한 단편소설로 다른 소설들에 비해서는 그나마 가볍고 웃음 포인트가 있는 연애소설이지만, 사실은 이마저도 묵직한 메시지를 담고 있는 '비'행운 소설임을 강조하고 싶다.

소설 〈너의 여름은 어떠니〉는 주인공인 미영이가 2년 만에 한때 좋아했었던 대학 선배의 연락을 받으면서 시작된다. 미영이는 선배의 연락을 받고 과거 자신의 존재를 알아봐 주었던 선배와의 에피소드를 회상하게 되고, 그와 동시에 초등학교 동창이었던 '병만'과의 추억도 함께 회상하게 된다. 선배는 미영이에게 출연자 대타라는 무리한 부탁을 하였고, 미영은 선배를 돕고 싶은 마음에 그 부탁을 들어주게 되면서, 한 치수 작은 레슬링복을 입고 소스가 흐르는 핫도그를 먹으며, 마른 여성을 돋보이게 해주는 엑스트라 역할을 하게 된다. 이 사건을 통해 선배에게 큰 상처를 받은 미영은 집에 돌아와 자신이 과거 상처를 주었던 '병만'을 떠올리며 자신의 존재로 누군가가 많이 아팠을지도 모른다는 것을 깨달으며 뜨거운 눈물을 흘리게 된다. 첫사랑의 판타지가 깨지는 이야기, 좋아했던 사람에게 이용당해 결국 상처를 받는 이 소설의 결말은 연애소설치고 너무도 현실적이고 어둡다. 이런 결말을 통해 작가가 독자에게 전달하고 싶었던 메시지는 무엇일까? '상처'와 '성장'에 키워드를 맞춰 소설을 살펴보고자 한다. 소설 〈너의 여름은 어떠니〉는 전반적인 내용은 연애소설이지만, 조금 더 생각을 해보면 선배에게 받은 상처를 통해 미영이가 성장하게 되는 성장소설임을 알 수 있다. 이때 우리가 집중해서 봐야 할 부분은 선배, 미영, 병만의 관계이다.

'갑자기 오른쪽 팔 어디께가 몹시 아려왔다. 가만 보니 팔뚝 안쪽에 멍이 들어 있었다. 아마 아까 나를 붙든 선배가 남긴 자국인 듯했다. 팔뚝 위로 선배 손의 완력과 축축한 여운이 느껴졌다.' -43~44쪽.

위의 인용문은 미영이가 선배에게 상처를 받고 집으로 돌아와서 자신의 팔에 남은 선배의 흔적을 보는 장면이다. 이 부분은 선배와 미영이의 관계를 잘 나타내주고 있다. 이 소설에서 팔을 붙드는 행위는 상처를 주는 것, 그리고 그로 인해 남은 자국은 받은 상처를 의미하고 있다. 선배는 미영이의 팔을 붙잡는 사람으로서 미영이에게 상처 준 사람이다. 즉 선배와 미영이의 관계에서, 미영이는 선배, 즉 타인에게 상처를 받은 입장인 것이다. 하지만 병만과의 관계에서 미영이는 다른 입장에 서있다.

'순간 있는 힘을 다해 그 팔을 잡았다. 그리고 가까스로 뭍으로 나왔을 때 물에 흠뻑 젖은 채 창백해진 병만의 얼굴을 보고 말았다. 누군가의 손톱자국을 따라 길게 홈이 파인 살짝 핏물이 맺힌 채 시퍼렇게 멍이 든 그 애 팔뚝도……' -41~42쪽

위의 장면은 여덟 살에 포강에서 놀다가 물에 빠진 미영이에게 병만이가 손을 내밀고, 미영이 그를 붙잡는 장면이다. 이 인용문은 위의 선배와 미영이의 관계에서 미영이가 상처를 받은 입장이었던 것과 다르게 미영이는 살기 위해 병만이의 팔을 붙드는, 즉 병만이를 상처 입히는 입장이었다는 것을 잘 보여준다. 위의 두 인용문은 팔을 붙잡는 행위와 그로 인해 남은 자국을 통해 미영이가 각각의 관계에서 상처를 주기도, 받기도 하는 존재임을 잘 보여주고 있다.

'내가 살아 있어, 혹은 사는 동안 누군가가 많이 아팠을 거라는 생각이 들었다. 나도 모른 곳에서, 내가 아는 혹은 모르는 누군가가 나 때문에 많이 아팠을 거라는 느낌이. 그렇게 쉬운 생각을 그동안 왜 한 번도 하지 못한 건지 당혹스러웠다.' -44쪽

위의 인용문은 미영이가 선배가 자신에게 남긴 손자국을 보며, 자신이 병만에게 남긴 자국을 떠올리면서 자신도 선배처럼 병만에게 상처를 줬음을 진정으로 깨닫는 장면이다. 이 부분이 이 소설에서 작가의 메시지가 잘 드러나는 핵심적인 문장이라고 생각한다. 미영이가 병만이에게 상처를 줬던 것은

과거 여덟 살 여름 방학으로, 현재 20대 중반인 것을 생각하면 매우 오래 전 일임을 알 수 있다. 미영이는 그렇게 오랜 시간이 흐르는 동안, 자신이 선배에게 상처를 받기 전까지도 자신이 누군가에게 상처를 줬을지도 모른다는 것을 모르고 있었다. 즉 자신이 그 상처로 인한 아픔을 직접 경험하기 전까지 진정으로 내가 누군가에게 상처를 주는 타자일지도 모른다는 것을 이해하지 못했다는 것이다.

내가 누군가에게 상처를 주는 사람일지도 모른다는 것은 위의 인용문에서 미영이가 생각했듯이 정말 쉬운 생각, 머리로는 누구든지 해봤을법한 생각이다. 하지만 진심으로 내가 누군가에게 타자일지도 모른다는 것을 이해하고 있는 이들은 과연 몇 명이나 될까? 바로 이 부분에서 저자는 우리에게 '상처를 통한 성장'의 메시지를 전달하고자 하는 것이다. 우리는 남의 상처를 이해하고 공감하고 있다고 생각하지만 실제로는 그렇지 않고, 훗날 그와 같은 상처를 받아 같은 아픔을 느꼈을 때 비로소 진정으로 그 상처를 이해, 공감할 수 있게 되고, 그로 인해 남 의 아픔을 사람들의 상처를 알게 되는 성장을 이룰 수 있음을 말하고 있다.

사람들은 원래 남보다 '자신'의 상처에 집중하고, 타인이 자신에게 남긴 상처에 대한 기억만을 계속해서 되새긴다. 하지만 한 번쯤은 되돌아봐야 한다. 내가 누군가에게 타인이었던 적은 없었는가? 병만이처럼 나를 돕는 것으로 인해 상처를 받았던 사람은 없었는가? 진정으로 그들을 이해하고 그들의 아픔을 공감하고 헤아릴 때 우리는 진정으로 더 성장할 수 있을 것이다.

이 소설의 제목인 〈너의 여름은 어떠니〉는 저자가 독자들에게 질문을 던지는 것으로도 해석 할 수 있다. 미영이가 여름이라는 계절 동안 상처를 통해 진정으로 자신이 타인일지도 모른다는 것을 깨닫고 병만이의 상처를 진심으로 이해하게 된 것처럼, 나도 누군가에게 타인일지도 모른다는 것을. '나'라는 타인을 알게 되는 여름을 보내고 있는가? 라고 말이다.

누군가 내게 남긴 자국(상처)을 통해 내가 누군가에게 남긴 자국(상처)을 보게 해주는 소설. 진정한 성장을 이끌어내는 상처의 이면을 보여주는 소설이다. 이 책은 '나'라는 타인을 마주하고 싶은 모든 이들에게 권하고 싶다.

퀴 즈

01 서평을 쓰는 목적 중 하나는 무엇인가?
    a. 독자와의 소통
    b. 작가 비판
    c. 책의 판매 촉진
    d. 문학적 지식 과시

02 서평에서 '나는'이라는 주어를 사용하는 경우, 주로 어떤 내용을 중요시하게 여기는가?
    a. 저자의 전기
    b. 책의 역사적 배경
    c. 자신의 감상과 생각
    d. 책의 인쇄 품질

03 서평의 구성 단계 중 '중간'에서는 주로 무엇을 다루는가?
    a. 책의 목차
    b. 저자의 주장 분석 및 평가
    c. 책의 인기도
    d. 책의 가격

04 서평을 쓸 때 저자의 의도와 주제를 파악하는 것이 중요한 이유는 무엇인가?
    a. 저자에게 피드백을 주기 위해
    b. 책의 내용을 정확하게 안내하기 위해
    c. 책의 판매량을 늘리기 위해
    d. 문학상을 받기 위해

05 서평의 '처음' 단계에서 언급하는 내용은 무엇인가?
    a. 책의 결말
    b. 책의 인쇄 방식
    c. 책을 선택한 동기나 저자의 주장
    d. 책의 페이지 수

06 서평과 독후감의 차이점 중 하나는 무엇인가?
    a. 서평은 책의 내용을 요약하는 반면 독후감은 논리적 평가를 포함한다.
    b. 서평은 논리적 평가를 포함하는 반면 독후감은 개인적 감상을 중요시한다.
    c. 서평은 책을 읽기 전에 쓰고 독후감은 책을 읽은 후에 쓴다.
    d. 서평은 글쓴이의 생각을 배제하고 독후감은 글쓴이의 생각을 중심으로 쓴다.

07 서평에서 '작품은, 저자는'이라는 주어를 사용할 때 중요시하는 부분은 무엇인가?
    a. 독자의 기대감
    b. 저자의 의도와 주제
    c. 출판사의 마케팅 전략
    d. 책의 표지 디자인

08 서평을 쓰는 과정에서 '퇴고' 단계의 목적은 무엇인가?
    a. 책의 내용을 추가로 연구하기 위해
    b. 글의 구성을 개선하고 오류를 수정하기 위해
    c. 책의 판매 전략을 수립하기 위해
    d. 독자의 피드백을 반영하기 위해

09 서평의 '끝' 단계에서 주로 무엇을 다루는가?
    a. 책의 출판 정보
    b. 책의 지닌 가치와 의미의 점검
    c. 책의 인쇄 과정
    d. 저자의 다른 작품

10 서평을 쓸 때 책의 내용과 자신의 의견을 명확하게 구분하는 것이 중요한 이유는 무엇인가?
   a. 독자가 작가와 리뷰어를 혼동하지 않도록 하기 위해
   b. 책의 내용을 보호하기 위해
   c. 법적 문제를 피하기 위해
   d. 리뷰어의 전문성을 보여주기 위해

퀴 즈

* 다음 (　)를 채우시오.

1. 서양에서 문학의 어원을 (　　)를 뜻하는 라딘이 'litera'에서 기원하여 (　　)로 발전하였다.
2. 문학이라는 용어의 기원을 (　　)로 보고 있다. 그러나 (　　)로 된 모든 것을 문학이라고 할 수 없다.
3. 이해조의 신소설 (　　)에서 사실을 (　　)하게 그려 독자로 하여금 선악의 판단을 내릴 수 있게 해야 한다고 했다.
4. '자기 자신을 친구 삼는다'는 뜻으로 (　　)는 고단한 현실에 굴복하지 않고 자신을 지켜내는 자의식을 표현하는 것이다.
5. 책의 가치를 평가하기 위해 책의 외부에서 책의 내용을 구성하게 하는 (　　)·(　　)요소들을 파악해야 한다.
6. 비평은 자신만의 독특한 관점으로 대상을 (　　)하고 분석하여 서술하는 것이다.

7. 사이비진술이란 일반적 상식이나 과학적 사실에 어긋나는 진술로 (   )이라고 한다.
8. 수필은 일정한 형식을 따르지 않고, 인생이나 (   ) 또는 일상생활에서의 느낌이나 체험을 적은 (   ) 형식의 글이다.
9. 스토리는 (   )의 순서에 따라 정리된 사건의 서술이다.
10. 박지원의 열하일기 속 (   )기록을 근거로 수필의 날을 정했다.
11. 소설에서 이야기의 발단 단계에서는 (   )이 소개되고, 배경이 제시되며 기본 상황, 윤곽이 드러나는 등 스토리가 전개되어 가는 지점이 된다.
12. (   )의 어원은 '점토 따위를 빚거나 모양을 만들다'라는 라틴어 'fingere'이다.
13. 독자의 흥미가 최고조에 이르는 순간으로, (   )은 역전이 이루어지는 동시에 상승 행동과 하향 행동이 나누어지는 분기점이다.
14. 문학은 삶에 대한 가치있는 체험의 (   )이며, 이 (   )을 통해 언어예술을 통해 재구성한 것이다.
15. 문학을 통해 자신의 삶을 성찰하는 계기가 될 수 있고, 가치있는 (   )를 발견할 수 있다.
16. 시 「마을은 맨천 (   )이 돼서」는 토박이말과 사투리로 구성된 시인의 대표작이다.
17. 소설에서 인물이 평면적이라고 하여 반드시 (   )한 것은 아니며, 입체적 인물이 가지는 성격의 변화와 발전만이 의미있는 것은 아니다.
18. 문학은 근본적으로 (   )의 매개물을 통한 인생의 표현이다.
19. 김애란의 단편소설 「너의 (   )은 어떠니」에서 주인공 미영은 자신의 상처를 통해 타인의 아픔을 이해하게 된다.
20. 소설의 결말에서 (   )이 미적인 효과를 높여준다.
21. 시의 (   )에서는 표현의 의미가 하나로 한정되지 않고, 문맥을 통해 여러 가지 의미를 암시하거나 내포한다.

22. 비평은 작품에 대한 감상과 (   )를 구분해야 한다.
23. 시에서는 우리들이 일상생활에서 겪는 일보다는 아름답거나 슬픈 일들이 (   )되어 있다.
24. 시에서 일상 언어의 규범이나 어긋난 방식으로 진술하여 다양한 정서와 미묘한 사상을 표현하는 것을 (   )라고 한다.
25. (   )는 가장 짧은 형태의 문학 양상으로 절제된 언어와 (   )된 형태로 표현한다.
26. (   )은 자신만의 독특한 관점으로 대상을 관찰하고, 분석하여 서술하는 것이다.
27. (   )적인 글의 가치를 따지는 데에는 그 글이 얼마나 유용한가, 글의 문체가 명확한가, 증명이 가능한가 등의 기준이 적용된다.
28. 문학 작품의 개념 정립은 글과 (   )사이에 이루어지는 관계에서 출발한다.
29. 소쉬르는 언어의 층위를 기표(signifian)와 (   )로 나뉠 수 있다.
30. 문학은 특수한 (   )를 체험하고 받아들이는 것으로부터 출발한다.
31. (   )은 사회적인 문제나 공적인 문제 등 무거운 내용을 논리적 객관적으로 표현한 글이다. 칼럼과 평론이 있다.
32. 조선 후기의 문장가 (   )는 마음에 꼭 드는 시절에 마음에 꼭 드는 (   )를 만나서 마음에 꼭 맞는 말을 나누며 마음에 꼭 맞는 글을 읽는 것이 즐거움이라고 했다.
33. 수필은 플롯이나 (   )가 필요하지 않고, 쓰고 싶은 대로 쓰는 것이다.
34. (   )는 소망의 실현에 관심이 있고, 따라서 그것은 여러 가지 형식을 취하며, 영웅적인 것, 전원생활, 이국취미, 신비, 완전한 사랑의 실현에 관심을 가지고 있다.
35. 소설은 작자가 현실의 구체적 삶을 (   )으로 서술한 창조적 이야기로 정의할 수 있다.
36. 김동인의 작품 「(   )」는 주인공 '복녀'가 환경으로 인해 타락해가는 모습

을 비극적으로 그리고 있다.

37. 소설에서 허구성은 (   )을 바탕으로 하고 있다.
38. 서평이란 책의 내용을 평가하는 글로 (   )이다. 책을 읽고 난 후 자신의 관점으로 체계적으로 정리, 재해석하면서 독자들과 글로써 안내하고 (   )하기 위해 쓰는 글이다.
39. 소설에서 대단원을 파국, 해결, (   )이라고 부르며 등장인물의 운명이 분명해지고, 그에 실패나 성공의 전모가 드러나는 최종적인 단계이다.
40. 고소설의 경우 작가의 세계관은 그 시대와 사회 제도 및 그 이념에 (   )하고 부합하는 양상으로 표출하고 있다.
41. 동양에서는 일찍이 중국 남송 때 사람 홍매가 (   )이라는 책에서 처음 사용했다.
42. 서평쓰기 서론에서 독자들이 (   )을 갖고 계속 읽을 수 있도록 주의를 끄는 점이 중요하다.
43. 문학 작품을 통해 자신의 삶이 순간 변용되는 계기를 얻는 것이 바로 (   )을 통해서라 할 수 있다.
44. (   ) 인물은 어떤 특정한 사회나 집단, 계층을 대표하는 성격을 나타내는 인물이다.
45. 서평의 대상이 되는 책을 포함하여 인용한 자료의 (   )를 반드시 밝힌다.
46. (   ) 형식은 '다른 설정, 같은 주제', 피카레스크식 구성은 '같은 설정, 다른 주제'이다.
47. 좋은 소설의 인물은 전형성을 자신의 (   )을 통해서 드러내는 인물이어야 하며 보편적 (   )의 획득이 필요하다.
48. 브룩스와 워렌은 『(   )』에서 소설을 '발단 – 전개 – 절정 – 대단원'의 4단계로 나눈다.
49. 김유정의 소설 「동백꽃」에서 갈등의 계기가 되는 사물은 (   )이다.
50. 플롯은 자칫 지루한 이야기 구조를 (   )있는 구조로 바꾸는 역할을 한다.

제출용

학 번 :
이 름 :

답안					
문항	1	2	3	4	5
정답					
문항	6	7	8	9	10
정답					
문항	11	12	13	14	15
정답					
문항	16	17	18	19	20
정답					
문항	21	22	23	24	25
정답					
문항	26	27	28	29	30
정답					
문항	31	32	33	34	35
정답					

절취선

문항	36	37	38	39	40
정답					
문항	41	42	43	44	45
정답					
문항	46	47	48	49	50
정답					

― ○ 제 5 장 ○ ―

고전문학 속에 나타난 현대적 변용

현대인은 각종 이야기 구조에 대부분 길들여 있다. 정보화시대에서 활동하고 있는 현대인은 설명이나 논증보다는 서사(이야기)에 쉽게 호응한다. 비단 생활만이 아니라 문학 또한 인터넷 문학, 인터랙티브 서사 등 다양한 디지털 서사가 소개되고 있다. 이렇듯 지금 우리가 살고 있는 세상 어디에서도 쉽게 '이야기'를 찾을 수 있는 시대가 도래한 것이다.[1]

근대는 풍요와 번영을 누리며 문명을 자랑해 왔지만, 이상 기온이나 환경 파괴와 같은 자연계의 변고(變故)에 맞서게 되었다. 이 위기(危機)를 대처하는 방식은 과연 무엇인가? 아직도 끊임없이 무엇인가를 생산하고 쉴 새 없이 소비하는 가운데 인간의 번영과 풍요가 있다고 믿는 오만한 현대인과, 자연의 조그만 징후에도 경계와 조심을 하면서 하늘의 뜻을 따라 겸허하게 행동했던 고대인들의 심성을 비교하게 되면 우리의 가야 할 방향을 모색할 수 있지 않을까? 오래된 과거에서 미래의 방안을 찾을 수 있다. 고대인의

---

[1] 강명혜, 「고전시가와 스토리텔링」, 『온지논총』, 제16권, 온지학회, 2007, 130쪽.

삶과 노래는 지금도 우리의 삶을 분발하도록 채찍질한다. 그러나 고전을 베끼거나 표절하거나 모방해서는 안 되고, 다만 작가 자신이 현재 당면한 문제를 해결할 열쇠만을 가져오면 된다.[2]

그것을 통하여 대중들은 작가가 모색하는 현실에 대한 따뜻한 시선과 통찰력을 부여할 필요가 있다. 단지 고전문학은 과거에만 한정된 삶의 모습이 아니라 현재와 미래에도 지속될 삶의 단편이 이루어지는 것이기 때문이다. 인간은 누구나 고통과 어려움을 겪을 때 항상 어머니를 떠올리고 그리워하며 지혜(智慧)와 해답(解答)을 얻기도 하고 위로를 받는다. 인간이 고통 속에서 험난한 삶을 살며 근원적인 위로와 기쁨이 필요할 때 고전문학을 찾을 수 있는 것이다. 그 속에는 삶의 원천이 될 수 있는 탄생과 죽음, 만남과 이별, 사랑과 고독, 낭만과 비극, 소통과 단절이라는 우리가 찾고 있는 일상의 것들과 아울러 인간이 겪어야 할 모든 소스가 존재하고 있으며, 우리가 대응해야 할 해답을 지니고 있기 때문이다.

고전문학은 대중이 고전에 대한 강한 거부감과 원전에 대한 올바른 해석의 어려움이라는 난관에 부딪혀서 대중화와 상업화에는 적합하지 않다고 이야기하지만, 그 속에 담겨진 다양한 함의(含意)는 독자들에게 관심의 대상이 되었고, 원 소스 멀티유스(One Source Multi Use)라는 또 다른 시도를 할 수 있게 되었다.

고전을 현대적인 장르로 재해석하거나 변용하여서 제작된 콘텐츠는 이미 여러 분야에서 눈부신 발전을 거두었다. 우리가 고전에 가치를 두는 것은 장르를 넘나들면서 철저하게 변용과 수용을 시도했던 문학적 혁신성에 있다. 우리가 선험(先驗)했던 예술이나 기피했던 형식과 장치를 적극적으로

---

2 김성곤, 『글로벌 시대의 문학』, 민음사, 2006, 120쪽.

반영함으로서, 기존의 정형화되고 습관적인 작업에서 소외된 것들을 적극적으로 활용한다면 작품은 매우 가치 있게 평가받을 수 있다.

고전문학은 고전 그 자체로 볼 것이 아니라 문화적 창조의 원천으로 대해야 하는 것이다. 다양한 소재들과 인물들을 현대적인 감각에 맞게 재해석하여 콘텐츠화한다면 그 친숙함 속에서 새로운 메시지를 찾을 수 있을 것이다. 이런 상황과 연결해서 생각한다면 고전문학은 내용적, 방법적인 측면 등을 통틀어 끊임없이 재구성하고 재해석하는 작업이 필요하다.

구비전승(口碑傳承)에서 역사와 문학으로 이어져오던 이야기는 이제 문화콘텐츠로 옮겨지면서 어느덧 현대 서사의 가장 매력적이고 권력을 가진 장치로 변화하고 있다. 고전문학을 소스로 한 콘텐츠의 개발은 문학성과 예술성이 바탕이 되어야 한다. 원전의 창의적인 수용과 아울러 매체의 창조성이 결합된 콘텐츠는 독자의 문학적 상상력을 풍부하게 해주고 작품과 교감하며 경험을 생성하게 한다. 그러나 현대적인 변용에 있어서 신중한 태도가 가장 필수적이다. 고전문학에 기반을 둔 콘텐츠들은 검증된 보편성과 호기심을 바탕으로 당장은 성공을 거둘 수 있지만, 상업성과 대중성에만 치중한다면 원작에 대한 기대는 오히려 대중들에게 반감으로 작용하게 된다.

고대로부터 문학은 항상 개인, 사회, 세계를 대상으로 해서 많은 담론을 다루게 되는데 때로는 날카로운 칼날이 되어 부정적이거나 모순된 사회나 세계에 대해 냉정한 비판과 평가를 가하기도 하고, 때로는 개인의 부정적이고 허구적인 실상을 파헤치기도 한다. 현재 우리가 사는 문명에 대해서도 가혹한 질책을 하기도 한다. 또한 사회의 억압과 차별에 대한 암유(暗喩)를 가하는 경우가 있으며, 뛰어난 직관으로 미래를 꿰뚫어 보기도 하고, 비판을 한다.

따라서 고전은 단순히 고전으로 끝난다고 할 수 없다. 고전 속에 스며들어 있는 선험적 지혜와 보편적 인간의 정서, 다양한 삶의 원형은 '문학적 관습'으로 지금 우리가 접하는 문학 작품 속에서 불가분의 관계를 맺고 있다. 이는 인류의 근본적인 사고가 인간 정신의 기저에서 결코 이원화되지 않는다는 사실을 입증한다. 고전의 연결고리는 인류의 원형의식, 통과의례적인 인간의 보편적인 정서, 노랫말이 가진 미적인 특질 등 문학적인 상상력을 바탕으로 유기적으로 연결되어 있으며 장구한 생명력을 지닌다. 이에 작가들은 상상력을 바탕으로 지혜가 연결되기를 희구(希求)하는 작업을 위해 부단한 노력을 해야 할 것이다.

고전문학은 이미 다양한 방식으로 현대시, 현대소설, 공연예술, 대중문화, 문화콘텐츠 등에 활용되고 있다. 디지털로 이루어진 수많은 문화의 양상은 비록 새로운 의미들을 모두 수용한다고 해도 많은 부분은 모두 과거에 그 근원을 두고 있다. 우리는 고전을 무한한 소재를 함유하는 보고(寶庫)로 인식하는 자세가 절실하게 필요하다. 초월적이면서 생명의 근원적인 문제를 다루고 통과의례 부분을 접하고 있어 끊임없이 관심의 대상이 될 수밖에 없다. 이와 함께 전통 서사를 효과적으로 활용하기 위한 창작 기법을 개발해야 하며, 이를 위한 전략도 새롭게 모색되어야 한다. 그런 상황에서 고전의 재창조는 작가의 입장에서 의미의 재생산으로 이어져야 할 것이다.

이야기는 어떤 논리적인 측면으로는 설명하기 어려운 다양한 상상의 근원이 된다. 우리가 대체로 '인어(人魚)'라는 단어를 듣고 상상하는 것은 미모를 지닌 아름다운 여성으로 하반신은 물고기의 형상을 지니고 있는 것이다. 그것은 대부분 고정된 생각이며 서구의 인어상과 비슷하다. 동양에서 언급하는 인어는 산해경(山海經)의 저인(氐人)과 같이 남성의 모습을 지니기도 하는데, 이것은 서양과 동양 문화권의 차이에서 비롯된 것이라는 견해이다.[3]

과거 동양에서는 유교적 가치가 주를 이룰 때 상상의 존재들은 주변으로 인식되며 그다지 주목하지 않았다. 신화나 상상 속에 존재하는 인물들은 널리 전승되지 못하고 그 본질적인 가치조차도 선명하게 논의되지 않았다. 〈인어 서사〉 역시 그러한 맥락과 다르지 않다. 인어 이야기는 지역마다 특수한 성격을 가진 모습으로 형상화되어 있다. 다만 인어가 다양한 모습으로 나타나는 것으로 보아 인간은 인어를 단순한 존재로 구분하고 무게를 두는 것은 아니다. 다시 말해 인어의 외적 모습은 고정된 것은 아니며 이분으로 나누어 물고기와 사람의 모습만을 가진 것은 아니다. 인어라는 존재가 보여주는 능력이나 상황, 인간과의 교류 역시 다양한 모습으로 보여진다.

이처럼 수많은 고전 전설 중에서 인어 이야기만큼 지속적으로 전해지는 이야기도 많지 않다. 인어 서사가 가진 특질은 단순하게 규정하기에는 무리가 있으며 이들은 어느 것도 규정된 것이 없고, 지속적인 흥미의 대상이 되고 있다. 그러나 인어 서사에 대한 연구는 문화, 지리, 문학에서 다층적으로 이루어지고 있다. 이는 불명확한 사연을 가지고 있다는 문제에 반하여 설화 중에서 신비한 존재로 손꼽히면서, 대중들에게 다양한 모습으로 전해지고 있다. 또한 최근에는 콘텐츠로의 다양한 변모를 통해 대중들에게 변함없는 애정을 받고 있다. 이처럼 인어 서사는 전설 이상의 의미를 가지며 여러 현대적인 변용을 통하여 대중들에게 일정 이상의 메시지를 전달해준다. 다양한 문화적 이해가 변화하고 매체의 발달이 급속도로 이루어지는 현실에서 인어 서사의 의미가 퇴색하거나 소멸하는 것이 아니라 적극적으로 모색하여 주제가 확장되고 그 위치를 견고하게 만들었다.[4]

---

3 정재서, 「중국신화에서의 파격적 상상력」, 『구비문학연구』 29집, 한국구비문학회, 2009, 207쪽.

여기에서는 인어 서사의 전승과 현대적인 변용(變容)의 의미와 가치를 점검해보고 서사가 지닌 의미를 살펴보고자 한다.

1. 인어 서사의 형성과 전승

그동안 인어와 관련한 이미지와 상징은 우리나라 수많은 문인(文人)이 창작한 시문(詩文)에 지속적 등장한다. 그러나 문인들이 사용한 인어 이야기는 주체적으로 만들어진 것이 아니라 대체로 중국을 통해 유입되었다. 인어는 반인반수(半人半獸)의 동물로써 도교적인 의미에 바탕을 둔 존재로 볼 수 있다. 따라서 인어의 근원적 측면을 살펴보면 합리적이고 이성적인 사고에 바탕을 두는 유교 서적에서 주로 다루는 것이 아니라 초월적이고 신비한 동식물이 주로 설명되는 곳에 나타난다. 중국 문헌『태평광기(太平廣記)』,『산해경(山海經)』,『술이기(述異記)』등은 우리나라의 문헌에 많은 영향을 끼쳤는데, 이들은 인어와 관련한 이야기들이 상세히 서술되었다.

우리나라와 중국에서는 인어를 주로 교인(鮫人)이라고 하여, 도교 관련 서적에 그 흔적이 자주 보인다.[5] 『술이기』에서는 "교인은 물고기와 같이 물속에서 살면서 베 짜는 일을 폐(廢)하지 않는데, 울면 눈물이 모두 구슬이 된다."고 기록하였다. 『산해경』 등 문헌에서 인어는 교인 외에도 능어(陵魚), 저인(氐人), 해인어(海人魚), 천객(泉客), 연객(淵客)이라 설명했다. 『수신기』

---

4 하경숙,『한국 고전시가의 후대 전승과 변용 연구』, 보고사, 2012, 217쪽.
5 강민경, 「도교서사의 문화콘텐츠화 가능성 고찰-교인이야기를 중심으로」, 『한국언어문화』 41집, 한국언어문화학회, 2010, 59~84쪽.

와 『박물지』 등에도 인어에 관한 기록이 있으며, 『태평광기』에는 「수족위인」편을 따로 엮었는데, 사람이 된 물고기의 기이한 행적이나 애정을 소재로 한 이야기 46편이 있다. 특히 인어의 모습이 아주 자세히 묘사된 부분은 『태평광기』이다.

> 해인어는 동해에 있는데, 큰 것은 길이가 5-6자나 된다. 그 모습은 사람처럼 생겼는데, 눈썹과 눈, 입과 코, 손과 손톱, 머리가 모두 미인이 되기에 부족함이 없다. 피부는 옥처럼 희고 비늘이 없으며, 가는 털이 나있다. 털은 오색 빛깔을 띠고 가볍고 부드러우며, 길이는 1-2촌쯤 된다. 머리카락은 말꼬리 같은데 길이는 5-6척이다.[6]

> 역어는 곧 바다 속의 인어로서 눈썹 귀, 입, 코, 손, 손톱, 머리를 다 갖추고 있으며 살갗이 희기가 옥과 같고 비늘이 없고 꼬리가 가늘다. 오색의 머리가 말꼬리와 같고 길이가 대여섯 자이다. 몸의 길이도 또한 대여섯 자이다. 임해 사람이 이것을 잡아 못 속에 길렀더니 암수컷이 교합함이 사람과 다를 바 없었다고 했다. 곽박에 의하면 인어를 이렇게 찬하고 있다. 대저 역어는 나무 위에 올라 어린아이 울음소리와 같은 소리를 내는데 그런 까닭에 제어, 예어와 비슷하다고 하나 그 형색이 각각 다른 것으로 보아 이것은 아마 다른 인어일 것이다.[7]

---

[6] 海人魚, 東海有之, 大者長五六尺, 狀如人, 眉目口鼻手爪頭, 皆爲美麗女子, 無不具足. 皮肉白如玉, 無鱗, 有細毛, 五色輕軟, 長一二寸. 髮如馬尾, 長五六尺. 陰形與丈夫女子無異, 臨海鰥寡多取得, 養之于池沼. 交合之際, 與人無異, 亦不傷人. (이방 저, 김장환 역, 『太平廣記』 권 464, 「水族」, 학고방, 2005, 433-434쪽.)

[7] "魚役魚卽海中人魚, 眉耳口鼻手爪頭皆具, 皮肉白如玉. 無鱗有細毛, 五色髮如馬尾, 長五六尺. 體亦長五六尺. 臨海取養池沼中人, 牝牧交合與人無異. 郭璞有人魚贊, 盖魚役魚之上樹, 鬼啼, 雖似鯷鯢而其形色, 各異是別, 一魮也." (정약전 저, 정문기 역, 「人魚」, 『玆山魚譜』, 지식산업사, 1977, 89~93쪽.)

우리나라에서 최초로 인어 관련 기록은 신라 성덕왕이 당나라 현종에게 올린 표문이다. "본래 천객의 보배도 없고, 본디 종인의 재화도 없습니다."[8] 라고 하여, 천객이라는 말에서 인어의 존재를 확인하였다. 이후 인어와 관련한 기록은 많은 자료에 나타나고 있지만 무엇보다 한시(漢詩)라는 장르에서 많이 나타나고 있다. 인어 이야기가 중세인들에게 관습적으로 나타나고 있다는 것과 한시와 관련하여 인어 관련 소재는 수백 편에 달한다.[9]

인어는 서양과 동양의 문화적 특질에 따라 다른 성향을 보이는 것으로 판단된다. 동양에서는 자연을 파괴하기보다 조화와 상생의 대상으로 인식하고 있다면 서양에서는 자연을 탐험하고 그 속에서 여행, 교류, 활동 등이 구체적으로 나타나 남성이 중심이 되는 바다에서 인어에 대한 형상은 억압된 성적 욕망을 표출하는 등의 여성 인어에 주목하는 경향이 짙다. 서양에서 인어를 대체로 젊은 여성으로 그린 것을 본다면 이러한 소이(所以)에서일 것이다.[10]

인어를 소재로 한 시문(詩文)은 고려시대부터 조선시대까지 지속으로 창작되고 전승되었다. 특히 16~17세기 한시에는 인어를 소재로 삼은 경우가 많이 있었다. 특히 장유, 신흠, 허균, 이식, 신유한 등의 시작품에서도 이러한 경향을 찾을 수 있다. 이들의 특징은 현실에 집중하기보다 초월적 세계에 관심을 표명하고 있다. 그렇지만 이들 외에도 다양한 시간을 통해 형성된 여러 층위의 작가들이 인어를 소재로 하여 노래하였다. 그중 교주(鮫珠), 교초(鮫綃), 교실(鮫室)이라는 어휘가 빈번하게 사용되어 왔다. 특별히 인어

---

8 일연, 『삼국유사(三國遺事)』, 「新羅聖德王上唐玄宗進奉表」: "元無泉客之珍,本乏賓人之貨"
9 강민경, 앞의 논문, 93쪽.
10 정재서, 「중국신화에서의 파격적 상상력」, 『구비문학연구』 29집, 한국구비문학회, 2009, 213~214쪽.

의 눈물은 아름다운 사물을 설명할 때 표현하였다. 영원히 변하지 않는 상징이나 가장 아름다운 옷감을 설명할 때는 인어가 만드는 비단 교초나 용사(龍紗)로 설명했다. 영원히 간직하고 싶은 말, 절대 잃어서는 안 될 것들은 교초에 적어 보관하고자 했다.

교인과 교주, 교초, 교실은 한국 한시에서 지속적으로 나타나며 하나의 관습적인 표현으로 굳어졌다. 교인의 존재에 대한 실재의 규명에 힘을 쏟기 보다 시인들은 작품 속에서 교인을 관습적으로 나타내었다. 인어라는 소재를 바탕으로 우리는 끊임없는 산물을 도출하였고, 인어의 성별에만 집중하고 있다는 것이 아니다. 인어의 외향은 우리가 상상하며 그려내는 반인반어의 모습을 의미하는 것은 아니다. 특히 상반신은 사람, 하반신은 물고기의 모양을 생각하기 마련인데 정확히 설명하고 있는 것은 아니다. 인어가 가지고 있는 위치나 능력, 인간과의 교류, 사회적 영향력 등도 시대와 사회에 따라 균일하게 적용되는 것은 아니다.

그러나 조선 중기 이후로 한시에서는 인어와 관련한 소재가 이전에 비해 빈번하게 출현하지 않는다. 이는 유교적인 사회 분위기와 떨어져서 생각할 수 없다. 괴력난신(怪力亂神)[11]을 거부하고 체제 유지를 기반으로 하는 집권층이나 유학자들은 자유로운 상상의 산물인 인어를 문학의 소재로 사용하

---

11 공자는 지극히 건전한 합리주의적 인생을 살다 간 성인으로, 결코 怪力亂神(괴력난신)이라는 말을 입에 담기를 좋아하지 않았다고 한다. 怪(괴)는 怪異(괴이)·怪奇(괴기)·妖怪(요괴), 力(력)은 믿을 수 없는 힘이나 폭력, 亂(난)은 신하가 임금을, 아들이 아버지를 해치는 질서의 파괴와 紊亂(문란)과 背德(배덕), 神(신)은 괴이한 神(신)이나 神秘(신비)나 鬼神(귀신) 등을 말하는데 이 네 가지는 소설의 제재로 삼는 것들로 이것을 공자가 말하지 않았으므로 소설이라는 뜻으로 쓰이게 된 말이다. 또한 공자는 性(성: 인간 천부의 본질이나 성질)과 天道(천도: 자연이나 인간 생명의 운행에 명령하고 지배하는 것으로 생각해 오던 초인간적인 절대력), 神(신), 天帝(천제) 등도 말하지 않았다고 하는데 이것도 소설의 제재이다. 이 네 가지를 怪力(괴력)과 亂神(난신) 두 가지로 보는 설도 있다.

여 자신의 생각을 나타내기에 적합하지 않았을 것으로 보여진다. 무엇보다 혼란한 대내외를 살아가는 유학자들에게 현실적이고 구체적인 이념으로 자신들의 체제를 다지기에 인어라는 환상성을 기반으로 하는 소재는 환영받을 수 없었다. 오히려 인어가 가지는 환상적인 요소는 그들의 체제를 견고히 다지기 어렵고 혼란을 증폭하는 소재로 인식되어 거부감이 들 수 있다. 하지만 흥미와 상상력을 기반으로 하는 야담(野談)이나 다양한 문헌에서는 인어와 관련한 이야기가 전달되었다.

    김담령(金聃齡)이 흡곡현(翕曲縣)의 고을 원이 되어 일찍이 봄놀이를 하다가 바닷가 어부의 집에서 묵은 적이 있었다. 어부가 "제가 고기잡이를 나가서 인어(人魚) 여섯 마리를 잡았는데, 그중 둘은 창에 찔려 죽었고 나머지 넷은 아직 살아 있습니다." 나가서 살펴보니 모두 네 살 난 아이만 했고, 얼굴이 아름답고 고왔으며 콧대가 우뚝 솟아 있었다. 귓바퀴가 뚜렷했으며 수염은 누렇고 검은 머리털이 이마를 덮었다. 흑백의 눈은 빛났으나 눈동자가 노랬다. 몸뚱이의 어떤 부분은 옅은 적색이고, 어떤 부분은 온통 백색이었으며 등에 희미하게 검은 무늬가 있었다. 김담령이 가련하게 여겨 어부에게 놓아주라고 하자, 어부가 매우 애석해하며 말했다. "인어는 그 기름을 취하면 매우 좋아 오래되어도 상하지 않습니다. 오래되면 부패해 냄새를 풍기는 고래 기름과는 비할 바가 아니지요." 김담령이 빼앗아 바다로 돌려보내니 마치 거북이처럼 헤엄쳐 갔다. 김담령이 무척 기이하게 여기자, 어부가 말했다. "인어 중에 커다란 것은 크기가 사람만 한데 이것들은 작은 새끼일 뿐이지요." 일찍이 들으니 간성이 무식한 어부가 인어 한 마리를 잡았는데 피부가 눈처럼 희어 여인 같았다.[12]

---

12 유몽인 저, 신익철, 이형대, 조용희, 노영미 옮김, 『어우야담』, 돌베개, 2009, 764~765쪽.

조선 후기 문헌에 보이는 인어들은 평범하지 않고, 교인의 이미지를 갖고 있었으며 성별도 남녀가 존재하는 것으로 그리고 있다. 어부에게 있어 인어라는 존재는 죽이기에 두려운 대상이며 쉽사리 위해(危害)를 가하지 못하는 존재였다. 또한 조선 중기까지 주로 상징적으로 부각된 인어라는 소재는 조선 후기에 야담을 중심으로 유통되어 전승되었고, 여기에 구체적인 서사가 등장하게 된다. 이에 더욱 대담하고 풍부한 서사적 면모를 갖추고 대중들에게 관심을 받았다. 근대까지 인어 이야기는 자주 출현하지 않았지만, 우리나라의 다양한 지역에서 인어 서사가 지속적으로 유통되어 전달되고 있다. 우리나라의 인어 서사는 주로 해안 지역을 중심으로 전승되고 있었다.

인어 이야기가 전해지고 있는 지역은 인천 장봉도, 부산 동백섬, 여수시 거문도, 신안군 팔금면, 울산의 춘도, 제주도 등 주로 바다로 둘러싸인 인접 지역에 걸쳐 있다. 서해안 지역에서 해신(海神)은 그 성별이나 외향에 관계없이 다양한 측면으로 그들을 돕는데 그 방법은 '고기잡이', '인명구조' 등으로 도움을 주거나 인간이 처한 문제를 해결해 준다.[13] 특히 바다를 생계로 살아가는 사람들은 항상 위험에서 탈출하려는 열망이 있다. 안정과 평화에 대한 희망을 인어라는 환상적 존재에 의해 표출된다. 항해의 안전과 수확물의 풍요를 빌며, 질병에서 벗어나려는 사람들의 삶의 징표로 나타난다. 이처럼 인어가 물속에서 사는 이유를 추정할 수 있다. 다시 말해 인어라는 소재는 해안과 땅 사이에서 만들어낸 상상과 초월의 존재이다. 그것은 장소의 혼합이다.

---

13 최명환, 앞의 논문, 223쪽.

2. 인어 서사의 현대적 변용 양상

1) 드라마 - 「푸른바다의 전설」

　SBS 드라마 〈푸른 바다의 전설〉은 2016년 11월 16일부터 2017년 1월 25일(20회)까지 방영되었다. 시청률 20%를 상회한 이 드라마는 조선 시대의 야담집인 『어우야담』에 나오는 '인어 이야기'를 모티프로 한 현재와 조선시대를 넘나드는 판타지 로맨스 드라마이다. 이 작품 속에는 매우 흥미롭고 다양한 소재가 등장하여 호기심을 자극하는 한편 타임슬립(time slip)이 극의 흐름에 중요한 축으로 작용한다. 또한 타임슬립을 통해 스토리와 관련한 선명한 인과가 보여진다.

　드라마 〈푸른 바다의 전설〉은 인어 심청(전지현 분)과 사기꾼 청년 허준재(이민호 분)의 사랑이야기이다. 그러나 이들의 인연은 단순히 현재에만 그치는 것이 아니라 조선시대로 거슬러간다. 전생에 고을 현령(縣令)이던 허준재가 인간들의 탐욕에 희생될 뻔한 심청을 구해준다. 인어는 자신을 구해준 남자와의 약속을 지키기 위해 육지로 돌아온다. 상상 속의 산물인 인어가 현대 도시에 나타난다는 점에서 참신하다. 드라마 속 인어 심청은 인간의 기억을 지울 수 있는 초월적인 능력을 가졌다. 현대의 여성으로 표현된 인어 청은 인간을 압도하는 괴력과 식탐을 자랑하는 존재로, 무지하지만 순수하며 현대문명과 인간사회를 적응하며 생활한다. '비인간적인' 인간 세상의 모습을 바라보는 인어의 시선을 통해 작가는 인간을 중심으로 하는 휴머니즘을 강하게 그려낸다. 이 드라마에서 '기억과 애정'은 스토리 전개의 핵심요소이다.

　인어는 인간과 바다의 경계에 선 존재다. 거기에는 인간의 세계와 바다의 세계가 교차한다. 인어 서사에서 바다가 가진 자연 그 자체의 순수함과 대비되는 것은 인간 세계의 욕망이고, 둘의 갈등을 해결해 나가는 것이 상생의 길이라는 것을 보여준다. '어우야담'에 기록된 담령의 이야기를 그대로 차용하여 성실히 형상화하고 있다. 〈푸른바다의 전설〉에서 인어를 잡은 양씨(성동일 분)는 "인어에게서 기름을 취하면 무척 품질이 좋아 오래되어도 상하지 않는다"며 "날이 갈수록 부패하여 냄새를 풍기는 고래 기름과는 비교도 할 수 없습니다."라고 한다. 자연을 생명으로 보기보다는 자신의 욕망을 채워줄 재화로만 생각한다.

〈푸른바다의 전설〉에 등장하는 인간과 인어의 사랑은 단순한 호기심과 재미로 볼 수 있는 사랑의 이야기가 아니라 다양한 스토리를 포함하여 이야기를 전개하고 있다. 이 드라마는 한국 사회에서 벌어지고 있는 현실을 그대로 재현하고 있다. 마대영(성동일 분)을 이용한 서희(황신혜 분)의 청부살인, 병원 의료 사고, 학교 왕따, 부유층 돈 빼돌리기, 학력을 세탁한 뒤 살아가는 부유층 안진주(문소리 분), 사치로 인해 노숙자가 된 여인(홍진경 분), 일반 사람들을 현혹시키는 도쟁이(차태현 분) 등 흥미로운 에피소드가 있다.

아울러 자연을 대변하는 인어를 통해 자연과 인간이 공존할 수 있는 방법을 그려낸 것이라고 볼 수 있다. 이 드라마에서 사랑을 묻는 인어에게 남자 주인공은 "사랑은 위험한 것"이라며 그건 "항복"이고 "지는 것"이라고 말해준다. 하지만 이를 통해 욕망이 없는 순수하고 본래적인 인어의 모습을 잘 표현하고 있다. 또한 이 드라마에 등장하는 여주인공은 신비스러운 분위기와 냉소적인 모습을 지녀 사람들로 하여금 기피의 대상이 아니라 호감이 가는 여성의 모습을 하고 있다. 또한 아름다운 외모를 지니고 있으며 밝고 명랑한 성격으로 주변 사람들과 잘 어울리고 진솔한 모습을 보인다.

이 드라마에서 인어의 외향적 모습은 동양의 인어라기보다는 서양의 인어와 가깝다. 본래 우리나라의 인어는 중국의 문헌으로부터 유입되어 교인

이미지를 중심으로 전승되었다. 인어는 물고기와 인간으로 구분하기 어렵고, 그 성별도 정확하게 이야기하기 어려웠다. 때로는 인간과 적극적으로 소통하기도 하고 짝을 잃고 외로운 사람들에게 교합(交合)의 대상이 되기도 했다. 또 사람은 인어를 잡아먹고 기름의 재료로 사용했다. 그렇지만 이 작품에 형상화된 인어는 예쁜 여인의 모습이며 서양의 인어 공주의 이미지와 닮았다. 이 작품에 등장하는 인어는 상반신은 사람이고 하반신은 물고기로 뛰어난 미모를 지닌 20대의 아름답고 천진하며 젊은 여인의 모습을 가지고 있다. 그러나 다소 세상물정에 어둡기도 하다. 여주인공 인어는 지금의 현실을 살아가는 현대 여성으로 형상화되었다. 백화점, 강남, 신용카드, 편의점, 노트북, TV, 명품백, 파티 등의 현대 문물을 능숙하게 활용하며 거부하기 보다는 그것의 가치와 편리함에 흥미를 보였다. 또한 이러한 현대적 사물이 보여주는 문화적인 측면에 저절로 동화되어 괴리감을 보이지 않는다.

눈물은 우리의 몸에서 일어나는 특이한 결정체이다. 우는 사람에게는 정화 작용을 가져오는 한편 상대방은 안타까움이나 동요(動搖)의 동화 작용을 할 수 있게 한다. 이 드라마에서 눈물은 스토리를 전개하는 큰 틀로 작용한다. 여주인공의 실제 신분과 존재를 알려주는 지표가 되고, 자본주의에 노출되어 위험에 처하기도 하지만 생계를 이어가는 수단이 된다. 또한 이 작품에서 인어는 공포나 경외심을 갖게 하는 존재로 등장하는 것이 아니라 자신이 입은 은혜를 갚을 줄 아는 인물이다. 지금까지 전승된 인어는 눈물로 만든 진주나 물에 젖지 않는 비단을 선물하여 단편적으로 인간에게 은혜를 갚는 인물로 그려졌다. 이 드라마에서 인어는 위험에 처한 자신을 구해준 주인공에게 은혜를 갚거나 그를 지키기 위해 다양한 능력을 지닌 강인한 존재로 그려지고 있다. 원래 바다가 고향인 인어 청은 뭍으로 올라오면서 심장이

점점 굳어가고 있었고, 운명의 상대인 허준재(이민호 분)를 대신해 총까지 맞아 더욱 건강이 악화되었다. 하루 빨리 바다로 돌아가 건강을 회복해야 하는 청의 상태를 알기에 준재도 더 이상 그녀를 붙잡아 둘 수 없었다. 그리고 바다로 돌아가는 결정을 내리지만 결국은 인어가 인간 세계에 남아 행복한 가정을 만드는 결말로 막을 내린다. 인어는 바다로 돌아가지 않고 바다가 가까운 인간세계에 남아서 행복한 가정을 꾸리면서 살아간다. 인어 심청은 이처럼 순수한 모습을 지니고 있다. 현실에서는 존재하기 어려운 환상적인 존재이다. 환상은 존재할 수 없는 것이 존재함을 제시하면서, 존재할 수 있는 것에 대한 문화의 제한을 드러낸다. 현실에서 불가능한 순수한 심청을 등장시켜 오늘날 우리 사회가 지닌 불편함을 드러내기도 한다.[14]

문학은 다양한 문화들과 접촉하면서 끊임없이 현실을 재창조하고 있다. 무엇보다 고전문학 속에는 존재에 대한 끊임없는 물음을 바탕으로 하고 있다. 서사를 현대적으로 확장하는 것은 환상성과 대중성을 기반으로 원형적인 측면을 규명하는 것이지만, 우리 신화는 사회적 제한으로 인해 환상성을 거세당한 채로 전승되어 온 신화들이 많아 현대에 변용하기 어려운 부분이 많다.[15] 환상이란 실제적이고 일상적인 사물에 대한 제약에서 탈피하여 의도적인 일탈 즉 등치적 리얼리티에서 일탈이다.[16] 대중들은 답답한 현실에서 벗어나기를 소망하고 인어 서사는 이러한 일탈의 측면을 상세히 보여준다. 인류는 지속적으로 생로병사, 선악, 질투, 기쁨과 슬픔, 희망과 좌절, 죽음에 대한 공포와 이를 극복하고자 하는 노력 등 모든 인간이 가지는

---

14 이명현, 「설화 스토리텔링을 통한 구미호 이야기의 재창조」, 45쪽.
15 황국태, 정동환, 「구미호 캐릭터의 환상성 연구를 기반으로 한 한국 여신 캐릭터 제안」, 『한국디자인문화학회지』 18-1호, 2012, 529쪽.
16 캐스린 흄, 『환상과 미메시스』, 한창엽 역, 푸른 나무, 2000, 55쪽.

다양한 측면을 신화는 예술 창작의 원동력으로 작용해 왔다.[17]

인어 서사는 오랫동안 전 세계적으로 끊임없이 지속되어 온 이야기로 인어는 환상적이고 초월적이지 않고 실재하는 존재이며, 인간의 욕망을 반영한 것으로 본다. 그렇기에 인어 이야기는 지금도 다양한 콘텐츠로 변환되어, 끊임없이 확대되어 재생산되고 있다. 인어라는 존재가 지닌 신비함과 바다라는 공간이 주는 미지와 환상의 확장이 가져온 것으로 보인다. '바다'라는 공간은 단순히 두려움과 죽음의 공간으로만 인식되지 않았다. 소통의 공간이면서 삶과 죽음의 접전이기도 하다. 활동, 생산, 창조, 연속의 공간이기도 하다.

이처럼 인어 서사는 오랫동안 상징적으로 해석하는 경우가 많았으나 최근의 연구를 통해 새로운 인물형으로 그 특질을 실증적으로 규명하고자 노력하고 있다.

인어 서사가 전승되고 현대적으로 변용된 작품들은 여러 장르의 소통을 통하여 구체적이고 사실적으로 현실의 모습을 상세히 설명하고 있다. 인간은 불완전하고 한계를 가지고 있는 존재로 현실을 넘나드는 초월적 능력에 대한 일정 이상의 기대가 있다. 최근에 현대적으로 변용한 작품들은 그간 인식되어 온 서양적인 이미지에서 탈피하여 동양의 인어 특성과 안데르센의 동화로 대변되는 서양의 인어 특성을 혼합하고 있다. 다원적인 사고를 바탕으로 대중의 상상력이 확대되고 있다는 증거이기도 하며 매체의 발달로 볼 수 있다.

그러나 다양한 측면에서 서사를 규명하고 재창조하여 이를 바탕으로 다양한 변화와 실험이 필요하다. 인어 서사가 형성되었던 사회적·문화적 문

---

17 송태현, 『상상력의 위대한 스승들』, 살림, 2005, 170~171쪽.

맥을 다시 한번 재점검할 필요가 있다. 특히 시기적으로 인어 서사가 왕성하게 전해지던 시공간을 이해한다면 작품이 가지고 있는 관계적 가치를 규명하고 추구하고 있다. 현대적으로 변용한 작품에서 인어는 독립심을 지닌 여성으로 강한 의지를 보여주며 자신의 역할을 제한하는 바다 세계와는 다소 다른 삶의 양상을 실현하기 위해 고통, 상실, 희생 등을 기꺼이 감수한다.[18]

인어와 관련한 이야기는 지금까지 대체로 사랑의 이야기에 주목하고 있고, 비극적인 사랑의 소재로만 작용하는 사례가 많았다. 그러나 이야기의 내부를 살펴보면, 시대와 문화적 상황에 따라 다양한 해석을 하고 있다. 신분 차이로 맞이하는 비극적인 결말, 혹은 주체성의 상실이 사회적 관심의 대상이 되는 상황을 극복할 수 있는 열정적이고 발전적인 삶을 사는 이야기로 규명하여 전승되어왔다. 이야기의 전달자인 대중은 설화 속에 낯선 인물을 표현하기보다 자신들과 유사한 인물 유형을 표현하고 변용하여, 배경과 사건을 중심으로 인물들의 행동을 사실적으로 나타낸다. 인간에 비해 약하고 힘없던 존재로 보여지던 인어라는 이미지가 실상 인간의 기억을 지우는 등 강력하고 다양한 능력을 갖춘 존재로 바뀌었다. 인어 서사의 초기에는 물고기 모습에 가까웠던 인어가 인간의 이미지가 한층 강화되면서 그 능력도 강조되어 초월적이고 신비한 능력을 발휘하게 된 것으로 전환되었다.

인어 서사는 신비롭고 초월적인 대상을 통해 현실과는 다른 상상의 외연을 확장하기에 매우 적합한 요소들을 지니고 있다. 다양한 자료를 통해 호기심을 자극하고 상상력을 증폭하기에 충분하다. 우리나라 인어 서사의 인

---

18 심경석, 「월트 디즈니 만화영화 〈인어공주〉, 〈미녀와 야수〉, 〈라이언 킹〉의 정치성과 순진성」, 『문학과 영상』 2-2, 문학과 영상학회, 2001, 163쪽.

물형은 일반적인 신화, 설화에 형상화된 여성 인물형과는 다른 측면이 보여진다. 영웅적인 면모를 보이기도 하고 때로는 고난을 수용하기도 한다. 그러나 그 내부에는 인내와 희생을 지니고 있으며 진주 눈물과 젖지 않는 비단 등을 만들어내는 생산력을 갖고 있다. 아울러 인간과의 상생을 모색하고 있다. 여기에 생활력과 친근감을 동시에 지니고 있다.

현대적으로 변용한 작품에서는 동서양의 인어가 지닌 특질이 고스란히 나타난다. 외모는 안데르센의 〈인어공주〉를 기반으로 한 젊고 아름다운 여성의 모습을 가지고 있다. 그러나 이들을 자신의 삶의 방식과 문화를 강요하는 이기적인 면모보다는 희생과 순종을 미덕으로 여기는 동양적 사고를 지닌 여성의 모습으로 표현하여 동서양의 인물형이 혼재한다. 아울러 인어 서사를 통해 현실에서 추구하는 애정의 모습은 일방적인 강요에 의한 희생이 아니라 서로 포용하는 과정을 통해 인간이 지닌 불완전성과 사랑의 의미를 깨닫게 되는 것이다. 이를 통해 현실 속 현대인의 삶의 방식과 생활의 단면을 되돌아보게 한다.

문학은 디지털 매체를 매개로 하여 다른 문화적 갈래들과 접속함으로써 위기를 가능성으로 역전시킬 수 있다. 문학과 문화의 '접속'에 대한 다원적 인식을 매개로 문학과 문화를 바라보는 시각의 다양성으로 표출되었고, 그것은 다시 '해석'과 '판단'의 다양성으로 귀속(歸屬)되었다.[19] 이처럼 문학은 다른 문화들과 접촉하면서 끊임없이 현실을 가시화하고 서사하고 있다. 무엇보다 고전문학 속에는 인간에 대한 끊임없는 의문이 제기되고 있다. 그것은 단순히 당대에 국한되는 것이 아니라 시대와 공간을 뛰어넘어 보편성과 특수성을 보유하면서 대중들을 자연스럽게 이끌어가고 삶의 가치를 강조

---

19 해석과 판단 비평공동체, 『문학과 문화디지털을 만나다』, 산지니, 2008, 6쪽.

하기도 한다. 그러나 무엇보다 고전문학에 내재되어 있는 보편성을 바탕으로 고전작품의 가치는 지속적인 대중의 관심과 열광의 대상이 될 수 있는데, 현대의 독자들은 일상사에 대한 상세한 묘사와 현실 생활에 대한 깊은 관심, 그에 대한 사실적이고 구체적인 표현은 사실주의 정신의 매개(媒介)항이 된다는 점에서 근대성이 반영된다.[20]

이처럼 대중들은 피상(皮相)적인 세계에 대한 관심이 아니라 일상적이고, 보편적인 이야기에 많은 흥미가 있다. 이런 보편성을 지닌 이야기들은 오랜 시간을 거쳐서 삭제와 첨가를 통해 대중들의 가슴속에서 살아 숨을 쉬고 있다. 다만 장르와 표현상의 특질만 다를 뿐이지 그 주제는 대중이라면 누구나 피해갈 수 없는 탄생, 이별과 사랑, 죽음의 이야기로 네버엔딩 스토리(Never ending story)라고 불리면서 순환(循環)할 뿐이다.

---

[20] 강명혜, 「고전문학의 콘텐츠화 양상 및 문화콘텐츠를 위한 수업모형」, 『우리문학연구』 제21집, 2006, 12쪽.

퀴즈

01 현대인이 정보화시대에서 서사에 호응하는 경향에 대한 설명으로 옳지 않은 것은?
    a. 서사는 현대인에게 설명이나 논증보다 더 쉽게 다가간다.
    b. 디지털 서사는 인터넷 문학과 인터랙티브 서사를 포함한다.
    c. 현대인은 전통적인 이야기 구조에 대해 무관심하다.
    d. 이야기는 현대 사회 곳곳에서 쉽게 찾아볼 수 있다.

02 고전시가와 현대인의 삶 사이의 관계에 대한 설명으로 적절한 것은?
    a. 고전시가는 오늘날에는 적용되지 않는 과거의 유산이다.
    b. 고전시가는 현대인에게 삶의 방향을 제시하는 역할을 한다.
    c. 고전을 통해 현대 문제의 해결책을 찾는 것은 불가능하다.
    d. 고전시가는 단순한 문학 작품으로서의 가치만을 지닌다.

03 고전문학이 현대 문화콘텐츠로 변용될 때 중요한 점은 무엇인가?
    a. 원작의 문학성과 예술성을 기반으로 해야 한다.
    b. 고전문학은 상업성과 대중성에 중점을 둬야 한다.
    c. 고전문학의 원형을 그대로 유지하는 것이 중요하다.
    d. 현대적 변용은 고전문학의 가치를 훼손하지 않아야 한다.

04 고전문학이 현대에 재해석되어야 하는 이유는 무엇인가?
    a. 고전문학은 오래되어 현대 사회와 관련이 없기 때문이다.
    b. 고전문학은 문화적 창조의 원천으로서 가치가 있다.
    c. 고전문학은 현대 문학보다 우월하기 때문이다.
    d. 고전문학은 현대인에게 이해하기 어렵기 때문이다.

05 인어 서사가 현대 문화콘텐츠로 변화하면서 보여주는 특징은 무엇인가?
   a. 인어 서사는 오직 한 가지 형태로만 전해진다.
   b. 인어 서사는 다양한 문화적 이해와 매체의 발달에도 불구하고 그 의미가 퇴색한다.
   c. 인어 서사는 전설 이상의 의미를 갖고 현대적 변용을 통해 메시지를 전달한다.
   d. 인어 서사는 현대 사회에서 더 이상 관심의 대상이 되지 않는다.

06 고전문학이 현대 문학 작품에 미치는 영향에 대한 설명으로 올바른 것은?
   a. 고전문학은 현대 문학 작품과 완전히 독립적이다.
   b. 고전문학은 현대 문학 작품에 영향을 주지 않는다.
   c. 고전문학은 현대 문학 작품 속에서 문학적 관습으로 지속된다.
   d. 고전문학은 현대 문학 작품의 창작에 방해가 된다.

07 인어 서사에 대한 중국 문헌의 기록으로 올바르지 않은 것은?
   a. 『산해경』에서는 인어를 저인(氐人)으로 설명한다.
   b. 『술이기』에서는 인어가 울면 눈물이 구슬이 된다고 기록하였다.
   c. 『태평광기』에서는 인어의 모습을 자세히 묘사하지 않는다.
   d. 『수신기』와 『박물지』에도 인어에 관한 기록이 있다.

08 인어 서사의 전승과 변용에 대한 연구의 중요성에 대한 설명으로 적절한 것은?
   a. 인어 서사는 현대적 변용을 통해 그 가치가 감소한다.
   b. 인어 서사는 전승과 변용을 통해 문화적 가치를 재확인한다.
   c. 인어 서사는 현대 사회에서 더 이상 연구할 가치가 없다.
   d. 인어 서사는 오직 과거의 문화에서만 중요하다.

09 인어 서사가 지속적으로 관심을 받는 이유로 가장 적절하지 않은 것은?
   a. 인어 서사는 다양한 문화적 변모를 통해 대중들의 애정을 받고 있다.
   b. 인어 서사는 신비한 존재로서 문화적, 지리적, 문학적 연구가 이루어진다.
   c. 인어 서사는 단일한 형태로만 존재하여 변화가 없다.
   d. 인어 서사는 전설 이상의 의미를 갖고 현대적 변용을 통해 메시지를 전달한다.

10 인어 서사에 대한 고대와 현대의 문헌 기록의 차이점으로 올바른 것은?
   a. 고대 문헌은 인어의 존재를 부정하는 경향이 있다.
   b. 현대 문헌은 인어 서사를 단순한 전설로만 다룬다.
   c. 고대 문헌은 인어의 신비로운 특징을 상세히 기록한다.
   d. 현대 문헌은 인어 서사의 전승과 변용에 대해 관심이 없다.

제 6 장

문학 속에 나타난 개인의 현실

철수 사용 설명서

전석순, 『철수 사용 설명서』, 민음사, 2011.

사용하기 전에

먼저 철수를 선택해주셔서 감사합니다. 사용하기 전에 일단 본인에게 적합한 모델인지, 선택한 모델이 맞는지 확인해 주십시오. 철수의 올바른 사용 및 장기간 원만한 관계 유지를 위해 본 사용 설명서를 꼭 읽어보시기 바랍니다. 사용기간은 사용 방법에 따라 차이가 날 수 있습니다. 해결할 수 없는 문제가 발생할 경우 고객 센터로 연락 주십시오. 제품 보증서가 함께 들어있을 수 있으므로 잘 보관해주시기 바랍니다.

제품명	철수	나이/성별	29세/남
신장	173cm	몸무게	65kg
발사이즈	270mm	사이즈	상의:95-100 하의:28-30
시력	좌:1.2/우:1.2	학력	(지방) 국립대졸
하루필요열량	2560kcal	달리기	17.3초/100m
혈압	138/79	윗몸일으키기	43회/분
독서량	5권 안팎/ 월 (잡지, 만화 포함)	출생지	서울
성격	때에 따라 다름	인간관계	원만(하다고 본인생각)

취업모드

서류 전형에 번번이 떨어질 때만 해도 철수는 경력이 부족하거나 토익 점수가 좀 낮기 때문이라고 생각했다. 그래도 열심히 노력만 하면 향상 가능한 기능은 크게 문제가 되지는 않는다. 없던 기능을 새로 추가하긴 어려워도, 있던 기능을 다소 향상시키는 건 그나마 쉽다. 어쨌든 사람이라면 누구나 할 수 있는 기능, 좀 더 정확히 말해서 신입 사원이라면 누구나 할 수 있다고 회사가 생각하는 기능이었으니까.

회사가 정해준 기능이 어떤 것인지 처음 알았을 때 철수는 가능성이 아주 희박하다고 생각했다. 그런데 어디서나 그 정도는 원했고, 심지어 그런 기준에 맞추어 입사하는 사람들이 하나 둘 생기기 시작했다. 그러자 그게 정말 간단하고 기본적인, 오로지 철수에게만 여전히 멀게 느껴지는 기능처럼 보였다. 처음에는 다리미에서 스팀이 나올 수 없다고 생각했지만, 스팀

다리미가 등장하자 생각이 달라졌다. 이제 사람들은 그것을 다리미의 기본 기능이라고 생각한다. 어쩌면 스팀이 나오지 않는 다리미를 보고 "이게 정말 다리미예요?"라고 할지도 모른다. 그쯤엔 철수를 보고 "이게 정말 구직자예요?"라고 할 것이다.

철수는 거의 1년 가까이 놀고 있었다. 대학을 졸업하고도 취업을 못 한 기간이 1년이면 평균보다는 적겠다 싶다가도 혹시 그 이상이면 어떠냐 싶기도 했다. 어떻게든 회사에 들어갔던 친구들은 인턴 기간을 채우자마자 회사를 나왔다. 말하자면 "신제품 체험 사용기간 동안 써보니 별로네."였다. 그러니 나왔다는 것보다는 쫓겨났다는 말이 더 적합하다. 회사는 의무사용 기간이 끝났다는 걸 오히려 다행이라고 생각할 수도 있다.

주변에서는 체험 사용 기간조차 주어지지 않는 철수를 대할 때마다 빨래를 하지 못하는 세탁기나 바람이 나오지 않는 선풍기를 보듯 했다. 철수는 아버지에게 고장은 났지만 버릴 수도 없는, 어디에 써야 할지 막막한 물건이었다. 아직 의무 사용 기간에 끝나지 않았다고 생각하면 몸에 남아 있던 숨이 한꺼번에 쏟아졌다. 누군가 물으면 철수는 늘 충전 중이었다. 충전만 완료되면 휴일도 없이 정신없이 움직이고 매일 야근을 하더라도 건강하게 잘 지낼 수 있을 것처럼 말했다. 사실은 세탁도 잘 되고 바람도 시원하게 잘 나오는데 아직은 필요할 때가 아니라 충전 중인 것처럼. 그럴 때면 목소리도 마치 회사에서 만일의 사태에 대비하여 마련해 둔 비장의 제품을 말하는 것처럼 들렸다. 하지만 여름이 되어도 선풍기는 돌아가지 않았고, 빨랫감이 잔뜩 쌓여도 세탁기는 돌아가지 않았다.

아버지는 부채를 찾거나 손빨래를 하지 않았다. 언젠가는 작동이 잘될 거라고 믿는 눈치였다. 그 '언젠가'는 늘 가까이 있을 것 같았지만, 아직은 한 번도 나타나지 않았다. 제대로 작동하기 전까지만이라도 부채를 쓰거나 손빨래를 하면 좋겠는데 그럴 생각은 아예 없어 보였다.

철수는 딱 한 번 서류 전형을 통과해서 면접을 본 적이 있었다. 면접을 본다고 생각하니 무엇부터 준비해야 할지 막막했다. 세탁 기능을 배우는 데 너무 집중한 나머지 헹굼이나 탈수 기능까지는 미처 생각하지 못한 세탁기 같았다. 철수는 "세탁만 잘하면 되는 거 아니었어?"라고 따지고 싶었지만 이미 항균 기능에 삶음 기능까지 갖춘 세탁기들이 바글바글했다.

서류 전형은 하나의 관문일 뿐이었다. 그런데도 철수는 처음으로 쓸모 있는 제품이 되어 어딘가에서 벌써 사용되고 있는 듯했다. 가스레인지가 처음으로 물을 끓이는 순간도 이처럼 짜릿했을까. 하지만 이 정도만으로는 정상 제품으로 보이기 어려웠다.

제품의 성능 테스트는 보통 최악의 조건에서 진행된다. 경우에 따라서 그렇게까지 할 필요도 없는 듯한 테스트를 실시한다. 그것에 통과된 제품만 소비자와 만날 수 있는 것이다. 테스트 내용은 고스란히 광고에 쓰인다. 손목시계가 수심 100미터에서 작동하는지 시험한다거나 코끼리가 침대 위에 지나가도 멀쩡한지 시험하기도 한다. 하지만 손목시계를 차고서 누가 수심 100미터까지 진입을 할 것이며, 코끼리만 한 무게로 또 누가 침대를 짓누르겠는가.

그런데 이런 시험을 거친 모델은 소비자에게 더 큰 신뢰를 받았다. 그런 환경에서도 고장이 없으니 일반적인 환경에서는 오죽 잘 되랴 싶은 것이다. 하지만 그런 테스트를 실제로 해볼 수 있는 소비자는 없다. 철수가 수심 100미터에서 버틸 수 있다 한들 누가 그걸 테스트할 수 있겠는가.

면접은 일종의 성능테스트인 셈이었다. 이력서에 기록된 성능만큼 작동이 잘 되는지 테스트해 보는 것이다. 처음에는 서류 내용이 사실인지 아닌지 보는 테스트가 면접인 줄 알았다. 그런데 면접이 진행될수록 철수는 이게 거짓말을 얼마나 잘하나 보는 성능테스트는 아닌가 하는 생각이 들었다.

면접관들은 "옆집에서 키우는 사자를 하루만 맡아달라는 부탁을 받았을 때 어떻게 하겠는가?" 또는 "밥을 먹으려고 하는데 수저가 없다면 어떻게 먹겠는가?" 같은 질문을 연이어 던졌다. 그녀가 갑자기 "자기, 오늘이 무슨 날인지 알아?"라고 묻는 것처럼 어려운 질문이었다.

첫 번째 질문에 대한 답변을 생각하는 사이 또 다른 질문이 이어졌다. 어차피 철수가 대답할 수 없을 거라고 생각하는 모양이었다. 철수에게는 사자를 사육하는 기능이나 수저 없이 밥을 먹는 기능이 없었다. 그게 회사에서 일하는 것과 무슨 상관인가 싶기도 했다. 철수는 처음으로 지금 여기가 도대체 무슨 일을 하는 회사인지 궁금해졌다.

"만약 경쟁 회사가 더 높은 연봉을 제시하면 어쩌겠는가?"라는 질문이 마지막이었다. 그것마저도 제대로 된 답변을 못하고 나가려는데 맨 끝에 앉아 있던 면접관이 손목시계를 한 번 들여다보곤 철수를 불렀다. 주량이 얼마나 되느냐고 물었던 면접관이었다. 그때도 철수는 솔직하게 주량을 말했다. 떨어질 게 분명해 보여서 주량에 대해 애써 수식하지도 않았다. 면접관들은 그걸 듣고는 대단한 결격 사유를 발견한 듯 술렁거렸다. 한 명은 진짜냐고, 한 컵이 아니라 한 잔이 맞는지 되물었다. 손으로 소주잔을 그려 보이기까지 했다. 철수는 그것 하나만으로도 자신이 뭔가 대단히 잘못된 사람이 된 것 같았다. 그때도 정확한 주량을 말하는 대신 "분위기 망치지 않을 만큼은 마십니다"라든가, "제 주량은 점점 늘어나고 있는 중입니다"라고 말했어야만 했다.

면접관이 이번엔 노래를 불러보라고 했다. 철수는 이것도 성능테스트의 일부인지 헷갈렸다. 어떤 노래였는지 기억은 안 나지만 열심히 부르기는 한 것 같다. "그래도 노래는 잘 하네. 회식 때 쓸만하겠어. 그만 나가봐도 좋습니다." 그 말은 꽤 괜찮은 위안이었다. 텔레비전에게 "화질은 별로지만 그래도 음향은 괜찮네."라고 하거나 세탁기에게 "때도 안 빠지고 시끄럽긴 해도 탈수 하나는 끝내주네." 하는 정도는 충분히 되고도 남았다. 하지만 회식 자리를 위해 철수를 뽑지 않을 것이다.

테스트는 제품에 대한 확신이 아니라 의심에서 시작한다. 사랑하는지 아닌지에 대한 테스트 자체가 사랑하지 않음을 확인하는 과정이다. 면접자의 질문은 꽤 쓸 만한 정도를 파악하는 게 아니라 철수가 얼마나 쓸모없었는지를 확인하는데 의미가 있었는지도 모른다.

어떤 테스트는 결국 철수가 불량품이 될 것이고, 그것을 버리는 그녀와 사용하지 않는 회사는 합리적인 소비자가 될 것이다. 철수가 불량품이 되지 않을 방법은 딱 하나. '사용 설명서'를 만드는 것뿐이다.

어쩌면 철수에게는 취업기능은 처음부터 없었던 것인지도 모른다. 뭔가 다른 기능이 숨어있는데 사람들이 그걸 못 찾고 헤매는 게 아닌가 하는 생각이 들었다. 헤매는 사람 중에는 철수도 있었던 것이다.

지금까지 발견했던 것은 모두 부가 기능이나 오류뿐이었다. 제품의 주요 기능은 아직 발견 되지도 않았다. 그걸 찾는 게 우선이다. 그것만 찾으면 그녀와 다시 만나 사랑을 하고, 무난하게 취직도 하고, 효자도 될 수 있을 것 같았다. 찾은 내용은 당연히 사용 설명서의 맨 앞에 큼직하게 써 둘 것이다.

학습모드

영어, 피아노, 웅변에 이어 엄마가 다시 희망을 걸어 본 것은 공부였다. 공부는 대한민국 학생의 가장 기본적인 기능이었다. 사실 주요 기능은 다

따로 있지만 일단은 그랬다. 가전제품을 몽땅 하나로 묶어 똑같은 기능을 강요한 엄마는 제품 분류를 제대로 할 줄 모르는 소비자였던 셈이다.

"그래 다른 거 다 필요 없다. 학생이 공부를 잘해야지, 다른 거 암만 잘해 봐야 무슨 소용이니?" 엄마는 '조수미'나 '박지성'이 자식이었다 해도 똑같이 말했을 것이다. 엄마가 철수에게 요구하는 기능은 그때 딱 정해졌다. 텔레비전이든 오디오든 전화기든 중요하지 않았다. 엄마에게 중요한 건 철수가 그 기능을 수행할 수 있느냐 없느냐 하는 것이었다. 그 기능은 소비자가 생각하는 주요 기능이므로 제대로 못하면 무조건 불량 판정이 내려질 터였다.

그 말을 들은 철수는 마치 오디오 기능이 없는 다리미처럼, 세탁 기능이 없는 라디오처럼 우울했다. 철수가 처음부터 그런 기능을 수행하기 위해 만들어진 것은 아닐지도 모른다. 하지만 그때는 수많은 기능 중 하나를 못한다고 쓸모없는 제품으로 치부해 버려도 모두 제 탓인 것만 같았다. 텔레비전에게 공기청정을 기대한 사용자의 문제일 수도 있었는데, 그러고 보면 이게 다 사용 설명서를 제대로 읽지 않고 철수를 썼기 때문이다. 그것만 있다면 철수는 누구에게도 버려지지 않을 것이다.

중학교 1학년 성적표를 본 엄마는 "넌 대체 누굴 닮아서 이 모양이냐?"라는 말을 연타로 날렸다. 며느리 모드나 잔소리 모드에서는 종종 실수가 있어도 잔소리 모드에서는 몇 년이 지나도 끄떡없는 엄마였다. 제품을 만든 사람도 시도 때도 없이 나타나는 기능 오류를 명확하게 설명해주지 못했다. 엄마는 아버지를 힐끗거렸다. 고개를 든 아버지는 엄마와 눈이 마주치자 말했다.

"쟤는 나 혼자 만들었어?"

제품을 만든 사람은 한 사람이 아니었다. 하자가 생기자 엄마와 아버지는 서로에게 책임을 떠넘겼다. 결국 문제의 원인은 "철수가 공부를 안 해서"로 귀결되는 듯싶었다. 그렇지만 철수는 기말고사를 잘 보기 위해 그때 정말 열심히 공부했다. 그런데도 성적은 오히려 중간고사 때보다 더 떨어진 것이다. 누구의 책임인지는 점점 애매모호해졌다.

사실 성적이 오른 과목도 하나 있었는데 엄마는 그에 대해서는 아무 말도 하지 않았다. 전자레인지가 우유를 잘 데우는 것처럼 당연하게 여기고 넘어간 것인지도 모른다. 전자레인지가 우유를 잘 데운다는 것에는 아무도 주목하지 않으니까. 모두들 제대로 하지 못할 때만 주목하곤 했다.

보습학원만으로는 못 미더웠는지 엄마는 철수에게 개인과외 선생까지 붙였다. 남들 하는 것만 해서 고쳐질 기능 장애가 아니었다. 하지만 성적은 조금도 나아질 기미가 보이지 않았다. "어차피 공부는 틀렸어. 더 늦기 전에 지금이라도 다른 걸 찾아보는 게 어때? 기술이라든가....?"

과외 선생이 가고 나서 누나가 엄마에게 말했다. 마치 고장 난 제품을 앞에 두고 수리 기사 둘이 떠드는 것 같았다. 제품에 대한 예의를 갖출 생각은 없는 듯했다. 철수는 그때만 해도 엄마와 누나에게 예의 기능이 전혀 없다는 걸 눈치채지 못했다.

다리미를 아무리 수리해 봐야 음악을 들을 수 없고, 라디오도 빨래를 할 수는 없다. 차라리 오디오와 세탁기를 사는 편이 훨씬 낫다. 철수는 엄마에게 나 말고 누나에게 기대를 하든지, 아니면 공부 기능을 갖춘 아이를 새로 낳아보는 게 어떠냐고 말하고 싶었다. 하지만 그 말을 하는 순간, 철수는 엄마에게 제품 보증기간이 훨씬 지나서 환불도, 반품도 할 수 없는 물건이 되어 버릴 것만 같았다. 그때도 그 정도의 상황 감지 센서는 제대로 작동하고 있었으니까.

엄마는 어떻게든 철수가 쓸모 있는 제품이 되길 바랐지만, 제품의 기능을 끝내 찾아내지 못했다. 찾아볼수록 나타나는 건 일시적이거나 심각한 이상뿐이었다. 주요 기능만 찾았더라도 철수는 엄마에게 자랑스러운, 적어도 어디다 내놔도 부끄럽지 않을, 아니 최소한 숨기지는 않을 자식이 될 수 있었을 것이다.

　사용 설명서에서 될 수 있는 한 많은 기능을 넣는 게 좋을 것 같았다. 철수는 그중에서 엄마가 맘에 드는 것도 꼭 하나쯤은 있었으면 좋겠다고 생각했다.

가족모드

　과연 자신에게 가족을 만들어낼 수 있는 기능이 있는지, 철수는 여전히 알 수가 없었다. "남들 다 하는 걸"이라고 했던 아버지의 말을 듣고 보니, 이 세상에는 묵묵히 식빵을 굽고 있는 냉장고나 빨래를 하고 있는 청소기 같은 게 많을지도 모른다는 생각이 들었다. 그 냉장고는 폐기 처분될 때까지도 자신이 토스터인 줄 알 것이다. 심지어 토스터로 만족스러운 생을 살았다고 생각하며 눈을 감을지도 모르겠다.

　철수는 살아오면서 누군가 절실히 필요하다고 생각해본 적은 없었다. 이제껏 그녀들을 만나 온 것도 어쩌면 철수가 아직 사용될 만한 가치가 있다는 것을 확인하고 싶었던 것인지도 모른다. 그녀들이 철수를 평생 사용해줄 필요도 없었다. 철수는 다만 "아직은 쓸만해요"란 그녀들의 한마디를 붙잡고 싶었다. 하지만 그녀들은 모두 다 철수에게 새로운 문제 하나씩을 더 얹어 주었다. 문제만 늘어났을 뿐 사용 가치는 아직 찾지 못한 셈이다.

　철수는 자신이 어떤 기능을 가지고 있는지도 알 수 없었다. 그건 철수를 사용했던 수많은 사람들도 마찬가지였다. 아무도 철수가 어떤 기능을 수행할 수 있는 제품인지 알지 못했다. 오직 원하는 기능만 잔뜩 있었을 뿐이다. 그건 철수에게만 아니라 모든 제품에 동일하게 적용되었다. 세탁기에도 전자레인지에도 라디오에도 원하는 기능을 강요할 뿐, 제품이 어떤 기능을 갖추었는지는 그다지 중요하지 않았다. 제품 고유의 특징 같은 것에는 아무 관심을 기울이지 않았으니까. 모두가 인정하는 표준이 되지 않으면 불안해졌다. 결국 불행을 겪으면서 다들 행복한 표준이 되어가고 있는 것이다.

주의사항

아무것도 얹혀 있지 않았던 때는 없었던 것 같다. 그것은 가벼워지거나 사라지는 법이 없었으므로 그것을 딛고 올라서는 것이 유일한 방법이었다. 하지만 그것을 딛고 위에 올라서면, 다시 그 위로 무언가 묵직한 것이 철수를 짓눌러 오기 시작했다. 그것은 언제나 이전보다 더 크고 무거웠다. 어쩌면 더 가볍거나 혹은 늘 같은 무게였는지도 모르지만, 그것이 거듭될수록 철수에게는 버겁게만 느껴졌다. 하지만 무겁다고 하면, 서비스 센터에서조차 고치기 힘든 '엄살'이라는 딱지가 달라붙었다.

철수는 일종의 성능테스트려니 하고 생각했지만, 도대체 얼마를 더 견뎌야 출시되는 건지 가늠하기 어려웠다. 이번만 버티면 되겠지 하는 생각은 매번 틀렸다. 그러나 견디지 못하면 누구에게도 선택받지 못한 채 녹이 슬 때까지 창고에 있어야 할 것이다. 결국 조립을 염두에 두지 않은 분해가 진행될지가 모른다는 불안이 여기저기서 스며들었다.

얼마나 더 성능이 향상돼야 밖으로 나갈 수 있는 걸까. 기준은 매번 달랐고 표준은 애매모호하기만 했다. 일반계 고등학교만 가면 좀 나아질까. 아니었다. 어떻게든 4년제 대학만 들어가고 나면 좀 괜찮아질까. 막상 그것도 아니었다. 더 좋은 대학을 갔으면 달라졌을까. 그래봐야 결국 똑같을 것 같았다. 사용자들은 좋은 대학을 졸업한 것만큼이나 무거운 걸 얹고 올라서길 바라지 않을까.

아버지는 마치 취직만 하고 나면 모든 일이 다 잘 풀릴 것처럼 얘기했지만, 이제는 의구심이 들었다. 그것은 다만 자신의 제품에 기대하는 기능에 불과한 것인지도 몰랐다. 철수는 어떻게 해도 정도의 차이가 있을 뿐, 결국 불량품을 벗어나기 어렵다는 것을 깨달았다.

주의하기

언제 어디서나 완벽한 제품은 처음부터 없었다. 그건 철수도 철수를 사용했던 사람들도 마찬가지였다. 사용 설명서는 불량품이 아닌 정상 제품이 되기 위해 쓰기 시작했다. 그런데 지금껏 애매모호한 기준을 붙잡고 달려온 것 아닌가 하는 생각이 들었다.

사용 설명서를 읽고 철수를 이상하다고 했던 말을 잠시 보류해주었으면 한다. 철수를 보고서 막 고장이라고 하려던 말도 잠깐 멈추어 주었으면 좋겠다. 사용 설명서에 지금 생각하는, 바로 그 이유를 더 넣을 것이다. 그러니 철수를 쓰레기통에 버리기 전에, 상품평을 쓰고 고객 센터에 연락하기 전에 조금만 더 기다려 주었으면 한다. 고장이 아닐 수도 있으니까. 단지 제품의 고유한 특징을 모르고 잘못 사용한 것일 수도 있으니까.

어떤 사람에게는 최악이었던 제품이 누군가에게는 최고의 제품이 될 수도 있다. 고장은, 그러니까 사용했던 사람들이 말했던 고장은, 사실 철수의 잘못만은 아니었다고 말해주고 싶다. 절반쯤은 사용 설명서도 읽지 않고 철수를 사용했던 사람의 잘못일 수도 있다.

사용 설명서는 완성되지 않을 것이다. 다만 앞으로 계속 고쳐나갈 뿐이다. 그러니 철수를 사용하려는 사람은 항상 최신판 철수 사용 설명서를 보아야 한다. 그것이 고장을 줄이는 최선의 방법이다. 철수는 자신도 누군가를 만나기 전에 그 사람의 최신판 사용 설명서를 꼼꼼하게 읽고 만났으면 좋겠다고 생각했다. 그러면 누구에게나 아무 이상 없는 제품이 될 것이다. 사실 모두가 비정상이나 결국 모두가 정상인 셈이다. 정확한 사용 설명서는 사용되는 제품에게도, 사용하는 사람에게도 모두 상처를 주지 않는 유일한 방법이다.

철수는 완성된, 하지만 앞으로는 끊임없이 완성해 나가야할 사용 설명서를 들고 일어선다. 다음 누군가에게 사용되기 전까지 '취급주의'라고 쓰인 박스 안에 들어가 한숨 푹 자고 싶다. 몸은 박스 안에서 스티로폼으로 고정되어 있겠지만 어느 때보다 편안할 것이다. 이번에는 반품이 되지 않을 것만 같다.

이제 철수는 누구에게나 온전해질 수 있다. 더는 수리를 받지 않아도 된다고 생각하니 벌써 전원 코드가 두근거리기 시작한다. 곧 철수가 들어있는 박스가 개봉될 것이다. 맨 위에는 두툼한 사용 설명서가 놓여 있다. 안에서든 밖에서든 박스를 여는 사람은 그것부터 먼저 읽게 될 것이다. 철수는 조금 더 자두려고 눈을 감다가 문득 깨닫는다. 철수 사용 설명서를 쓸 수 있는 사람도, 그걸 가장 먼저 읽어야 하는 사람도 결국은 한 사람이라는 것을.

> 더 읽어보기

살인적 등록금에 '허덕'… 토익시험에 내몰리고… 졸업하면 실업자 전락
20代의 슬픈 자화상

'29세 남자, 키 173㎝, 몸무게 65㎏, 발 사이즈 270㎜, (지방) 국립대 졸업.'

크게 내세울 것 없는 이 같은 '제품 규격 및 사양'으로, 평균은 된다고 자부하며 살아가는 취업 준비생 철수. 하지만 현실 문턱은 높기만 하다. 취업 모드에서는 선택받지 못하고, 연애 모드에선 잇따라 반품 처리된다. 그래서 아버지에게는 "고장은 났지만 버릴 수도 없는, 어디에 써야 할지 막막한 물건"(19쪽)이요, 어머니에겐 "어느 날 갑자기 용도도 정해지지 않은 채 툭 던져진 물건"(45쪽)이 된다.

'오늘의 작가상' 수상작 '철수 사용 설명서'(민음사)에서 탄생된 캐릭터 철수 얘기다. 살인적인 등록금에 시달리고, 토익에 내몰리며, 졸업과 동시에 실업자가 되는 대한민국 20대의 슬픈 자화상 같은. 2008년 등단한 신예 전석순(28) 씨는 매력적인 캐릭터 철수와 함께 제품 사용 설명서 양식을 차용한 형상화, 보편적인 메시지 등을 앞세워 만장일치로 '오늘의 작가상'을 차지했다.

앙증맞은 만화 캐릭터를 표지에 넣은 '철수 사용 설명서'는 정상적인 인물을 비정상적인 사람으로 만드는 현대의 모순과 비극을 비판하는 세태소설이고, 취업과 연애 등에서 좌절하면서 자신을 찾아가는 성장소설이다.

또 평범한 스물아홉 백수 철수의 좌절과 실패를 통해 우리 사회 청춘을 위로하는 '루저소설'이기도 하다.

이야기는 제품 사용 설명서 양식을 따라 전개된다. 철수의 제품 규격 및 사양부터 사용하기, 설치 방법, 전원공급, 청소 방법, 주의사항, 제품 Q&A, 제품 보증서 등 사용 설명서 양식 속에서 들숨과 날숨을 반복한다. 평범한 취업준비생 철수는 취업, 학습, 연애 모드 등 여러 기능을 갖고 있지만 실제 사용 과정에서는 하자투성이로 간주된다. 때론 고장이 나 불량품으로 취급된다.

"세탁 기능을 배우는 데 너무 집중한 나머지 헹굼이나 탈수 기능까지는 미처 생각하지 못한 세탁기 같았다. 철수는 '세탁만 잘하면 되는 거 아니었어?'라고 따지고 싶었지만 이미 항균 기능에 삶음 기능까지 갖춘 세탁기들이 바글바글했다."(23쪽)

이에 철수는 기준과 표준에 따라 평가되는 경쟁 체제에 적응하지 못하는 자신을 질책하고, 불량품이 될 위기에 처한 자신을 구하기 위해 스스로 사용 설명서를 만들기로 결심한다. 온 힘을 기울여 자신에 맞는 사용 설명서를 만들지만, 사용 설명서가 완성될 즈음 완벽한 제품은 애초에 없다는 걸 깨닫는다.

"언제 어디서나 완벽한 제품은 처음부터 없었다. 그건 철수도, 철수를 사용했던 사람들도 마찬가지였다. 사용 설명서는 불량품이 아닌 정상 제품이 되기 위해 쓰기 시작했다. 그런데 지금껏 애매모호한 기준을 붙잡고 달려온 건 아닌가 하는 생각이 들었다… 사용 설명서는 완성되지 않을 것이다. 다만 앞으로 계속 고쳐 나갈 뿐이다."(215~217쪽)

소설의 메시지는 캐릭터와 형식의 참신함과 달리 오히려 보편적이다. 철수를 통해 인간을 사물화하고 상품화하는 시대에 문제를 제기하고, 사람이 문명과 기술에 의해 소외받는 현실에 대해 비판한다. 가볍게 따라가다가 막판 근원에 다다른 것을 알게 될지도. 결국 철수는 이리 치이고 저리 받히며 '루저'가 될 수밖에 없는 대한민국 청춘의 한 상징이 된다.

다만 일부 독자는 작가가 사용 설명서 양식을 충실히 따르다보니 상대적으로 사건이나 사고, 행동 등으로 나아가지 못한 느낌이 들 수도 있다. 매력적인 인물(철수)과 탁월한 배경(사용 설명서)에 균형을 맞추는 사건적 요소까지 소망한다면, 과욕일까. 그럼에도 소설은 작금의 대한민국 청춘을 위로하기에는 모자라지 않는다.

"루저 문학의 최고"란 평과 함께, "루저를 다룬 새로운 작품이 더 이상 나올 수 있을까" 하는 의문을 던지며, "좋은 소설은 익숙한 소재를 새로운 형식으로 전달할 때 나온다는 명제를 다시 한번 확인"시켜 준 놀라운 작품이다.

『철수 사용 설명서』는 '철수'를 '사용'하는 '설명서'에 관한 이야기다. 여기서 '철수'는 평균적인 삶을 사는 스물아홉 살의 대한민국 청년에게 붙여진 보통명사인 셈이다. 그런데 철수는 철수니까 철수처럼 살아야 하는데, 그것이 쉽지 않다. 현빈도 아니고 삼식이도 아니니 그저 평범하게 살 수 있을 만도 한데, 세상은 철수를 현빈이 되라고 부추기고, 삼식이와 닮았다고 비난한다. 단지 평범할 뿐인 자신을 고장이나 불량품으로 취급하는 현실에 대한 고발이 철수라는 이름에 담겨 있는 것이다.

『철수 사용 설명서』는 효능과 효율을 강조한 나머지 인간을 가전제품으로 취급하여 규격화된 성능과 양식을 요구하는 사회, 우리 주변에 있는 대다수의 철수를 사용 연한이 임박한 구형 전자 제품으로 취급하는 사회, 고장이 나면 망설임 없이 폐기 처분해 버리는 사회에 대한 알레고리이기도 하다. 사실 모두가 비정상이니 결국 모두가 정상인 셈이고. 그러므로 정확한 사용 설명서는 사용되는 제품에게도, 사용하는 사람에게도 모두 상처를 주지 않는 유일한 방법이라고. 그것은 평범한 철수가 이 사회 전체에 던지는 비범하고도 근본적인 문제 제기인 동시에, 궁극적 성찰이다.

학습활동

1. <철수 사용 설명서>를 읽고, 포스터를 작성해보시오.

2. 자신이 디자인하는 이상적인 20대의 어느 하루의 모습을 서술해보시오.

제출용

| 학 번 : |
| 이 름 : |

'나' 사용 설명서 작성하기

1. 나는 어떤 계절을 가장 좋아하나요? 그 이유는?

2. 작년 이 때에 나는 무엇을 하고 있었나요? 그때의 기분은?

3. 시간과 비용이 허락한다면 내가 배우고 싶은 것은 무엇인가요?

4. 나는 다른 사람에게 어떤 모습(이미지, 성격)으로 보이고 싶나요?

5. 자주 배달시켜 먹는 음식이 있나요? 그 이유는 무엇인가요?

6. 나의 성격 중 장점 세 가지를 적어보세요.

7. 지금까지 살아오면서 기억에 남는 실패의 경험이 있나요? 언제였나요?

8. 나는 무엇을 할 때 행복을 느끼나요? (언제, 어디서, 누구와)

9. 현재 가장 듣고 싶은 칭찬은 무엇인가요?

10. 평생 잊지 못할 순간이 있나요?

11. 세가지 영역의 버킷 리스트를 작성할 수 있나요?
    (하고 싶다/되고 싶다/갖고 싶다)

12. 가리는 음식이 있나요?

13. 자신이 가장 좋아하는 공간이 있나요?

14. 미래에 자신은 어떤 집에서 살고 싶나요? (구체적인 설명)

15. 시간 여행을 할 수 있다면 나는 언제로 가보고 싶나요?

16. 내가 가장 힘든 순간은 언제인가요?

17. 내가 닮고 싶은 롤모델이 있나요?

18. 가족들 중 나는 누구와 가장 닮았나요?

19. 자신의 라이프 스타일은 무엇인가요?

20. 자신의 10년 후 미래의 모습은 무엇인가요?

퀴 즈

01 철수가 취업모드에서 경험한 어려움은 무엇인가?
    a. 토익 점수가 낮아서
    b. 신입 사원이라면 누구나 할 수 있는 기능이 부족해서
    c. 경력이 부족해서
    d. 서류 전형을 통과하지 못해서

02 철수가 서류 전형을 통과한 후 느낀 감정은 어떠했는가?
    a. 자신감이 생겼다.
    b. 불안해졌다.
    c. 짜릿함을 느꼈다.
    d. 실망했다.

03 철수가 면접에서 느낀 점은 무엇인가?
    a. 자신의 능력을 제대로 보여줄 수 있었다.
    b. 면접관들이 자신을 신뢰했다.
    c. 면접이 거짓말을 잘하는지 테스트하는 것 같았다.
    d. 질문들이 쉬워서 답하기 편했다.

04 철수가 면접에서 받은 마지막 질문은 무엇이었나?
    a. 경쟁 회사가 더 높은 연봉을 제시하면 어떻게 하겠는가?
    b. 옆집에서 키우는 사자를 하루만 맡아달라고 부탁받았을 때 어떻게 하겠는가?
    c. 밥을 먹으려고 하는데 수저가 없다면 어떻게 먹겠는가?
    d. 주량이 얼마나 되는지?

05 철수가 면접에서 주량에 대해 어떻게 대답했나?
   a. 분위기를 망치지 않을 만큼만 마신다고 했다.
   b. 주량이 점점 늘어나고 있다고 했다.
   c. 솔직하게 주량을 말했다.
   d. 주량에 대해 애써 수식하지 않았다.

06 철수의 학습모드에서 엄마가 철수에게 바란 것은 무엇인가?
   a. 다양한 기능을 갖추기를
   b. 공부를 잘하는 것
   c. 음악이나 운동에 능숙해지기를
   d. 기술을 배우는 것

07 철수의 성적표를 본 엄마의 반응은 어떠했나?
   a. 철수를 칭찬했다.
   b. 철수에게 실망했다.
   c. 철수의 아버지를 탓했다.
   d. 성적이 오른 과목에 대해 주목했다.

08 철수가 중학교 1학년 때 성적이 오른 과목에 대한 엄마의 반응은?
   a. 무시했다.
   b. 기뻐했다.
   c. 더 많은 노력을 요구했다.
   d. 특별한 보상을 약속했다.

09 철수의 누나는 엄마에게 무엇을 제안했나?
   a. 철수를 더 엄격하게 가르치자고
   b. 철수에게 다른 기능을 찾아보자고
   c. 철수를 더 많은 학원에 보내자고
   d. 철수에게 더 많은 과외를 붙이자고

10 철수가 엄마에게 하고 싶었던 말은 무엇인가?
  a. 다른 기능을 갖춘 아이를 낳아보는 게 어떠냐고
  b. 공부 기능이 없다고 환불을 요구하고 싶었다고
  c. 누나에게 기대를 하든지 말하고 싶었다고
  d. 모든 것이 엄마의 탓이라고 말하고 싶었다고

제7장

문학 속에 나타난 우리의 사회

피로사회

한병철, 『피로사회』, 김태환 옮김, 문학과지성사, 2012.

『피로사회(Mudigkeitsgesellschaft)』는 성과주의로 인한 현대인의 자기 착취를 비판적으로 고찰하는 책이다. 저자는 '해서는 안 된다'라는 부정성에 기반한 근대가 지나가고 20세기 후반에 이르러 '할 수 있다'는 긍정성을 최고 가치로 여기는 사회가 찾아왔다고 본다. 이를 '성과사회', 이러한 사회 속에서 살아가는 사람을 '성과 주체'로 명명한다. 성과를 중시하는 사회가 개개인에게 자기 자신에 대한 기대치를 계속 높여 우울증 환자와 낙오자를 만들어 낸다는 것이 그의 주장이다. 저자는 "피로사회는 자기 착취의 사회"이고 "피로사회에서 현대인은 피해자인 동시에 가해자"라고 역설한다. 자본주의 시스템에서 현대인은 자유경쟁 속에서 성과를 내야 하는 상황에 놓인다. 능력 발휘로 존재감을 확인할 수밖에 없는 사회에서 개인은 "Yes, we can"과 같은 긍정의 정신에 휩싸여 자기 자신에 대한 독려나 채찍질에 빠져든다. 자아는 쉽게 피곤해지고, 스스로 정한 목표를 달성하지 못해 생긴 좌절감은 우울증을 야기한다.

해결법으로 저자는 사색(思索), 무위(無爲), 심심(甚深)함, 휴식(休息)이라는 가치를 내세운다. 특히 성과사회에서 능력의 감소나 극복해야 할 대상으로만 여겨지는 피로를 재조명한다. 무위의 피로야말로 과잉활동의 욕망, 성과주의의 집착을 완화하는 기제가 된다고 인식의 전환을 이끈다. 이 책은 무한경쟁의 자화상을 정확히 파악한 까닭에 출간 이후 큰 반향을 일으켰다. '피로사회'라는 단어가 유행하기도 하였다.

이 책은 '신경성 폭력', '규율사회의 피안에서', '깊은 심심함', '활동적 삶', '보는 법의 교육', '바틀비의 경우', '피로사회' 총 7개의 장으로 이루어져 있다. 수록된 부분은 '규율사회의 피안에서'로, 규율사회에서는 규율로 인해, 현재의 성과중심사회에서는 성과로 인해 사회적 질병으로서의 우울증이 발생한다는 주장을 하고 있다.

저자 한병철은 한국 출신의 재독 철학자로 2010년 『피로사회』를 통해 현대사회의 성과주의를 날카롭게 비판하며 독일에서 가장 주목받는 문화비평가로 등장하였다. 대표작인 『피로사회』는 '업적=성공'이라는 자본주의 시스템이 야기한 '자기 착취의 시대'를 고찰한 철학서로 현대사회를 면밀히 진단한다. 또 다른 저서로는 『권력이란 무엇인가』, 『하이데거 입문』, 『죽음의 종류-죽음에 대한 철학적 연구』, 『죽음의 타자성』, 『폭력의 위상학』 등이 있다.

규율사회의 피안에서

병원, 정신병자 수용소, 감옥, 병영, 공장으로 이루어진 푸코의 규율사회는 더 이상 오늘의 사회가 아니다. 규율사회는 이미 오래전에 사라졌고, 그 자리에 완전히 다른 사회가 들어선 것이다. 그것은 피트니스 클럽, 오피스 빌딩, 은행, 공항, 쇼핑몰, 유전자 실험실로 이루어진 사회이다. 21세기의 사회는 규율사회에서 성과사회로 변모했다. 이 사회의 주민도 더 이상 복종적 주체가 아니라 성과 주체라고 불린다. 그들은 자기 자신을 경영하는 기업가이다. 정상적인 것과 비정상적인 것을 갈라놓는 규율 기관들의 장벽은 이제 거의 고대의 유물처럼 느껴질 지경이다. 권력에 대한 푸코의 분석은 규율사회가 성과사회로 변모하면서 일어난 심리적·공간구조적 변화를 설명하지 못한다. 자주 사용되는 통제사회와 같은 개념 역시 이러한 변화를 이해하는데 적절한 것이 못 된다. 그런 개념 속에는 지나치게 많은 부정성이 담겨있기 때문이다.

규율사회는 부정성의 사회이다. 이러한 사회를 규정하는 것은 금지의 부정성이다. '~해서는 안 된다'가 여기시는 시배적인 조동사가 된다. '~해야 한다'에도 어떤 부정성, 강제의 부정성이 깃들어 있다. 성과사회는 점점 더 부정성에서 벗어난다. 점증하는 탈규제의 경향이 부정성을 폐기하고 있다. 무한정한 '할 수 있음'이 성과사회의 긍정적 조동사이다. "Yes, we can! 예스 위캔"이라는 복수형 긍정은 이러한 사회의 긍정적 성격을 정확하게 드러내 준다. 이제 금지, 명령, 법률의 자리를 프로젝트, 이니셔티브, 모티베이션이 대신한다. 규율사회에서는 여전이 'No'가 지배적이었다. 규율사회의 부정성은 광인과 범죄자를 낳는다. 반면 성과사회는 우울증 환자와 낙오자를 만들어 낸다.

규율사회에서 성과사회로의 패러다임 전환은 하나의 층위에서만큼은 연속성을 유지한다. 사회적 무의식 속에는 분명 생산을 최대화하고자 하는 열망이 숨어 있다. 생산성이 일정한 지점에 이르면 규율의 기술이나 금지라는 부정적 도식은 곧 그 한계를 드러낸다. 생산성의 향상을 위해서 규율의 패러다임은 '성과의 패러다임' 내지 '할 수 있음'이라는 긍정의 도식으로 대체된다. 생산성이 일정한 수준에 도달하면 금지의 부정성은 그 이상의 생산성 향상을 가로막는 걸림돌로 작용하기 때문이다. 능력의 긍정성은 당위의 부정성보다 더 효율적이다. 따라서 사회적 무의식은 당위에서 능력으로 방향을 전환하게 된다. 성과 주체는 복종적 주체보다 더 빠르고 더 생산적이다. 그렇다고 능력이 당위를 지워버리는 것은 아니다. 성과 주체는 규율에 단련된 상태를 유지한다. 그는 규율 단계를 졸업한 것이다. 능력은 규율의 기술과 당위의 명령을 통해 도달한 생산성의 수준을 더욱 상승시킨다. 생산성 향상이란 측면에서 당위와 능력 사이에는 단절이 아니라 연속적 관계가 성립한다.

알랭 에랭베르(Alain Ehrenbeg)는 우울증을 규율사회에서 성과사회로의 이행기에 나타나는 현상으로 규정한다. "우울증이라는 병은 권위적 강제와 금지를 통해 인간에게 사회계급과 성별에 따른 역할을 부여하는 규율적 행위 조종의 모델이 만인에게 자기 주도적으로 될 것, 자기 자신이 될 것을 요구하는 새로운 규범으로 대체되는 순간부터 나타나기 시작했다. (……) 우울한 자는 컨디션이 완전히 정상이 아니다. 그는 자기 자신이 되어야 한다는 요구에 부응하려고 애쓰다가 지쳐 버리고 만다." 알랭 에랭베르의 논의가 안고 있는 문제점은 우울증을 단지 자아의 경제라는 관점에서만 관찰한다는 데 있다. 오직 자기 자신이 되어야 한다는 사회적 명령이 우울증을 낳는다는 것이다. 그에게 우울증은 자기 자신이 되지 못한 후기근대적 인간의 좌절에 대한 병리학적 표현이다. 그러나 우울증을 초래하는 요인 가운데는 사회의 원자화와 파편화로 인한 인간의 유대적 결핍도 있다. 우울증의 이러한 측면은 에랭베르의 논의에서 빠져 있다. 그는 성과사회에 내재하는 시스템의 폭력을 간과하고 이러한 폭력이 심리적 경색을 야기한다는 점을 인식하지 못한다. 오직 자기 자신이 되어야 한다는 명령이 아니라 성과를 향한 압박이 탈진 우울증을 초래한다. 그렇게 본다면 소진 증후군은 탈진한 자아의 표현이라기보다는 다 타서 꺼져 버린 탈진한 영혼의 표현이라고 해야 할 것이다. 에랭베르에 따르면, 우울증은 규율사회의 명령과 금지가 자기 책임과 자기 주도로 대체될 때 확산되기 시작한다. 그러나 실제로 인간을 병들게 하는 것은 과도한 책임과 주도권이 아니라 후기근대적 노동사회의 새로운 계율이 된 성과주의의 명령이다.

알랭 에랭베르는 오늘날의 인간형을 니체의 주권적 인간과 동일시하는 오류를 범한다. "자기 자신을 닮은 주권적 인간 ― 니체는 그러한 인간의 도래를 예고한 바 있거니와 ― 은 바야흐로 대중의 현실이 되려는 중이다. 주권적 인간에게 그가 어떤 사람이 되어야 하는지 명할 수 있는 상위의 존재는 없다. 그는 오직 자기 자신에게만 소속된다는 원칙에 따르기 때문이다." 하지만 정작 니체라면 대중의 현실이 되려고 하는 저 인간형을 가리켜 주권적 초인이 아니라 그저 노동만 하는 최후의 인간이라고 했을 것이다. 긍정성의 과잉 상태에 아무 대책도 없이 무력하게 내던져져 있는 새로운 인간형은 그 어떤 주권도 지니지 못한다. 우울한 인간은 노동하는 동물로서 자기 자신을 착취한다. 물론 타자의 강요 없이 자발적으로, 그는 가해자인 동시에 피해자이다. 강조적 의미의 자아 개념은 여전히 면역학적 범주다. 그러나 우울증은 모든 면역학적 도식 바깥에 있다. 우울증은 성과 주체가 더 이상 할 수 있을 수 없을 때 발발한다. 그것은 일차적으로 일과 능력의 피로이다. 아무것도 가능하지 않다는 우울한 개인의 한탄은 아무것도 불가능하지 않다고 믿는 사회에서만 가능한 것이다. 더 이상 할 수 있을 수 없다는 의식은 파괴적 자책과 자학으로 이어진다. 성과 주체는 자기 자신과 전쟁 상태에 있다. 우울증 환자는 이러한 내면화된 전쟁에서 부상을 입은 군인이다. 우울증은 긍정성의 과잉에 시달리는 사회의 질병으로서, 자기 자신과 전쟁을 벌이고 있는 인간을 반영한다.

성과 주체는 노동을 강요하거나 심지어 착취하는 외적인 지배기구에서 자유롭다. 그는 자기 자신의 주인이자 주권자이다. 그는 자기 외에 그 누구에게도 예속되어 있지 않은 것이다. 그 점에서 성과 주체는 복종적 주체와 구별된다. 그러나 지배기구의 소멸은 자유로 이어지지 않는다. 소멸의 결과는 자유와 강제가 일치하는 상태이다. 그리하여 성과 주체는 성과의 극대화를 위해 강제하는 자유 또는 자유로운 강제에 몸을 맡긴다. 과다한 노동과 성과는 자기 착취로까지 치닫는다. 자기 착취는 자유롭다는 느낌을 동반하기 때문에 타자의 착취보다 더 효율적이다. 착취자는 동시에 피착취자이다. 가해자와 피해자는 더 이상 분리되지 않는다. 이러한 자기 관계적 상태는 어떤 역설적 자유, 자체 내에 존재하는 강제 구조로 인해 폭력으로 돌변하는 자유를 낳는다. 성과사회의 심리적 질병은 바로 이러한 역설적 자유의 병리적 표출인 것이다.

> 더 읽어 보기

과도하게 활동적인 우리 현실

김경례

　한병철의 '피로사회'(2012)는 이러한 질문들에 대한 철학적 사유이자, 사회시스템에 대한 비판이다. 또한 개인주의의 팽배와 경쟁 체제를 근간으로 하는 신자유주의적 주체 생산 과정을 탐색해 볼 수 있게 한다. 그는 현대사회를 '성과사회'라고 진단한다. 성과사회의 개인은 복종하고 순응하는 주체가 아니라 '성과 주체'이다.

　성과사회는 푸코의 규율사회 또는 통제사회와는 다르게, 어떤 것을 '해서는 안 된다'라는 금지나 '해야 한다'라는 당위가 지배하는 것이 아니라 '할 수 있다'가 지배하는 사회다. 열심히 노력하면 성적도 올릴 수 있고 취업도, 승진도 할 수 있으며 아름다워질 수도 있고, 돈을 많이 벌 수 있는, 아니! 있다고 믿게 하는 사회라는 것이다.

　'할 수 있다'라는 긍정성의 과잉 상태는 끊임없이 노동하게 하고, 활동하게 한다. 투잡, 쓰리잡을 뛰는 직장인이 적지 않으며 생활에 큰 지장이 없어도 야근과 특근을 하여 더 많은 돈을 벌고, 주변인들로부터 인정받고자 한다. 얼짱과 몸짱 스타를 보며 나도 아름다워질 수 있으리라 긍정하며 열심히 몸관리를 한다.

　노동 및 활동의 과잉, 긍정성의 과잉을 특징으로 하는 성과사회로의 패러다임 전환은 생산을 최대화 하고자 하는 자본주의적 시스템의 열망이 있다. 능력의 긍정성은 금지나 당위의 부정성보다 훨씬 더 효율적이기 때문이다. 실제로 성과 주체는 복종적 주체보다 더 빠르고 생산적이다. 성과 주체는 이미 규율의 기술을 습득하고 당위의 명령을 내면화하여 스스로 생산성의 수준을 극대화하니 그렇다.

성과를 내기에 급급한 사람은 무엇을 하지 않아야 하며, 무엇을 해야 하는지 이미 습득하고 자발적, 계획적으로 활발하게 움직인다. 성과 주체에게 그 누구도 노동을 강요하거나 심지어는 착취하지도 않는다. 그런 의미에서 성과 주체는 지배기구로부터 자유롭고 자신의 주인이자 주권자이다. 하지만 성과 주체의 자유는 '강제하는 자유 또는 자유로운 강제'이다. 성과를 극대화하기 위한 과다한 노동은 자기착취를 동반하기 때문이다. 따라서 성과 주체는 생산을 극대화하고자 하는 자본주의적 시스템의 '피해자이자 가해자이며 피착취자인 동시에 착취자'이다. 즉 성과사회에서 개인은 끝없는 자기와의 싸움을 강제하는 자유를 누리고 있는 것이다.

끝없는 자기와의 싸움을 강제하는 "성과사회의 부정성은 우울증 환자와 낙오자를 만들어 낸다. 우울증의 증상은 자신이 부족하다든가 열등하다는 느낌, 실패에 대한 불안, 끝없는 자책과 자학이 포함"되어 있다. "일과 능력의 피로로 인해 아무것도 가능하지 않다고 여기는 우울한 개인의 탄생은 아무것도 불가능하지 않다고 믿는 사회에서만 가능한 것"이다.

결국 노동사회, 성과사회는 자유로운 사회가 아니며 계속 새로운 강제를 만들어 낸다. 주인 스스로 노동하는 노예가 되는 사회, 자기 자신을 착취함으로써 지배 없는 착취가 가능해지는 사회, 이런 사회에서 우울증, 경계성 성격 장애, 소진 증후군이 나타나며 이는 성과사회, 긍정의 과잉이 만들어 낸 산물이라는 것이다. 왜냐하면 "긍정성의 폭력은 박탈하기보다는 포섭(포화)하며, 배제하는 것이 아니라 고갈(소모)시키는" 방식으로 작동하기 때문이다.

깊은 심심함이 필요한 사회

그렇다면 과도하게 활동적이고 신경과민 상태에 빠져 있는 사회에서 우리가 놓치고 있는 것은 무엇인가? 한병철은 "깊은 심심함, 사색, 관조가 필요하다"고 말한다. 극단적인 피로와 탈진상태에 놓여 있는 성과 주체, 좋은 삶에 대한 관심보다는 생존 자체에 대한 관심만이 지배적인 사회에서, 무언가를 하지 않을 힘, 즉 부정의 힘과 분노가 필요하다고 말한다. "탈진의 피로는 긍정적 힘의 피로로 무언가를 행할 수 있는 능력을 빼앗아 가지만 부정적 힘의 피로는 영감을 주는 피로"이다. '세계가 없고 세계를 없애버리는 고독한 자아-피로'가 아니라 자아를 개방하여 세계를 끌어들이고 '공동체와 공동의 삶을 생산하는 우리-피로'가 필요하다는 것이다.

우리는 '피로사회'에 살고 있다. 과도한 노동과 경쟁에 시달리는 성과 주체의 탈진과 고갈의 피로를 선택할 것인지, 깊은 우애와 공동체의 가능성에 영감을 주고 그러한 사회를 만들어 가는 피로를 선택할 것인지는 우리에게 달려 있다. 한트케는 우리-피로를 "내가 너한테 지치는 것이 아니라, 너를 향해 지치는 것이다"라고 말한다.

마지막으로 경쟁과 긍정을 통해 행복하고 좋은 삶이 이루어질 것이라는 믿음을 가지고 있는 이들에게 이 책의 한 문구를 소개하며 이 글을 마치고자 한다.

"자본주의 경제는 생존을 절대화한다. 자본주의 경제의 관심은 좋은 삶이 아니다. 이 경제는 더 많은 자본이 더 많은 삶을, 더 많은 삶의 능력을 낳을 거라는 환상을 자양분으로 발전한다."

학습활동

1. 저자가 말하는 성과사회란 어떤 사회인지 구체적인 예를 들어 이야기해보자.

2. 저자가 말하는 우울증의 정의를 찾아 정리해보자.

3. 소진증후군(burnout syndrome)[1]을 경험해 본 적이 있는지 이야기를 나누어 보자.

4. '피로사회'를 잘 보여주는 작품(시, 소설, 영화, 드라마, 웹툰, 수필, 공연물)을 선정하여 소개해보자.

5. 푸코의 규율사회란 어떤 모습인지 설명해보자.

---

1 현대 사회의 '탈진 증후군'을 말하는 신조어. 오직 한 가지 일에만 몰두해오던 사람이 신체적, 정서적인 극도의 피로감으로 인해 무기력증이나 자기혐오, 직무 거부 등에 빠지는 증후군. 자신의 일과 삶에 보람을 느끼고 충실감에 넘쳐 열심히 일해 오던 사람이 갑자기 어떤 이유에서 그 보람을 잃고 돌연 슬럼프에 빠지게 되는 현상이다. 마치 연료가 다 타버린 것처럼 갑자기 일할 의욕을 잃고 직장에 적응할 수 없게 되는 현상은 오늘날 모든 직업에서 증가하는 직업병이라는 견해가 있다.

● 퀴 즈 ●

01 한병철의 '피로사회'에서 저자가 주장하는 현대 사회의 주된 문제점은 무엇인가?
   a. 과도한 사회적 규율과 통제
   b. 성과주의로 인한 자기 착취
   c. 전통적 가치의 상실
   d. 기술 발전에 따른 윤리적 딜레마

02 성과사회에서 개인이 경험하는 '피로'의 긍정적 측면을 저자는 어떻게 설명하고 있는가?
   a. 피로는 성과를 높이는 동기부여가 된다.
   b. 피로는 자기계발의 기회를 제공한다.
   c. 피로는 과잉활동과 성과주의의 집착을 완화하는 기제가 된다.
   d. 피로는 사회적 상호작용을 증진시킨다.

03 규율사회에서 성과사회로의 전환은 어떤 측면에서 연속성을 유지한다고 저자는 주장하는가?
   a. 사회적 무의식 속의 생산 최대화 열망
   b. 강제와 금지를 통한 사회적 통제
   c. 규율과 당위에 대한 개인의 내면화
   d. 사회적 계급과 성별에 따른 역할 부여

04 한병철은 성과사회의 심리적 질병의 원인으로 무엇을 지목하고 있는가?
   a. 사회적 원자화와 파편화
   b. 과도한 책임과 주도권
   c. 성과주의의 명령과 압박
   d. 규율사회의 명령과 금지

05 '피로사회'에서 성과 주체의 자유는 어떤 특징을 가지고 있다고 설명되는가?
    a. 외적인 지배기구로부터의 완전한 자유
    b. 자기 자신에 대한 주권과 독립성
    c. 강제하는 자유 또는 자유로운 강제
    d. 사회적 규범과 압력으로부터의 해방

06 저자는 성과사회에서 우울증 환자와 낙오자가 발생하는 원인으로 무엇을 꼽는가?
    a. 끝없는 자기와의 싸움
    b. 사회적 지지 시스템의 부재
    c. 자기 자신에 대한 높은 기대치
    d. 능력 발휘에 대한 사회적 압박

07 한병철은 성과사회의 개인이 경험하는 '피로'를 어떻게 해결하라고 제안하는가?
    a. 사색, 무위, 심심함, 휴식
    b. 자기계발과 지속적인 학습
    c. 사회적 상호작용과 협력 강화
    d. 경쟁력 향상을 위한 끊임없는 노력

08 성과사회에서 '할 수 있다'는 긍정성이 어떤 부작용을 낳는다고 저자는 지적하는가?
    a. 과도한 경쟁과 사회적 불평등
    b. 끊임없는 노동과 활동의 과잉
    c. 개인의 창의력과 자율성 저하
    d. 사회적 연대감과 협력의 약화

09 한병철은 성과사회의 주체가 어떤 상태에 놓여 있다고 분석하는가?
    a. 자기 자신의 주인이자 주권자
    b. 자기 자신과 전쟁 상태에 있는 피해자
    c. 사회적 규범과 압력에 순응하는 복종자
    d. 자유와 창의성을 발휘하는 창조자

10 저자는 성과사회의 질병으로 어떤 현상들을 꼽는가?
    a. 우울증, 경계성 성격 장애, 소진 증후군
    b. 불안 장애, 강박 장애, 사회공포증
    c. 신경성 식욕 부진, 폭식증, 신체형 장애
    d. 수면 장애, 만성 피로, 스트레스 관련 장애

○ 제 8 장 ○

문학 속에 나타난 모두의 환경

레이첼 카슨,『침묵의 봄』, 김은령 옮김, 에코리브르, 2011.

『침묵의 봄(Silent Spring)』은 20세기 환경 분야 최고의 고전으로 무분별한 살충제 살포가 생태에 미치는 참혹한 결과를 추적 고발한다. 이 책은 세계인들의 환경문제에 대한 인식을 바꾸어 환경을 이슈로 전폭적인 사회 운동을 불러일으키는 등 세상을 바꾼 책들 중 하나이다. 저자는 사람들이 환경문제에 관심을 가지지 않던 50년 전, 오염과 환경 재앙을 경고한다. 파괴되는 생물계의 모습을 적나라하게 공개해 오염이 어떻게 시작되고 생물과 자연환경에 어떤 영향을 미치는지 구체적으로 설명했다. 모든 생명이 깨어나고 약동하는 봄이 왔지만 DDT로 인해 새소리도 들리지 않고 자연 생태계가 파괴되고 있는 현실을 암시한 제목으로서 의미를 살펴볼 수 있다.

레이첼 카슨의『침묵의 봄(Silent Spring)』은 당시 '기적의 살충제'로 불리며 찬양을 받던 화학 물질 'DDT'가 실은 인간의 건강과 생태계를 위협하는

'살생제'라는 점을 지적함으로써 과학에 대한 맹목적인 인식을 뒤바꾼 혁명적인 텍스트다. DDT로 이윤을 창출하는 제조업체는 물론 정부 관리와 관변연구자, 로비스트들이 결탁하여 화학 물질의 폐해를 은폐한 결과 무방비로 DDT에 노출되고 있던 현실을 비판하며 레이첼 카슨은 "알아야 하는 것은 우리의 권리"라는 점을 일깨워 주었다. 카슨은 "만약 우리가 현재의 문제를 정확하게 알고 느끼지 못한다면 미래의 지구에 어떤 사태가 닥쳐올지 모른다"고 지적하며, 과학만능주의 시각에서 벗어나 인간과 자연 생태계의 관계를 새롭게 바라보게 하였다. 과학 기술이 제공하는 편리함의 이면에 생태계를 파괴할 수 있는 위험성을 인식시킨 『침묵의 봄』은 지금도 환경운동의 고전으로서 많은 생각거리를 던져주고 있다.

처음 『침묵의 봄』이 출간되었을 때 농약 제조업체 등의 비난은 극에 달했다. 그럼에도 불구하고 이 책이 촉발한 환경오염에 대한 논쟁은 미국에서 1969년 국가환경정책법을 제정하도록 만드는 계기가 되었고 이후 전세계적인 환경운동으로 확산되어 1992년 리우회담까지 이어지는 성과를 낳았다.

『침묵의 봄』은 과학 기술이 초래한 환경오염의 가공할 결과를 대중에게 처음으로 강렬히 인식시킨 책이기도 하다. 자연의 조화가 절묘한 아름다운 마을이 마치 저주의 마술에 걸린 듯 점차 생명을 잃어가다가 봄의 소리, 새들의 소리가 사라진 죽음의 공간으로 바뀌는 짤막한 우화를 소개한 1장 '내일을 위한 우화'에서 마지막 17장 '가지 않은 길'까지 DDT와 같은 살충제와 농약이 새, 물고기, 야생동물, 인간에게 미치는 파괴적 결과를 4년간의 직접조사를 바탕으로 고발하고 있다.

저자인 레이첼 카슨(1907~1964)은 미국의 해양생물학자이자 작가이다. 환경운동이 진보하는 데 지대한 공헌을 해 '환경보호의 어머니'로 불리며 타임지가 선정한 "20세기를 변화시킨 100인" 가운데 한 사람이기도 하다. 레이첼 카슨은 어린 시절 시골에서 성장하면서 자연에 대해 섬세한 문제의식을 형성할 수 있었다. 또한 글을 쓰는 것을 좋아했던 점이 세상을 바꾼 『침묵의 봄』을 집필할 수 있는 기본 역량이 되었다. 펜실베니아 여자대학에서 공부하던 중 전공을 문학에서 생물학으로 바꾸었다. 존스홉킨스대학교에서 해양동물학 석사학위를 마치고, 메릴랜드대학교에서 학생을 가르치며 『볼티모어 선』지에 자연사에 관한 기사를 발표하기도 한다.

저자는 식물과 사람이 공동체를 이루며 살아가고 있고, 인간이 자연에 어떤 영향을 끼치면 이것이 연쇄적인 반응을 이어간다는 사실을 사람들에게 알리고 싶어 했다. 메인 주에 자연보호협회 지부를 창설하는 일에 관여했으며, 얼마 남지 않은 미개발 지역의 일부를 주립공원이나 국립공원으로 만들어야 한다고 역설했다.

시적인 산문과 정확한 과학적 지식이 결합된 독특한 글을 쓴다는 평가를 받으며, 저서로는 『해풍 이래서』, 『우리 주변의 바다』, 『바다의 가장자리』 등이 있다. 1964년 4월, 56세의 나이로 사망했다.

내일을 위한 우화

미국 대륙 한가운데쯤 모든 생물체가 환경과 조화를 이루며 살아가는 마을이 하나 있다. 이 마을은 곡식이 자라는 밭과 풍요로운 농장들 사이에 자리 잡고 있는데 봄이면 과수원의 푸른 밭 위로 흰 구름이 흘러가고 가을이 되면 병풍처럼 둘러쳐진 소나무를 배경으로 불리듯 단풍이 든 참나무, 단풍나무, 자작나무가 너울거렸다. 어느 가을날 이른 아침 희미한 안개가 내린 언덕 위에서는 여우 울음소리가 들려왔고, 조용히 발을 가로질러 달려가는 사슴의 모습도 때때로 눈에 띄었다.

  길가에는 월계수, 인동나무, 오리나무, 양치식물 그리고 들꽃이 연중 그 자태를 뽐내며 지나는 여행객의 눈을 즐겁게 해 주었다. 나무 열매와 씨앗을 먹고사는 수많은 새가 눈밭에 내려앉는 겨울철에도 길가는 여전히 아름다웠다. 이 일대는 풍부하고 다양한 새들로 유명했는데 봄가을에는 이동기를 맞은 철새무리들이 떼를 지어 날아가는 모습을 보려고 멀리서 사람들이 찾아오곤 했다. 물고기를 잡으려는 사람들은 가까운 시냇가로 향했다. 이 하천은 산에서 내려온 차갑고 맑은 물이 넘쳐흘렀고 송어가 알을 낳는 그늘진 웅덩이가 군데군데 자리 잡고 있었다. 최초의 이주자가 집을 짓고 우물을 파고 헛간을 세운 이후 이런 풍경은 계속 유지되어 왔다.

  그런데 어느 날 낯선 병이 이 지역을 뒤덮어 버리더니 모든 것이 변하기 시작했다. 어떤 사악한 마술의 주문이 마을을 덮친 듯했다. 닭들이 이상한 질병에 걸렸다. 소 떼와 양 떼가 병에 걸려 시름시름 앓다가 죽고 말았다. 마을 곳곳에 죽음의 그림자가 드리워진 듯했다. 농부들의 가족도 앓아누웠다. 병의 정체를 알 수 없는 마을 의사들은 당황하기 시작했다. 원인을 알 수 없는 갑작스러운 죽음이 곳곳에서 보고되었다. 이는 어른들에게만 국한된 일이 아니어서 잘 놀던 어린아이들이 갑자기 고통을 호소하다가 몇 시간 만에 사망하는 일도 벌어졌다.

  낯선 정적이 감돌았다. 새들은 도대체 어디로 가 버린 것일까? 이런 상황에 놀란 마을 사람들은 자취를 감춘 새에 대해서 이야기했다. 새들이 모이를 쪼아 먹던 뒷마당은 버림받은 듯 쓸쓸했다. 주위에서 볼 수 있는 몇 마리의 새조차 다 죽어가는 듯 격하게 몸을 떨었고 날지도 못했다. 죽은 듯 고요한 봄이 온 것이다. 전에는 아침이면 울새, 검정지빠귀, 산비둘기, 어치, 굴뚝새 등 여러 새의 합창이 울려 퍼지곤 했는데, 이제는 아무런 소리도 들리지 않았다. 들판과 숲과 습지에 오직 침묵만이 감돌았다.

암탉이 알을 품던 농장에서는 그 알을 깨고 튀어나오는 병아리를 찾을 수 없었다. 농부들은 더 이상 돼지를 키울 수 없게 되었다고 불평했다. 새로 태어난 새끼 돼지들이 너무 작아서 채 며칠을 버티지 못하고 죽었기 때문이다. 사과나무에 꽃이 피었지만, 꽃 사이를 윙윙거리며 옮겨 다니는 꿀벌을 볼 수 없으니 가루받이가 이루어지지 않아 열매를 맺지 못했다.

예전에는 그렇게도 멋진 풍경을 자랑하던 길가는 마치 불길이 휩쓸고 지나간 듯, 시들어 가는 갈색 이파리만 나무에 매달려 있었다. 생물이란 생물은 모두 떠나버린 듯 너무나도 고요했다. 시냇물마저 생명력을 잃은 지 오래였다. 물고기들이 다 사라져 버렸기에 찾아오는 낚시꾼도 없었다.

처마 밑으로 흐르는 도랑과 지붕널 사이에는 군데군데 흰 알갱이가 남아 있었다. 몇 주 전 마치 눈처럼 지붕과 잔디밭, 밭과 시냇물에 뿌려진 가루였다.

이렇듯 세상은 비탄에 잠겼다. 그러나 이 땅에 새로운 생명 탄생을 가로막은 것은 사악한 마술도, 악독한 적의 공격도 아니었다. 사람들이 스스로 저지른 일이었다.

인간이 치러야 할 대가

산업이 발전하면서 등장한 화학 물질이 우리 환경을 삼켜버리면서 전혀 새로운 공중보건 문제가 대두했다. 어제까지만 해도 사람들은 천연두, 콜레라, 페스트 등이 나라 전체를 휩쓸어 버리는 것이 아닐까 두려워했다. 오늘날 우리의 관심사는 곳곳에 편재하는 병원균이 아니다. 위생, 더 나은 생활 환경, 신약 덕에 전염병은 비교적 잘 통제되고 있다. 오늘날 사람들을 위협하는 것은 근대적 생활 방식을 수용하면서 인간 스스로 초래한 새로운 형태의 환경오염이다.

새롭게 등장하는 환경 문제는 복합적이다. 다양한 형태의 방사능, 끝없이 흘러나오는 살충제 등은 일부분에 지나지 않는다. 이런 화학 물질은 세상 전역에 퍼져 있고 우리에게 직·간접적으로, 또 개별적·집합적으로 작용한다. 형태가 불분명하기 때문에 이들의 존재는 위험의 그림자를 드리우며, 지금까지 경험한 적이 없기 때문에 이런 위험한 물질들에 평생 노출될 경우 어떤 일이 생길지 예측조차 할 수 없다.

미국 공중위생국의 데이비드 프라이드 박사는 이렇게 말한다.

"사람들은 환경이 파괴되어 결국 공룡처럼 멸종할지도 모른다는 두려움에 떨면서 살고 있다. 이런 징후가 나타나기까지 20년 이상의 시간이 걸린다는 사실이 우리를 더욱 괴롭힌다."

환경성 질병의 유발에 살충제는 어떤 구실을 할까? 살충제가 토양·물·음식 등을 오염시키며, 고기가 뛰놀지 않는 개울과 새가 없어 온통 고요하기만한 정원과 숲을 만들어 낸다는 사실은 이미 확인했다. 인간이 아무리 안 그런 척 행동해도 인간은 자연의 일부이다. 이 세상 곳곳에 만연한 공해로부터 과연 인간은 도망칠 수 있을까?

우리는 단 한 번이라 할지라도 심각한 화학 물질에 노출될 경우 중독을 일으킨다. 하지만 이것이 주관심사는 아니다. 상당량의 화학 물질에 노출된 농부, 농약 살포업자, 농약 살포용 비행기 조종사, 그 밖에 많은 사람이 갑자기 병을 얻거나 죽음에 이르는 것은 절대 일어나서는 안 되는 비극이다. 하지만 인류 전체를 놓고 볼 때, 우리는 보이지 않게 세상을 오염시키는 살충제에 더욱 관심을 가져야 한다.

책임 있는 공중보건 담당자는 화학 물질의 영향은 오랜 기간 축적되며, 개인에 대한 위험은 전 생애에 걸쳐 노출된 화학 물질 총량에 달려 있다고 말한다. 그러다보니 그런 위험을 쉽게 무시하고 만다. 앞으로 재앙을 일으킬지도 모르지만 지금 당장 확실치 않은 위협은 그저 무시하는 것이 인간의 본성이다.

"인간은 천성적으로 명확하게 드러나는 질병에만 신경을 쓰게 마련이다. 하지만 인간에게 가장 위험한 적은 눈에 잘 띄지 않은 채 슬그머니 나타나는 병이다."라고 현명한 의사인 르네 뒤보스(René Dubos) 박사는 말했다.

미시간주의 울새나 미러미시강의 연어와 마찬가지로 인간 역시 주변 환경과 상호연관적·상호의존적 관계를 맺고 있다. 인간이 뿌린 화학 물질 때문에 개울가의 날도래가 중독되고, 연어 역시 수가 점점 줄어 멸종에 이른다. 인간이 뿌린 화학 물질 때문에 각다귀가 중독되고, 이 물질이 먹이사슬을 따라 전달된 결과 호숫가의 새들이 희생된다. 느릅나무에 살충제를 뿌리면 이듬해 봄에는 아무런 새소리도 듣지 못하게 된다. 새들에게 직접 살충제를 뿌린 것은 아니지만, 유독 물질이 느릅나무잎 - 지렁이 - 울새의 경로로 전달되기 때문이다. 우리 주변에서 이런 문제를 자주 관찰할 수 있다. 과학자들이 생태계라 일컫는 생명의 연결망 또는 죽음의 연결고리 때문에 일어나는 일이다.

우리 몸속에서도 생태계가 존재한다. 눈에 보이지 않는 세계에서는 아주 사소한 원인으로 엄청난 결과가 생겨난다. 원인과 결과가 별 관계없는 듯 보일 때가 많다. 상처 난 곳에서 한참 떨어진 어떤 곳에서 병의 징후가 나타나기 때문이다. "어떤 지점, 설령 그것이 분자 하나라 할지라도 여기에 변화가 생기면 결국 전체 시스템에 영향을 미쳐서 상관없어 보이는 기관이나 조직에 변화를 불러온다."는 의학 연구도 등장했다. 우리 몸의 신비하고 놀라운 기능에 관심을 갖고 살핀다면 그 인과관계는 절대 단순하지 않을뿐더러, 그 관계를 쉽게 설명할 수 없음을 알게 될 것이다. 원인과 결과는 시간적·공간적으로 상당히 멀리 떨어져 있다. 질병과 사망의 원인을 찾아내려면 언뜻 보기에는 아무 연관이 없는 사실들, 각기 다른 학문 영역에서 축적된 연구 결과들을 하나로 잇는 참을성을 발휘해야 한다.

사람들은 즉각적인 일에만 관심을 보인다. 문제가 즉시 드러나지 않고 그 형태도 명확하지 않으면 그저 무시하고 그 위험을 부정해 버린다. 연구자들조차 아주 미미한 증세만으로는 원인을 추적하기 힘들다. 확실한 증상이 나타나기 전에는 병의 원인을 찾기가 힘들다는 사실은 현대 의학이 해결하기 힘든 문제다.

"잔디밭에 디엘드린을 자주 사용하지만 세계보건기구에서 이야기한 것 같은 경련 증세는 없었습니다. 그러니 사용해도 별 탈이 없는 것 아닌가요?"

이렇게 말하는 사람도 있다. 하지만 문제는 그렇게 단순하지 않다. 갑작스럽고 극적인 증세가 없다고 해도 이런 물질을 다루는 사람들의 몸속에는 유독 물질이 계속 축적된다고 봐야 한다. 앞서 살펴본 것처럼 염화탄산수소계 화학 물질은 아주 적은 농도에서부터 축적이 시작된다. 이 유독 물질은 우리 몸의 모든 지방조직에 쌓였다가 지방층이 줄어들면 즉시 혈관 속으로 방출된다. 뉴질랜드 의학 학술지에 이와 관련한 사례가 소개되었다. 비만 치료를 받던 남자가 갑자기 농약 중독 증세를 보인 것이다. 조사 결과 지방 조직에서 디엘드린이 발견되었는데, 체중을 줄이는 과정에서 이 물질이 작용을 시작한 것이다. 이와 비슷한 일은 병 때문에 체중이 감소하는 과정에서도 나타난다.

유독 물질이 축적되는 과정은 확실하지 않다. 몇 년 전 『미국의학협회지』는 축적성 약물은 그렇지 않은 화학 물질보다 훨씬 더 조심스럽게 다뤄져야 한다며 지방조직 내 살충제 축적을 강력하게 경고했다. 지방조직은 단순히 지방(우리 체중의 약 18퍼센트를 차지한다)을 축적하는 역할만 하는 것이 아니다. 이곳에서는 각종 작용이 활발하게 일어나는데, 유독 물질이 이런 작용을 방해한다. 더 나아가 우리 몸의 각종 기관과 조직에 광범위하게 분포한 지방은 세포막을 구성하는 중요한 요소이기도 하다. 따라서 각각의 세포에 축적된 지용성 살충제는 산화와 에너지 생성이라는 가장 활발하고 중요한 기능을 방해한다. 이런 측면은 다음 장에서 좀 더 자세히 설명할 것이다.

염화탄화수소계 살충제에서 가장 큰 문제는 간에 미치는 영향이다. 인간의 신체 기관 중 간은 가장 독특한 기관이다. 그런 융통성 있고 필수불가결한 기능을 따라길 만한 기관은 없다. 많은 생리적 작용을 지배하는 기관이기 때문에 아주 경미한 손상만으로도 심각한 결과가 발생한다. 간은 지방 소화를 위한 담즙을 분비할 뿐 아니라 특별한 장소로 인해 소화관으로부터 직접 혈액을 공급받는 혈액순환의 통로가 되기도 하며, 또 주요 음식물의 물질대사에도 깊이 관여한다. 간은 당분을 글리코겐 형태로 저장했다가 정상적인 혈당량을 유지하기 위해 적절한 양을 포도당의 형태로 혈액 속으로 방출한다. 혈액 응고에 필요한 혈장의 필수 요소인 단백질을 합성하기도 한다. 혈장 내 콜레스테롤 농도와 성호르몬을 적절한 수준으로 제어하기도 한다. 간은 다양한 비타민을 저장하는데, 그중에는 간이 적절한 기능을 유지하도록 도와주는 비타민도 있다.

간이 제 기능을 못해서 유독 물질에 대해 무기력해지면 우리 몸 전체는 무장해제된 것이나 다름없다. 유독 물질 중 몇 가지는 물질대사의 부산물인데, 간은 재빠르고 효율적으로 이 물질에서 질소를 제거해 무해하게 만든다. 또 외부에서 들어온 유독 물질을 해독하기도 한다. 말라티온과 메톡시클로르를 '무해한 살충제'라고 말하는 것은 간의 효소가 이들의 분자 구조를 바꿔 놓아서 그 독성이 약화되기 때문이다. 간은 우리가 유독 물질에 노출될 때마다 이런 방식으로 해독에 나선다.

이렇게 외부에서 침입해오는 유독 물질과 내부에서 만들어진 유독 물질에 대한 우리 몸의 방어선이 점점 취약해지고 있다. 살충제로 손상된 간은 유독 물질을 잘 분해하지 못할뿐더러 그 활동 전체가 위축된다. 또 그런 유독 화학 물질들이 미치는 영향력이 광범위한 데다 다양한 증상이 즉시 나타나지 않기 때문에 진짜 원인을 찾기도 힘들어진다.

간에 손상을 입히는 살충제의 일반적인 사용과 관련해, 1950년대에 간염 감염자가 놀라울 정도로 증가하기 시작했다는 사실은 퍽 흥미롭다. 1950년대 들어 간경화도 증가 추세다. 병의 원인과 결과 사이의 관계를 증명하는 데 인간이 실험실 동물보다 훨씬 힘들다. 하지만 상식적으로 치솟는 간질환 발병률과 간을 손상시키는 유독 물질 유포 사이의 관계는 그저 우연이 아니다. 염화탄화수소가 주원인이든 아니든, 간을 손상시킨다고 알려진 유독 물질에 자신을 노출해 질병에 대한 저항력을 약화시키는 것은 절대 현명한 일이 아니다.

중요한 살충제인 염화탄화수소계와 유기인산계 화학 물질은 약간 방법적 차이가 있지만 신경계에 직접 손상을 가한다. 각종 동물실험과 인간을 대상으로 한 관찰에서 이 점은 확실히 증명되었다. 널리 사용되는 유기 살충제의 첫 번째 주자인 DDT는 주로 중추신경계에 영향을 미쳐서 소뇌와 대뇌 운동피질을 손상시킨다. 독물학(毒物學) 교과서에 따르면 대량의 DDT

에 노출되면 찌르는 듯 타는 듯 피부가 아프고 가려우며, 또 몸이 떨리고 경련이 일어나는 등의 증상이 나타난다고 한다.

DDT 중독 증세를 처음 알린 것은 영국의 몇몇 연구자였다. 이들은 이런 결과를 얻기 위해 직접 유독 물질에 접촉해보기도 했다. 영국 왕립 해군생리학연구소에서 일하는 과학자 두 명은 피부를 통한 직접적인 DDT 흡수에 관해 알아보기로 했다. DDT 2퍼센트가 포함된 수성페인트를 칠한 벽에 얇은 기름 막을 입히고 몸을 밀착시켰다. 이들의 설명을 들으면 DDT가 신경계에 어떤 영향을 미치는지 확인할 수 있다.

"피로감과 무기력함이 밀려왔고 팔다리가 쑤셨으며, 정신상태도 혼미해졌다. …… 심한 흥분을 느꼈고 …… 아무것도 하고 싶지 않았으며 …… 가장 단순한 정신 활동도 귀찮아졌다. 관절의 통증이 심해졌다."

아세톤 용액을 녹인 DDT를 피부에 발라 본 또 다른 영국 과학자는 무기력해지고 팔다리가 쑤시더니 근력이 약해지고 '극도의 신경 발작'을 겪었다고 한다. 휴가를 내어 쉬었더니 조금 나아졌지만 다시 일을 시작하자 증상이 더욱 악화되었다. 그 후 3주 동안 침대에 누워 팔다리의 통증과 불면증, 신경과민, 극도의 불안감 등의 증상으로 고생했다. 때때로 온몸에 경련이 일었는데 이는 DDT에 중독된 새들에게서 이미 확인한 증상이었다. 이 실험자는 10주 동안 일을 하지 못했고, 그해 연말 실험 결과가 영국 의학 학술지에 실릴 때까지도 회복하지 못했다고 한다(이런 증거에도 불구하고 미국의 몇몇 연구자는 지원자를 대상으로 실시한 DDT 실험에서 두통과 '모든 뼈마디의 통증'을 호소한 사람들을 '지나친 신경과민증세'라고 치부했다).

증상과 경과를 살펴볼 때, 그 원인은 살충제였다. 화학 물질에 노출되었다가 중독된 희생자들은 살충제가 없는 환경으로 옮겨 치료하면 증세가 완화되었는데, 다시 화학약품을 만지기 시작하면 증세가 재발했다. 다른

질환에서도 이런 점을 고려할 필요가 있다. 우리 환경을 살충제로 흠뻑 적시며 '이미 계산된' 위험을 무릅쓰는 일은 분별없는 행동이라는 경고를 받아들여야 할 것이다.

그런데 살충제를 다루거나 사용하는 사람마다 증상이 다르게 나타나는 이유는 무엇일까? 바로 이 시점에서 개인차가 있는 민감성 문제가 등장한다. 일반적으로 여성이 남성보다, 어린이가 성인보다, 실내에서 오래 머무르는 사람이 야외에서 힘든 일을 하는 사람보다 화학 물질에 더 민감하다. 증상의 차이를 나타내는 요소는 더 다양하지만, 아직 정확하게 파악되지 않았다. 어떤 사람이 먼지나 꽃가루 알레르기 반응을 일으킨다거나, 어떤 사람은 다른 사람보다 유독 물질에 민감하고 질병에 더 잘 걸리는 이유는 의학적으로 설명할 수 없는 신비다. 하지만 원인이 잘 알려지지 않았다고 해서 무시할 수 없는 노릇이다. 의사들에 따르면 환자의 3분의 1이상이 특정한 화학 물질에 민감성을 나타내는데, 그 수치가 점점 증가하고 있다고 한다. 불행하게도 이전에는 별 문제가 없던 사람에게서 갑자기 문제가 발생하기도 한다. 몇몇 의사는 화학 물질에 대한 간헐적 노출 때문에 문제가 일어난다고 믿는다. 만일 이런 추측이 사실이라면 몇몇 연구에 나타난 것처럼 직업 때문에 유독 물질에 계속 노출된 사람들에게서는 별다른 증세를 발견하지 못할 것이다. 계속적인 접촉 때문에 유독 물질에 무감각해지기 때문이다. 알레르기질환을 치료할 때, 환자에게 알레르기 유발물질을 소량씩 계속 투입하는 것과 마찬가지라 할 수 있다.

가지 않은 길

우리는 지금 길이 두 갈래로 나뉘는 곳에 서 있다. 하지만 로버트 프로스트의 시에 등장하는 두 갈래 길과는 달리 어떤 길을 선택하건 비슷한 결과가 나오지는 않는다. 우리가 오랫동안 여행해 온 길은 놀라운 진보를 가능케 한 너무나 편안하고 평탄한 고속도로였지만 그 끝에는 재앙이 기다리고 있다. 아직 가지 않은 다른 길은 지구의 보호라는 궁극적인 목적지에 도달할 수 있는 마지막이자 유일한 기회라 할 수 있다. 그 선택은 우리 자신에게 달려 있다. …… '자연을 통제한다'는 말은 생물학과 철학의 네안데르탈 시대에 태어난 오만한 표현으로, 자연이 인간의 편의를 위해 존재한다는 의미로 이해된다. …… 과학이 현대적이고 끔찍한 무기로 무장하고 있다는 사실, 곤충을 향해 거두었다고 생각하는 무기가 사실은 이 지구 전체를 향하고 있다는 사실이야말로 크나큰 불행이 아닐 수 없다.

더 읽어보기 1

『침묵의 봄』은 레이첼 카슨이 지적한 지구의 미래에 대한 경고장이며, 현재 이미 다가와 있음을 자각하게 만드는 책이다. 이 책에서는 기억도 못할 만큼 오래전에 살포한 살충제가 지구 토양 속에 남아 있고, 물고기나 가축의 몸속에 축적되어 있어 눈에 보이지 않는 '환경 파괴'의 실체를 말하고 있다. 우리의 생활 곳곳에 있으나 이를 보려 하지 않는 무지함이 만들어낸 우리의 상황을 직시하게 만든다. 그녀는 우리가 알고 있는 합성 화학 살충제 산업은 제2차 세계대전의 산물로 화학전에 사용할 약재를 개발하는 과정에서 나온 산물이며, 그 부산물로 살충제가 등장하게 되고, 살충제 산업의 끊임없는 확장이 문제가 됨을 지적하고 있다. 결과적으로는 벌레를 없앤다는 명목하에 식물계와 동물계, 인류 생태계까지 자연적 먹이사슬을 통한 축적이 궁극적으로는 인류에게 되돌아오고 있음을 구체적으로 설명해주고 있다.

레이첼 카슨이 DDT 살충제의 문제점을 들어 경고하는 환경문제는 현대사회에서는 더 이상 살충제만의 문제가 아니다. 이제는 화학 물질에 의한 환경오염의 해결책은 도저히 개개인의 노력으로는 해결할 수 없는 사회적 문제가 되어 있으며, 정부의 엄격한 규제가 요구되어지는 시점이다.

이 책은 17개의 장으로 구성되어 있는데, 각 장의 제목만 보더라도 저자가 말하고자 하는 주제어들은 충분히 전달되어진다. 그녀는 생물학자이기에 가능했을지도 모르는 방대한 자료를 근거로 자연과 인류의 관계를 이야기하고 있다.

첫 장은 '내일을 위한 우화'라는 제목으로 잔잔한 마을 이야기로 시작한다. 자연 속의 서정적인 작은 마을이 아름답게 묘사되는 듯하지만, 갑자기 사라진 새소리, 더 이상 들리지 않는 새들의 지저귐은 죽음과 같은 침묵의 봄을 표현하고 있다. 제8장 '새는 더 이상 노래하지 않고'에서는 먹이사슬을 통해 새들의 몸속에 축적된 살충제 성분은 새들의 멸종위기로 몰아가고 있으며 이는 결코 새들만의 문제가 아닌 생태계의 문제, 인류의 문제임을 구체적으로 설명하고 있다. 카슨은 인간의 무지로 남용되는 살충제와 제초제의 심각성, DDT의 사용이 가져오게 된 지표수, 지하수와 토양을 통해 생태계 먹이사슬을 통한 전화와 축적은 이미 인류에게도 얼마나 많은 재앙을 가져올 것인가를 이야기하고 있다.

모든 생명이 깨어나고 약동하는 봄이 왔지만 DDT로 인해 새소리도 들리지 않고 자연 생태계가 파괴되고 있는 현실을 암시한 제목으로서 의미를 살펴볼 수 있다. '침묵'은 단지 아무 말도 하지 않고 가만히 있는 상태가 아니라, 마치 '침묵 시위'처럼 자연이 인간들에게 무언의 항의를 하는 또 다른 형태의 '말'의 존재양식으로 볼 수 있다. 하이데거가 언급한 "어떤 사항에 대해 타자를 향해 명확하게 자기를 표현하는 것"으로서의 침묵의 의미이다. 또한 우리가 어떤 주제에 대해 잘 모르거나 아무런 생각이 없는 경우 말로 표현할 수 없는 것처럼, 당시 대부분의 시민들이 DDT의 실체에 대해 잘 모르고 환경문제에 대해서도 문제의식이 거의 없었던 상황을 상징하는 것으로서 '침묵'을 해석해 볼 수도 있다.

지미 카터가 "사람들은 그녀의 소리를 듣고 마침내 '침묵'에서 깨어나기 시작했다"고 말한 것처럼, 『침묵의 봄』 발간 이후에야 환경에 대한 인식이 사실상 형성되었기 때문이다. 『침묵의 봄』 책의 제목만이 아니라 각 장의 제목도 상징적 의미를 내포하고 있다. 제1장부터 제17장에 이르기까지 각각의 제목이 무엇을 드러내고 있다. "내일을 위한 우화·참아야 하는 의무·죽음의 비술·지표수와 지하수·토양의 세계·지구의 녹색 외투·불필요한 파괴·새는 더 이상 노래하지 않고·죽음의 강·공중에서 무차별적으로·보르자 가문의 꿈을 넘어서·인간의 대가·작은 창을 통해서·네 명 중 한 명·자연의 반격·밀려오는 비상사태·가지 않은 길"에 이르기까지 문학적인 표현이 돋보이는 각 장의 제목을 통해 의미를 추론해 보도록 하는 것이다.

제12장에서 '인간이 치러야 할 대가'는 산업발달로 등장한 화학 물질이 우리 환경을 삼켜버리면서 인류가 초래한 환경오염을 말하고 있으며, 제14장 '네 명 중 한 명'에서는 암 유발 물질을 인공적으로 만들어 낸 인간에 의해 발암물질이 우리 환경의 일부가 되어버린 상황을 지적하고 있는데,

이는 현대 사회의 모습과 일치한다.

  미세먼지와 플라스틱 천국인 우리의 현대 사회가 환경오염으로 인한 심각성을 깨닫게 되는 이 순간, 레이첼 카슨의 경고는 더 무섭게 다가오는 것 같다. 더 이상 늦장을 부릴 수가 없다. …… 이제 우리는 무엇을 할 수 있을까를 적극적으로 고민하고 대비해야 할 시간이다.

더 읽어보기 2

  『침묵의 봄』은 1960년대 미국의 시대적 상황을 잘 보여주고 있다. 책을 집필하게 된 직접적인 배경은 조류학자인 허킨스(Huckins)가 쓴 편지를 받고 DDT 살포로 숲속의 새들이 죽어가고 있는 원인을 찾기 위한 것이었다. 1958년부터 4년 동안 미국 전역을 실증적으로 조사하고 관련 자료들을 분석하여, DDT 등의 화학 살충제가 모기만 박멸시키는 것이 아니라 곤충들을 절멸(絕滅, extinction)시키고 나아가 인체에도 암을 유발하는 치명적인 결과를 가져온다는 점을 지적하였다. 살충제, 제초제 등과 같은 화학약품이 자연 생태계를 파괴하고 있음을 밝힘으로써 과학이 의도하지 않은 부정적인 결과를 생산해내고 있음을 밝힌 것이다.

  DDT는 파울 뮐러가 1948년 개발한 이래 각종 질병을 야기하는 해충을 쉽게 제거하면서도 인간에게는 무해한 물질이라는 찬사를 받았다. 인간을 성가시게 하는 것을 없애기 위해 DDT가 무차별적으로 살포되면서 인간이 과학의 힘으로 자연을 통제할 수 있다고 보았던 시대였다. 이러한 사회적 배경 하에서 출간된 『침묵의 봄』은 "감정과 비과학적 우화에 의존하는 히스테릭한 여성이 쓴 것으로 살충제보다 더 독하다"는 비난을 받았다. 화학 제조업체인 다우 케미칼은 '침묵의 봄'을 패러디하여 "살충제 사용을 금한다면 더 이상 수확을 하지 못하는 '침묵의 가을'을 맞게 될 것이다"라고 비웃었다. 이처럼 거대 자본을 가진 화학회사의 압력과 수확량에만 집착하던 정부의 묵인, 연구비의 유혹에 이끌려 생태계 파괴를 부추기는 기술개발을 조장한 전문가들이 결탁하여 DDT의 해악이 은폐되었다.

이런 시대 상황에서 레이첼 카슨은 DDT가 인간을 포함한 생태계에 악영향을 끼친다는 가설을 입증하고 논리적으로 주장을 전개하였다. 기존의 카르텔을 무너뜨리는 뜨거운 논쟁 결과 『침묵의 봄』은 인간만을 위한 과학의 한계를 지적하고 인간과 자연의 관계를 성찰하는 계기를 제공하였다. 기계론적 자연관이 유기체적 자연관으로 전환되면서 인간도 자연의 일부이며 자연을 구성하는 모든 요소들이 긴밀하게 결합되어 하나의 전체를 이루고 있다는 인식을 갖게 된 것이다. 인간이 과학이라는 이름으로 자연을 무분별하게 파괴해 온 결과를 반성적으로 돌아보게 되었다.

1962년 『침묵의 봄』 출간 이후 결과적으로 1963년에 케네디 대통령이 '환경문제 자문위원회'를 설치하였고 1972년에는 미국 내 DDT의 사용이 금지되었다. "DDT는 해충만이 아니라 인간에게도 치명적이고 모든 생태계를 위협한다"는 주장을 미국 곳곳에서 얻은 구체적인 사례와 관련 자료를 통해 입증한 것이다. 이처럼 과학서가 논쟁의 중심이 된 것은 CBS가 특별 프로그램으로 '레이첼 카슨의 침묵의 봄'을 방영함으로써 더욱 고조되었다. CBS는 광고를 끊겠다는 압박에도 불구하고 방송을 하였고, 당시 보급이 확대된 텔레비전의 영향으로 더욱 커다란 사회적 반향을 불러일으켰다. 결국 카슨이 『침묵의 봄』을 통해 말하고자 한 것은 DDT의 폐해만이 아니라 인간 중심적인 과학의 발달이 생태계에 미칠 심각한 문제에 주목해야 한다는 점이었다.

『침묵의 봄』은 살충제의 과다 살포로 생명의 소리가 사라진 자연의 침묵을 그리고 있다. DDT 사용의 실태와 위험성을 고발한 이 책은 환경운동의 기폭제가 되었고 자연과 인간의 관계에 대한 새로운 인식을 일깨워 주었다. 화학 물질의 독성을 간과하고 과학 기술의 발달에만 매달려 있던 인류에게 새로운 문제를 제기하였다. 즉 DDT 등을 과다하게 사용하여 생태계를 전반적으로 오염시키고 있는 현실을 지적한 것이다. 이 책은 인간이 지구의 주인이 아니라 생태계의 일부임을 인식하는 시발점이 되었고, 미래 환경을 위해 우리가 무엇을 해야 될 것인지를 고민하게 하였다.

미국 대륙 한가운데쯤 모든 생물체들이 환경과 조화를 이루며 사는 아름다운 마을이 하나 있다. … 전에는 아침이면 울새, 어치, 검정지빠귀, 산비둘기, 어치, 굴뚝새를 비롯한 여러 가지 새들의 합창이 울려 퍼지곤 했는데 이제는 아무런 소리도 들리지 않았다. 들판과 숲과 습지에 오직 침묵만이 감돌았다. … 이런 각각의 재앙은 어디에선가 실제로 일어나고 있고, 상당수 마을에서 이미 비슷한 일을 겪은 바 있다. 불길한 망령은 우리가 눈치채지 못하도록 슬그머니 찾아오며 상상만 하던 비극은 너무나도 쉽게 적나라한 현실이 된다는 것을 우리는 알게 될 것이다. 오늘날 미국의 수많은 마을에서 활기 넘치는 봄의 소리가 들리지 않는 것은 왜일까? 그 이유를 설명하기 위해 이 책을 쓴다."

- 레이첼 카슨 지음, 『침묵의 봄』, 「1.내일을 위한 우화」,
에코리브르, 2002, 33~35쪽.

더 읽어보기 3

백두리의 가까운 진심 - 쌓이고 쌓이는 먹이관계[1]

쌓이고 쌓이는 먹이관계.
인간은 가장 센 위치가 아니라
가장 위험한 위치다.

비정상적으로 비대한 몸집의 인간이 물고기를 앞에 놓고 시선을 회피한 채 냅킨을 두르고 시식하기 위해 나이프와 포크를 들고 있는 모습을 그리고 있다. 이 그림에서 인간의 모습은 오만해 보이고 비정상적으로 보인다. 『침묵의 봄』에서 레이첼 카슨이 지적한 인간이 '자연을 통제한다'는 오만한

---

[1] 『중앙일보』 2011.4.7., https://www.joongang.co.kr/article/5310292.

자세와 무분별한 정복 논리에 사로잡힌 인간의 우월성을 보여주는 듯한 그림이다. 더구나 "인간은 가장 센 위치가 아니라 가장 위험한 위치"라는 구절을 삽입한 작가의 의도를 보면, 궁극적으로 생태계 먹이사슬의 구조에서 최상위 포식자인 인간의 건강이 생태계의 오염으로부터 가장 위협을 받고 있음을 생각해 볼 수 있는 것이다.

또한 이빨을 드러내고 성난 표정을 하고 있는 큰 물고기 안에는 피와 기름으로 얼룩진 작은 물고기들이 겹쳐져 있다. 해양 생태계가 기름 유출과 쓰레기 등으로 심하게 오염되어 있는 상황에서 고통스러워하는 물고기의 모습을 보여주고 있는 듯한 표현이다. 더구나 이러한 현실을 모르는 척 외면하고 있는 사람의 표정과 우아하게 시식하려고 나이프와 포크를 들고 있는 모습에서 인간 자신을 향해 있는 칼의 방향에 주목해 볼 수 있다. 결과적으로 자연에게 겨눈 정복 논리가 인간에게 다시 부메랑이 되고 있음을 보여주는 것으로 해석해 볼 수 있다. 이 그림을 통해 환경문제의 심각성을 생각해 보고 생태계가 파괴되고 있는 현실을 외면한다면 우리의 미래를 낙관할 수 없다는 점을 생각해 볼 수 있을 것이다.

① 이상국, 「에프킬라를 뿌리며」

자다 일어나 에프킬라를 뿌린다 / 향긋한 안개가 퍼지고 / 나를 공격하던 모기들은 / 입이 무너지고 날개가 녹아내리고 / 죽었다, 싸움이다 / 제2차 세계대전때 / 미국은 일본에 원자폭탄을 떨어뜨렸다 / 수십만이 하루살이처럼 죽었다 / 그들은 다시 베트남에 / 고엽제를 살포하여 / 초목의 씨가 마르고 / 수백 만의 인민들이 죽거나 / 천천히 썩었다

이상국의 「에프킬라를 뿌리며」의 시적 의미를 레이첼 카슨의 『침묵의 봄』과 연관지어 해석해 보는 것이다. 『침묵의 봄』의 제2장 "참아야 하는

의무"를 보면 자연에 닥친 위험을 인식하지 못하거나 무시하는 인간과 사회에 대해 지적하고 있다. 「에프킬라를 뿌리며」의 경우도 마찬가지라고 볼 수 있다. 우리에게 성가신 모기를 제거하기 위해 자다 일어나 '무심결에' 에프킬라를 뿌리는 일상의 행동을 되돌아보면 무엇이 문제인지가 보이는 것이다.

더구나 '향긋'하기에 인체에는 무해하다는 착각을 하면서 에프킬라를 뿌리는 무의식적인 행동을 비판해 볼 수 있다. 나아가 이러한 에프킬라를 뿌린 행위가 점층적으로 원자 폭탄, 고엽제로까지로 확대됨으로써, 역사 속에서 우리가 적을 제압하기 위해 개발했던 살상 무기들을 떠올려 보는 것이다. 결국 적을 파괴하기 위해 활용한 과학 기술의 남용은 우리 자신의 생명을 위협하는 것으로 되돌아올 수 있음을 에프킬라를 뿌리는 행위를 통해 환기시키는 것이다.

인간중심적인 관점에서 곤충을 해충으로 단순히 구분하고 해충을 박멸하려는 태도처럼, 적과 아군을 구분하여 생명의 소중함을 인지하지 못하고 과학 기술의 힘으로만 제압하는 정복자의 자세로 확장될 수 있음을 비판하는 것이다. 모기를 죽이려고 에프킬라를 뿌리는 인간의 행위처럼 우리의 편안과 이익을 지키기 위해 하는 일들이 자연에게는 치명적인 해가 된다는 점을 생각해 보는 것이다. 결국 이 시는 에프킬라를 뿌리는 행동은 자연과 인간 사이의 전쟁과도 같은 것임을 시사하는 것이다.

『침묵의 봄』에서도 언급하듯이 살충제가 토양과 물, 대기로 투입되어 인간인 우리에게 해를 끼친다는 점에서 모든 생명을 죽이는 살생제가 된다는 점이다. 최근 신생아의 소두증(小頭症)을 유발하는 지카 바이러스를 확산시키는 매개체가 열대 혹은 아열대에서 살고 있는 '이집트 숲 모기'라는 점에서, 지구온난화가 심각해짐에 따라 활동 반경이 넓어져 감염자를 발생시키고 있다는 점을 생각해보는 것이다. 결과적으로 자연 생태계 파괴로 인해 세계 각지에서 여러 문제들이 계속해서 속출하고 있는 현실을 돌아보면서, 인간의 편의를 위해 에프킬라를 뿌리는 것처럼 무분별한 과학 기술의 남용은 우리의 미래를 파괴한다는 점을 인식하는 것이다.

② 정희성, 「민지의 꽃」

> 강원도 평창군 미탄면 청옥산 기슭 / 덜렁 집 한 채 짓고 살러 들어간 제자를 찾아갔다 / 거기서 만들고 거기서 키웠다는 / 다섯 살 배기 딸 민지 / 민지가 아침 일찍 눈 비비고 일어나 / 저보다 큰 물 뿌리개를 나한테 들리고 / 질경이 나싱개 토끼풀 억새…… / 이런 풀들에게 물을 주며 / 잘 잤니, 인사를 하는 것이었다 / 그게 뭔데 거기다 물을 주니? / 꽃이야, 하고 민지가 대답했다 / 그건 잡초야, 라고 말하려던 내 입이 다물어졌다 / 내 말은 때가 묻어 / 천지와 귀신을 감동시키지 못하는데 / 꽃이야, 하는 그 애의 말 한마디가 / 풀잎의 풋풋한 잠을 흔들어 깨우는 것이었다

정희성 시인의 「민지의 꽃」이라는 시를 통해 인간과 자연의 관계에 대해 다시 성찰해 보도록 하는 것이다. 자연 상태 그대로의 풀을 우리는 '잡초'와 '꽃'으로 구분하여 인간중심적인 편익의 관점을 투사하고 있다. 「민지의 꽃」에서 '나'는 쓸데없이 피어난 '잡초' 따위에는 관심을 두지 않는데, 어린아이인 '민지'는 '꽃'이라고 부르며 물을 주고 소중하게 가꾸고 있다. 도시에서 생활하고 세속의 이해관계에 익숙한 어른은 자신의 잣대로 생물들의 우열을 결정하고 '잡초'는 아무런 가치가 없는 것이기에 뽑아 버려야 하는 것으로 바라본다. 그러나 자연에서 성장한 순수한 민지는 자연을 있는 그대로 받아들이고 풀들에게도 인간과 동등하게 살아있는 존재로서 대하고 인사를 건네는 것이다. 인간의 필요에 따라 자연을 이용하는 태도가 아니라

민지는 자연을 그 자체로 보고 인식하고 있음을 보여주는 내용이다. 이러한 민지의 자세로부터 자연과의 공생이 시작되는 것이다.

자연은 그대로 소중한 가치가 될 수 있는 나름의 본질과 존재 이유가 있다. 생태계에서 가치가 없는 생명은 없다는 점을 생각해 보는 것이다. 결국 인간이 편의에 의해 꽃에서 잡초를 분리하며 우리 마음대로 자연을 이용하고 훼손해도 된다는 인식을 돌아보게 하는 시라고 하겠다. 우리는 수확량을 증가하기 위해 제초제를 이용하면서 손쉽게 잡초를 제거해 왔다. 당장의 이익과 편리만을 위해 자연을 수단화하고 자연이 인간에 종속된 것으로 함부로 대해 왔던 인간중심적 태도를 이 시를 통해 되돌아보게 하는 것이다.

나아가 시에서의 '민지'처럼 레이첼 카슨도 자연을 바라보는 유사한 시선과 태도를 갖고 있었음을 연관지어 생각해 보는 것이다. "나는 항상 자연 세계에 관심을 가졌어요. 많은 시간을 숲과 냇물에서 보내면서 새, 곤충, 꽃을 배웠지요"라고 말했던 카슨은 자연 속에서 성장한 유년시절의 경험을 통해 자연의 경이에 눈을 뜨고 자연과의 공존의 중요성에 대한 통찰력을 키운 것이다. 결국 도시의 아이들이 갖지 못한 자연과의 교감을 통해 형성된 레이첼 카슨의 친환경적인 시선은 『침묵의 봄』을 통해 자연생태계의 조화를 강조하는 계기가 된 것이다. '자연을 통제한다'는 말에서 드러난 것처럼 개인이나 사회, 국가가 이익의 관점에서 환경을 개발하고, 인간에게 해가 되는 것과 득이 되는 것으로 구분하며 만물을 평가했던 이기적인 태도를 반성해 보는 것이다.

퀴즈

01 레이첼 카슨의 『침묵의 봄』에서 DDT의 사용이 생태계에 미치는 영향에 대한 설명으로 옳지 않은 것은?
   a. DDT는 새와 야생동물에게 치명적인 영향을 미친다.
   b. DDT는 인간의 건강에 해로운 영향을 끼친다.
   c. DDT는 생태계에 긍정적인 영향을 미치며 자연의 균형을 유지한다.
   d. DDT의 사용으로 인해 봄철 새소리가 들리지 않는 현상이 발생한다.

02 『침묵의 봄』이 출간된 후 미국에서 환경에 대한 중요한 법적 변화로 이어진 사건은 무엇인가?
   a. 리우회담의 개최
   b. 국가환경정책법의 제정
   c. DDT의 사용 금지
   d. 환경보호청(EPA)의 설립

03 레이첼 카슨이 환경문제에 대한 인식을 바꾸기 위해 강조한 메시지는 무엇인가?
   a. 과학 기술의 발전이 환경문제 해결의 유일한 방법이다.
   b. 인간은 자연의 일부이며 환경에 대한 책임이 있다.
   c. DDT와 같은 화학 물질은 인류에게 필수적인 요소이다.
   d. 정부와 기업의 주장만을 믿고 환경문제를 간과해야 한다.

04 레이첼 카슨이 『침묵의 봄』을 통해 비판한 주된 대상은 무엇인가?
   a. 과학자들의 연구 부족
   b. 정부와 살충제 제조업체의 결탁
   c. 환경보호를 위한 시민운동의 부재
   d. 자연보호를 위한 국제적 노력의 부족

05 레이첼 카슨이 자연과 인간의 관계에 대해 언급하며 사용한 표현으로 적절하지 않은 것은?
   a. 인간은 자연의 일부이다.
   b. 인간의 행동은 자연에 연쇄적인 반응을 일으킨다.
   c. 인간은 자연으로부터 독립적으로 존재할 수 있다.
   d. 인간이 자연에 미치는 영향은 무시할 수 없다.

06 『침묵의 봄』에서 레이첼 카슨이 제시한 환경오염의 해결책으로 부적절한 것은?
   a. 과학 기술의 발전에 대한 맹목적 신뢰 배제
   b. 환경문제에 대한 대중의 인식 제고
   c. 화학 물질의 안전성만을 믿고 무분별한 사용
   d. 환경보호를 위한 법적, 정책적 조치의 강화

07 레이첼 카슨이『침묵의 봄』을 통해 강조한 환경문제의 본질은 무엇인가?
   a. 환경문제는 단기간에 해결될 수 있는 단순한 문제이다.
   b. 환경문제는 인간의 생활 방식과 밀접한 관련이 있다.
   c. 환경문제는 오직 정부의 노력만으로 해결될 수 있다.
   d. 환경문세는 자연의 자정 능력에 의해 자동으로 해결된다.

08 레이첼 카슨이 환경보호를 위해 제안한 방법 중 현대 사회에도 여전히 유효한 것은?
   a. DDT와 같은 화학 물질의 지속적인 사용
   b. 환경문제에 대한 교육과 대중의식의 변화
   c. 산업 발전을 최우선으로 하는 경제 정책
   d. 환경보호를 위한 국제적 협력의 축소

09 『침묵의 봄』에서 레이첼 카슨이 사용한 '내일을 위한 우화'의 목적은 무엇인가?
   a. 환경오염의 심각성을 우화를 통해 독자에게 전달하기 위함이다.
   b. 우화를 통해 환경오염이 과장된 문제임을 보여주기 위함이다.
   c. 독자들에게 환경문제에 대한 해결책을 제시하기 위함이다.
   d. 우화를 통해 환경보호의 중요성을 간과하게 만들기 위함이다.

10 레이첼 카슨이 『침묵의 봄』에서 환경문제에 대해 경고하는 주된 이유는 무엇인가?

    a. 미래 세대에게 더 나은 환경을 물려주기 위함이다.
    b. 화학 물질 제조업체의 이익을 증진시키기 위함이다.
    c. 정부의 환경 정책을 비판하기 위함이다.
    d. 과학 기술의 발전을 저해하기 위함이다.

○ 제 9 장 ○

문학 속에 나타난 공동체의 모습

레베카 솔닛, 『이 폐허를 응시하라』, 정해영 역, 펜타그램, 2012.

이 책은 '재난 속에서 피어나는 혁명적 공동체에 대한 정치사회적 탐사'라는 부제를 달고 있다. 부제에서 볼 수 있듯이 이 책은 지진과 초대형 태풍 같은 대재난 속에서 인간의 행동을 탐구한 보고서이다. 저자는 대형 재난을 겪은 많은 사람들의 경험을 담은 인터뷰를 정부 대응 및 미디어의 보도를 비교하여 분석한다.

저자의 결론은 이렇다. 대재난 속에서 재산과 생명을 모두 잃을 위기에 처한 평범한 사람들은 오히려 연대의식과 공동체성을 발휘하는 반면, 소수의 권력 집단과 언론 매체는 대중 혼란에 빠진 약탈자로 취급하는 경우가 많았다는 것이다. 저자는 모든 재난의 최악은 자연 재해 자체가 아니라 소수 권력자들의 '엘리트 패닉'이라고 말한다. 대중들이 폭도로 변할 것이라는 지레짐작으로 갖게 되는 두려움인 '엘리트 패닉'은 인간에 대한 믿음을 무너뜨리는 '사회정치적인 재난'이며 '가장 나쁜 재난'이라는 것이다. 저자는 이를 해결하기 위한 궁극적인 방안으로 '공동체 의식과 연대감, 사회적 시스템의 구축'이 중요하다고 강조하고 있다.

레베카 솔닛[1961~]은 인권운동가이며, 작가이다. 샌프란시스코 주립대학에서 영문학을 공부하고 캘리포니아 대학에서 저널리즘 연구로 석사 학위를 받았다. 1980년대부터 인권 운동, 반전 운동, 반핵 운동에 참여하기 시작해 2011년 월스트리트 점령 시위에도 적극 참여했다.

뉴욕타임스 북리뷰의 '올해의 주목할 만한 책'으로 선정되었다.『걷기의 인문학』,『남자들은 자꾸 나를 가르치려 든다』등의 저서가 있다.

머리말
- 폐허에서 발견한 날카로운 기쁨

당신은 누구인가? 우리는 누구인가? 위기의 순간에 이것은 생사를 가르는 질문이다. 허리케인 카트리나가 뉴올리언스를 덮쳤을 때, 멕시코만 연안 전역에서 친척이나 이웃, 혹은 생면부지의 타인들이 손을 내밀었다. 인근 지역과 멀게는 텍사스에서 보트를 소유한 수많은 사람들이 뉴올리언스로 달려와 고립된 사람들을 구조한 덕분에 수천 명이 목숨을 건졌다.

반면 경찰과 방범대원, 정부 고위 관료, 대중매체는 뉴올리언스 시민들이 너무 위험해서 침수되고 오염된 도시에서 대피시킬 수 없다고 했다. 심지어 병원에 있는 환자들조차 구조할 수 없다고 결정하는 바람에 수백 명이 목숨을 잃었다. 탈출을 시도하던 사람들 중 몇몇은 총으로 위협당해 돌려보내지거나 사살되었다.

집단 성폭력과 살육과 폭력에 대한 소문이 나돌았다. 나중에 이 소문은 사실이 아닌 것으로 밝혀졌지만 대중매체와 뉴올리언스 경찰청장은 그 괴

소문들을 믿었고 그것을 확산시켰다. 사람들이 지붕과 도로와 혼잡한 대피소와 병원에서 물도 식량도 의약품도 구하지 못하고 치료도 받지 못한 채 참을 수 없는 더위 속에서 죽어가는 그 절체절명의 순간에 말이다. 군인들과 구조대원들은 그런 괴소문 때문에 피해자들을 오히려 적으로 보게 되었다. 믿음이 중요하다.

지진이나 폭격, 태풍이 닥치면 사람들은 대부분 이타심이 발동해 자기 자신과 가족, 친구와 사랑하는 사람들뿐 아니라 타인과 이웃을 보살피는 데 적극적으로 참여한다. 재난이 닥쳐오면 인간은 이기적으로 돌변하고 공황에 빠지거나 야만적인 모습으로 퇴보한다는 관점은 그다지 사실적이지 않다. 세계대전 대폭격에서부터 홍수와 토네이도, 태풍에 이르기까지 많은 재난 속에서 사람들의 행동을 수십 년 동안 꼼꼼히 연구한 학자들이 이러한 사실을 입증했다.

그러나 사람들의 믿음은 학자들의 연구를 뒤따라가지 못하고 있다. 대재난을 당했을 때 주로 최악의 행동을 보이는 사람들은, 남들이 분명 야만적으로 행동할 것이므로 자신은 야만적 행위를 막으려는 방어적 조치를 취해야 한다고 믿는 이들이다. 1906년 샌프란시스코 지진에서 2005년 뉴올리언스 홍수에 이르기까지 무고한 사람들이 그러한 자들에게 살해되었다. 살해자들은 오히려 희생자들이 범죄자이며 자신들은 질서의 수호자라고 주장했다. 믿음이 중요하다.

2005년 초대형 허리케인 카트리나로 물에 잠긴 대도시, 뉴올리언스

뉴올리언스에 남겨진 사람들은 대부분 노인이나 병자, 혹은 다른 면에서 취약한 사람들, 어머니와 어린 자식들이거나 차마 가족을 남겨놓고 대피할 수 없었던 대가족이었다. 대피하지 않은 사람들을 탓하는 이들도 있지만, 그들 중 많은 이들은 대피할 자원이 없었다. 자동차도, 기름을 살 돈도, 갈 곳도 없었다.

수천 명의 여행객들도 뉴올리언스에서 출발하는 비행기 운항이 취소되는 바람에 발이 묶였다. 어떤 주민들은 자신들의 재산을 보호하려고 남았고, 의사와 간호사를 비롯한 어떤 이들은 떠나지 못한 사람들을 돌보려고 남았다. 허리케인이 닥치기 전 주말 늦게 의무 대피 명령이 내려졌지만, 대피를 할 수 있는 도움이나 자원은 제공되지 않았다.

8월 31일 수요일 즈음, 카트리나는 자연재해도 훌쩍 넘어서고 제방 붕괴와 도시 홍수 같은 인재(人災)까지 넘어서는 무엇으로 발전했다. 그것은 사회정치적 대재난이었다. 가장 취약한 사람들, 특히 노인들이 비참한 죽음을 맞았고, 컨벤션센터와 슈퍼돔 밖에서 종종 슬픔에 젖은 가족들이 둘러선 가운데 그들의 시신이 카메라로 생중계되었다. 그들은 정말로 버려졌다. 이것은 엄청난 범죄요, 국가적 수치였다. 버려지거나 갇힌 사람들.

그러나 뉴올리언스가 어떤 식으로 고립된 감옥 도시가 되었는지는 나중에야 밝혀졌다. 사회적 와해란 어떤 때를 뜻하는가? 절도가 급증할 때? 아니면 사람들이 재산을 훔쳐갔다고 의심되는 이들을 죽이려 할 때? 아니면 가장 취약한 이들이 죽도록 방치되는 때? 아니면 권력자들이 원조와 대피를 막을 때?

이 시기 내내 연방재난관리청은 다양한 기관에서 제공하겠다는 도움을 모두 거절했다. 구조 자원자, 버스나 트럭에 실은 물자, 선상 병원과 식수, 기타 물품이 갖춰진 군함, 버스보다 효과적으로 대규모 인원을 이송할 수 있는 교통수단, 그 모든 것을 말이다. 거절의 이유는 뉴올리언스로 들어가는 과정이 안전하지 않다는 거였다. 주민들을 대피시킬 버스를 공급하는 일은 계약에 따라 부시 행정부 지지자에게 맡겨졌는데, 그는 사실 버스를 취급하지 않는 사람이었다. 그의 전문 분야는 트럭이었기 때문에 버스를 재난 현장에 보내려면 버스 회사를 찾아 하청을 줘야 했다. 이런 방식은 불합리한 수익을 낳았고 참을 수 없는 지연 상태를 만들었다.

대중매체는 잘하는 쪽과 못하는 쪽으로 나뉘었다. 한편으로는 안전하고 평범한 역할을 거부하고 피해 지역에서 열정과 용기와 동정심을 가지고 보도에 임한 언론인들이 있었다. 이들은 정부에 분노를 넘어 격노를 금치 못했다. 정부가 초반에는 대피와 구조 임무를 제대로 수행하지 않았고, 후반에는 생지옥으로 변한 뉴올리언스에서 사람들을 탈출시킬 교통편은 고사하고 물과 음식, 의료 지원과 위생시설 같은 것조차도 제공하지 않았기 때문이다.

다른 한편에는 현장과 멀리 떨어진 곳에서 검증되지 않은 이야기들을 보도한 언론인들이 있었다. 이들은 끔찍한 범죄, 저격수, 약탈자, 대규모 성폭력, 대규모 살인, 인질, 야만적 난행 등이 일어나고 있다고 열심히 소문을 퍼뜨렸다. 이런 텔레비전 방송국과 신문은 카트리나 사태를 심각한 사회적 위기로 만드는 데 일조했다.

야만적인 폭도인가, 지쳐있는 피해자들인가

9월 3일 『뉴욕타임스』는 뉴올리언스가 '무정부주의와 죽음, 약탈, 성폭력을 일삼는 깡패, 무고하게 고통받는 사람들, 치안을 경시하는 지옥이었다'라고 보도했다. 그때까지 슈퍼돔에는 수백 명의 피살자들이 있는 것으로 되어 있었고, 아동 성폭행 이야기가 손쓸 수 없이 퍼져 있었으며, 무장한 폭력배들이 길거리에서 약탈을 일삼고 다닌다는 소문이 돌았다. 식인에 대한 소문까지 있었다. 사람들은 이러한 끔찍한 얘기들을 상당 부분 믿었고, 그들이 느끼는 두려움과 혼란은 더욱 커졌다. 소문에 대한 정정은 너무 늦게, 너무나 조용히 이루어졌다.

서른 살 된 경찰관, 뒤마 카르테르는 훗날 그의 상관이 공황에 빠져 야단법석을 떨던 일을 회상했다. "경감님이 말했습니다. '자네들 모두 호텔에서 나오게. 사람들이 폭동을 일으키고 망할 놈의 호텔을 불태워버릴 거야. 사람들이 컨벤션센터 대로에서 서로 죽이기 시작할 걸세. 대규모 살육이 일어날거야.' 그때는 재난이 나흘째 접어들 때였고, 저는 경감님에게 설명했죠. 이 사람들은 너무 지치고 목이 타고 굶주려서 설사 폭동을 일으키고 싶어도 접이식 의자 하나 넘길 힘도 없다고 말이죠."

사실 컨벤션센터의 대다수는 평화적이고 이타적이었으며 지쳐 있었다. "그때 지원 헬리콥터가 왔습니다. 헬리콥터는 사람들의 1~2m 높이에서 음식과 물을 떨어뜨렸어요. 높은 곳에서 떨어뜨리는 바람에 상자가 터져 물병이 콘크리트 바닥 여기저기를 뒹굴었죠. 선한 사마리아인들이라는 집단이 있었는데 그들은 손수레로 먹을 것과 물을 주워 싣고 사람들에게 가져다줬어요. 사람들은 폭동도 싸움도 없이 물건을 나눠 가졌어요. 그때 어떤 이들이 음식과 물을 한 상자 챙겨서 우리에게 가져왔어요. 우린 받지 않았어요. 걱정 말고 아이들과 노인들에게 주라고 했죠. 하지만 어쨌든 그들은 우리까지 찾아 주었어요! 컨벤션센터는 높고 마른 땅에 있어서 사람들이 살아남았죠. 그들은 함께 모여 밤마다 노래를 불렀어요. 그리고 우리에게 와서 이렇게 묻곤 했죠. '피곤해 보이는데 괜찮아요?' 그들은 내가, 우리 경찰이 보호해야 할 사람들이었는데 말이죠."

스스로 돌보고 보호하는 사람들

한 여성은 이렇게 말했다. "여자들을 폭행하거나 아이들을 해치지 못하게 하기로 작정한 젊은 남자들의 무리가 있었어요. 그들은 아이들에게 주스를 구해다 주고, 물을 건너온 사람들에게 옷을 구해다 주고, 노인들에게 부채질을 해주었어요. 무엇보다 이 무리의 마음을 움직인 건 노인들이 처한 열악한 환경이었어요. 그들은 세인트 찰스 가와 나폴레옹 가에서 약탈을 했어요. 그곳에 약품과 기본적인 생필품을 파는 곳이 있었거든요. 사람들은 그들이 온갖 물건을 닥치는 대로 약탈했을 거라고 생각하겠죠? 하지만 그들은 아기들을 위한 주스와 노인들을 위한 물, 맥주와 먹을 것, 그리고 사람들이 서로를 잘 볼 수 있도록 야광 우의를 가져왔어요. 그들은 아주 침착했고 잘 조직된 사람들이었어요."

그녀는 그들을 로빈 후드에 비유했다. "정부는 우리를 마치 짐승처럼 갇히게 했지만 가장 의외의 장소에서 지금까지 보아온 중에 가장 위대한 인간애를 보았어요." 컨벤션센터와 슈퍼돔에서는 언론이 보도하고 당국이 상상한 것보다 상호부조가 훨씬 더 강했고 사회적 다윈주의(약자는 도태되고 강자만 살아남는다는 생각)는 훨씬 더 약했다.

같은 해 9월 26일 언론은 슈퍼돔에 살해당한 시신이 200구 가량 있을 거라는 보고를 받았지만 실제 시신은 여섯 구이며 그중 네 구는 자연사한 것이었음을 확인했다. 그리고 이렇게 결론 내린다. "주요 관계자들의 말에 따르면 대규모 살인과 강간, 구타 등 이재민들이 저질렀다는 잔혹 행위의 대부분은 거짓이거나 증거가 없는 일로 판명되었다."

인종주의자들의 폭력과 살인, 그리고 정부의 간접 살인

공황에 빠진 엘리트들과 마찬가지로 인종주의자들은 자신들이 없으면 심각한 야만 행위가 벌어질 것이라고 믿었다. 그들은 자신들의 살인과 폭력은 문명을 수호하고 질서를 유지하기 위한 행위라고 착각한다. 그러나 모든 흑인이 범죄자라고 상상하고 범죄와 무관한 개인들을 징벌하는 것은 가장 병적인 형태의 인종주의요, 가장 오만한 형태의 자경주의다. 허리케인이 몰고 온 불안과 소문 탓에 이런 세력들은 치명적인 폭력 세력으로 변했다.

도시가 물에 잠기고 시스템이 무력화된 이후 대중매체가 쓴 것은 통제할 수 없을 만큼 미쳐 날뛰는 야만적인 아프리카계 미국인에 관한 내용이었다. 그런 내용은 대부분 사실무근으로 판명되었다. 반면 총기들로 중무장한 백인 집단의 무차별적인 폭력과 살상에 대해서 말하는 사람들은 거의 없었다. 명백한 살인도 그냥 간과된 것이다.

간접 살인까지 계산하면 더 많은 살인을 발견할 수 있다. 뉴올리언스에 허리케인이 도착하기 전까지 주민들을 대피시키는 계획이 미비했던 것부터가 간접 살인이다. 부유한 백인들은 SUV를 타고 뉴올리언스를 탈출한 반면, 주로 흑인들, 늙고 자동차가 없는 빈민들은 해수면 아래의 오두막과 노후한 주택에 남아 희생되었다. 부시 행정부가 경찰을 수색과 구조 작업에서 빠지게 한 일, 연방재난관리청의 역할을 축소시킨 일, 연방재난 관리청이 구호물자와 자원봉사자들을 한사코 거절하고 받아들이지 않은 일도 모두 간접 살인에 해당된다. 언젠가 검시관 기록에 접근할 수 있는 연구자가 이러한 정부의 '지체와 차단' 때문에 얼마나 많은 사람들이 뉴올리언스에서 죽었는지 추정할 날이 올 것이다.

사회적 유대감, 사회적 자본의 중요성

　모든 재난에서 엘리트 패닉이 나타나거나 대피에 실패하는 건 아니다. 1973년 1월 23일, 아직 어둠이 가시지 않는 이른 아침에 아이슬란드 연안의 한 섬에서 일어난 화산 폭발은 예측할 수 없는 기습적인 사건이었다. 그럼에도 불과 여섯 시간 만에 시내 근처에 있던 배들이 5,300명의 주민을 안전하게 대피시킬 수 있었다. 6개월 동안 용암이 흘러 내려 시내의 3분의 1을 덮어버렸고, 주민들은 뜨거운 열기와 용암, 연기를 피해 몇 년간 다른 지역에서 살아야 했다. 그러나 다른 재난들에서처럼 사회적 문제 없이 다시 돌아와 공동체를 재건했다. 아이슬란드는 규모가 작은데다 단일 민족으로 구성된 농촌을 배경으로 하고 있기 때문인지 공식적인 정치참여의 전통은 빈약한 반면, 사회적 유대의 전통은 풍부하다. 화산이 터졌을 때 바로 대피 계획이 나왔고, 사람들은 그에 따라 행동했다.

　섬나라 쿠바는 규모는 아이슬란드와 비슷하지만 다른 면에서는 차이가 아주 많다. 쿠바는 허리케인에 대처하기 위해 효과적인 민방위 체제를 갖추고 있다. 쿠바 정부는 재난 교육과 조기경보 시스템, 기상학 연구, 비상연락 시스템 비상사태 대책, 민방위 시스템을 제도화하여 허리케인으로부터 국민의 생존을 보장하고자 필요한 모든 것을 완비했다. 대형 허리케인이 발생하면, 전 주민이 위험한 해안에서 더 높은 지대로 대피한다. 사망률은 아주 낮다.

　쿠바의 시민사회 역시 중요하다. 사람들은 서로를 방문하여 살피고, 탈출을 꺼리는 사람들에게 함께 가자고 재촉하고, 전반적으로 카트리나와 시카고 혹서 때처럼 많은 사람들이 고립되는 상황을 방지한다. 한 시민은 이렇게 평했다. "쿠바는 모든 시민이 저마다 책임과 의무, 장소를 가진 상호부조의 사회로 조직되어 있다. 허리케인이 쿠바를 위협했을 때 사람들은 안내에 따라 일사불란하게 움직인다. 그들은 늙은 사람과 젊은 사람, 아픈 사람과 건강한 사람, 개와 고양이, 앵무새와 염소, 당나귀와 젖소 모두를 안전한 곳으로 옮긴다. 지난주에 쿠바인들은 261만 5,000명을 안전한 곳으로 대피시켰다. 사망자는 네 명뿐이었다. 이것도 4년 만에 처음 발생한 사망이다."

시민 사회에 대해 이야기하는 이들은 쿠바 재난 사회를 가능하게 한 것을 '사회적 자본(social capital)'이라고 부른다. 이 유대와 보살핌의 자산은 생존에 필수불가결하다. 국제 빈민구호단체인 옥스팜은 쿠바의 우수한 시스템을 다룬 2004년 보고서에서 이렇게 결론지었다.

"쿠바인들은 위험을 감소시키기 위해 사회적 자본을 꾸준히 쌓아왔고, 경제적으로 궁핍한 때에도 그렇게 해왔다. 그들의 예는 물질적인 것보다 관계와 훈련, 교육이 더 중요하다는 점을 잘 보여준다."

모든 재난은 어느 정도 사회적 재난이다. 재난 대책을 계획하고 대비하고 취약한 사람들을 보호하고 그들을 덜 취약하게 만들고 대응과 복구가 효과를 발휘하도록 만드는 것이 결국 가장 중요한 것이다. 카트리나가 닥쳤을 때 뉴올리언스는 사회를 강하게 만들려는 세력과 사회를 파괴하려는 세력들 사이의 전쟁터였다. 많은 전투에서 후자가 승리했지만 전쟁은 아직 끝나지 않았다.

더 읽어보기 1

'재난'이라는 단어를 떠올리면 약탈과 파괴, 살인과 폭동, 상실과 고통이 가득한 디스토피아가 떠오르는가? 이러한 고정관념을 철저히 파괴하는 책이 '이 폐허를 응시하라'다. 통상적인 재난 이미지들은 소수 권력자들의 두려움이 불러일으킨 상상이라고 주장한다. 오히려 재난 속에서 많은 이들은 강렬한 기쁨과 사랑, 연대 의식을 경험한다는 것이다.

기존의 사회질서가 갑작스레 무너진 이 폐허 속에서 사람들은 이타주의라는 인간 본성을 더욱 두드러지게 드러낸다고 전한다. 자발적으로 형성된 공동체는 뛰어난 임기응변 능력을 보여주며 활발한 시민사회가 부활한다는 말이다. 이러한 양상은 축제 혹은 혁명과 유사하다고 지적한다. 재난은 기존의 체제를 파괴하는 데 그치지 않고 새로운 사회 변화를 일구는 추동력(推動力)이 될 수 있다는 판단이다.

샌프란시스코 내시신과 화재, 캐나다 노바스코샤 주 핼리팩스 항구에서 발생한 무기 수송선 폭발, 멕시코시티 대지진, 뉴욕 세계무역센터 붕괴, 허리케인 카트리나 등 다양한 재난이 예시된다. 수많은 재난 경험자들을 인터뷰한 자료와 현장의 생생한 목소리가 반영됐다. 재난 사회학이라는 분야를 개척한 여러 학자들의 이론으로 주장에 힘을 보탰다.

때로는 명쾌한 논문 같고 사색적인 철학 에세이의 성격도 드러내며 때로는 박진감 넘치는 르포의 속성을 보이는 책이다. 심각한 기후변화와 2008년 이후 가속화되고 있는 경제위기로 나날의 생활이 재난인 시대를 맞이했다. 재난의 정치사회적, 철학적 의미를 고찰한 이 시도는 앞으로 펼쳐질 세상에서 깊이 고민해야 할 문제가 무엇인지에 대한 신선한 지적 충격을 선사한다.

더 읽어보기 2

폐허에서 피어나는 자율적 개인의 도덕성
- 폐허에서 피어나는 희망의 공간

예술, 문화 비평가이자 환경운동가인 레베카 솔닛은 『이 폐허를 응시하라』에서 여전히 우리 이웃 가운데 살아있는 연대와 상호부조의 도덕 감정을 재난이라는 극단적인 상황 속에서 찾아내고 있다. 대재난 속 인간에 대한 사회적 통념을 허물고 지옥 같은 폐허 속에 출현하는 낙원을 발견한다. 지진이나 폭격, 태풍이 닥치면 사람들은 대부분 이타심이 발동해 자기 자신과 가족, 친구와 사랑하는 사람들뿐 아니라 타인과 이웃들을 적극적으로 보살피는데 참여한다는 사실을 여러 예들을 통해 보여준다. 1906년 샌프란시스코 대지진에서 멕시코시티의 대지진, 9.11의 뉴욕, 카트리나로 지옥이 된 뉴올리언스까지, 어디에서나 그 장소에 있는 재난 당사자들은 즉석에서 질서를 만들어내고 침착하고 따뜻한 분위기 속에서 서로를 돌보았다.

증언자들의 입을 통해 전달되는 이야기들은 재난 속에 있던 사람들은 우리의 상상과는 반대로 쾌활함과 즐거움까지 느끼며, 사태에 냉정히 대처하면서도 대단히 침착하게 행동한다는 놀라운 사실을 반복하여 전해준다. 큰 재앙을 비참하게 느끼는 것은 직접적인 희생자들보다는 멀리 떨어져 있는 사람들이라는 것이다.

샌프란시스코 대지진 이후 상황을 회상하는 에드윈 에머슨은 "길거리 급식소들이 도시를 점령하자 유쾌한 소란이 일상이 되었다. 사람들은 어디서건 천막에서 흘러나오는 기타와 만돌린 소리를 들을 수 있었다."고 말한다. 모든 재난에는 고통이 있고, 정신적 충격이 있으며 죽음과 상실이 따르지만, 한편에는 깊은 만족감과 새로운 사회적 유대, 자유도 존재한다. 캐나다의 작은 항구도시 핼리팩스에서 대형선박 폭발을 경험한 로라 맥도날드는 이렇게 기록한다. "종교와 계급, 민족에 의해 분열되고, 계급구조가 엄격한 핼리팩스가 잠시나마 하나가 되었다."

재난으로 인해 공고했던 사회적 질서가 무너지면 삶은 오직 현재에만 속하여 비본질적인 것들은 작아지고, 놀라운 해방의 공간이 만들어진다. 많은 이들이 정서적으로 오히려 풍요로워지며 위기나 압력 없이 목적 의식과 친밀감을 되찾고 공적 삶의 가능성을 경험한다.

9.11 당시 뉴욕, 무너지는 건물 안에 있던 2만 5000명은 질서 정연하게 대피했다. 부상자들을 옮길 수 있게 한쪽으로 비켜서 기다리는 것을 당연하게 받아들이며, 그 절체절명의 순간에 침착하게 서로를 도와 스스로를 구조했다. 반면 먼 곳에서 지켜보며 상상을 보태어 상황을 전달하는 미디어들은 달랐다. "뉴스는 지나치게 흥분하여 비행기가 건물과 충돌하고 건물이 무너지는 장면만 반복해서 보여주었죠. 텔레비전에서 보여주는 것은 거리에서의 경험과 사뭇 달랐어요. 거리에서 나는 사람들과 연결되었다는 걸 느꼈고 사람들에게 깊은 인상을 받았어요."

9.11 생존자 테일러의 말이다.

대중매체는 재난을 스펙터클한 할리우드 영화처럼 보여준다. 재난영화 속에서 사람들은 공황과 폭도로 표현되고, 경찰과 군대의 진압 대상이 되며, 몇몇 영웅의 도움으로 가까스로 질서를 회복하는 수동적인 존재로 그려진다. 재난을 할리우드 영화처럼 생각하는 엘리트들에 의해 재난 유토피아에 반대되는 재난 디스토피아가 만들어진다. 이재민을 잠재적 약탈자로 간주하고 가둬야 할 적으로 취급하여, 출구를 막고 방어선을 치고, 무턱대고 총을 쏘아대는 자경단을 만들고, 소문들을 확대 보도하는 매스미디어가 결합하여 재난보다 끔찍한 지옥을 만들어 낸다. 레베카 솔닛은 이것을 하나로 묶어 '엘리트 패닉'이라 부른다. 재난은 사람들을 연대와 우정의 공동체로 만들기도 하지만 위협적인 존재로 만들기도 한다.

레베카 솔닛은 여러 번 강조하여 '믿음이 중요하다'고 강조한다. 이웃을 재난보다 더 큰 위협으로 여기느냐, 아니면 집과 상점에 있는 재산보다 더 소중하게 여기느냐에 따라 행동이 달라진다는 것이다. 재난 후 최악의 행동을 보이는 사람은 남들이 야만적 행동을 할 것이므로 자신은 야만에 방어적 행동을 취하고 있다고 믿는 사람들이다. 그들은 무고한 사람을 살해하면서 자신들을 질서의 수호자라 믿는다. 이런 홉스적 인간들은 소수의 엘리트들과 그들의 이야기를 그대로 전달하는 미디어를 믿는 사람들이다.

재난을 직접 대면하는 대부분의 사람들은 타인을 돕고자 하는 열망으로 자신이 가진 것을 기꺼이 내어준다. 재난 직후 국가기관의 개입이 미치지 못하는 며칠 동안에 지배를 벗어난 자율적 개인들이 스스로를 통치하는 재난 유토피아가 만들어진다. 재난 속에서 타인을 도우며 공동체를 돌보는 선한 사람들에 대한 이야기가 가득한 책이다. 몇 년 전 읽었을 때 '재난이 천국으로 들어가는 뒷문이 될 수도 있다'는 구절에 물음표를 찍어놓았던 기억이 났다. 지진과 화재, 테러와 홍수 속에서 살아남은 사람들이 일구어내는 열정과 기쁨, 연대의 이야기들이 너무도 이상주의적이어서 불편했던 기억도 났다. 그런데 죽음의 공포와 결연함을 동시에 느꼈던 그 밤을 겪고 나니 "고통과 상실은 남들과 함께 경험할 때 다른 모습으로 바뀐다"는 구절이 꽤나 다르게 와 닿았다. 폐허 속에서, 잿더미 속에서, 공동체를 더 나은 곳으로 만들고자 헌신했던 이들이 세상에 많다는 것은 무엇을 의미하는가.

재난은 우리에게 약탈과 폭동, 범죄가 점철된 이미지로 각인되지만, 사실은 그보다 더 강한 도움과 연대와 돌봄이 자라는 현장이었다. 그곳에는 사소하고 작은 존재에서 공적 자아로 확장하여 스스로를 거룩하게 만들었던 이들이 있었고, 타인을 돌봄으로써 '시민됨'을 확인하는 조용한 희열감이 있었다. 저자 리베카 솔닛이 강조하듯, 재난 속에서 무엇을 읽어내는지는 인간이란 어떤 존재인가에 대한 믿음에 근거하고 있다.

'재난 유토피아'라는 언뜻 모순처럼 들리는 용어를 통해 저자는 우리 모두가 타인을 돌볼 의무가 있으며, 그것은 기쁨이자 존엄한 존재가 되는 길이라 말하고 있는 것이다. 그것을 기억하며 사는 삶이란 지금과 얼마나 다를 것인가. 물이 빠진 지붕 위의 소들을 구하기 위해 안간힘을 쓰는 사람들을 보며 그런 질문을 던져본다.

재난유토피아 vs 재난자본주의 복합체

자본주의 사회에서 인간의 도덕 감정은 깊이 잠들어 나날의 삶이 재난이 되고 있다. 곳곳에서 배제와 고립으로 고통받는 사람들이 늘어가고 전방위적인 자본의 공세는 평범한 개인들마저 엘리트 패닉에 빠뜨려 친구를 적으로 인식하게 만든다. 나오미 클라인이 쇼크 독트린에서 말하는 것처럼 자본은 재난을 기회로 몸집을 불린다. 재난 당사자들이 만들어낸 재난 유토피아는 외부가 개입하면 빠르게 모습을 감추고, 국가와 자본이 손을 잡고 재난자본주의 복합체의 세상을 만들어낸다. 폐허에 새로운 자본의 성채가 건설되는 것이다. 동남아시아 해안을 쓸어버린 쓰나미 이후 그곳에는 초호화판 리조트와 관광 레저시설들이 들어섰으며, 고기를 잡던 어부들은 강제로 이주되었다.

뉴올리언스에서 카트리나는 민영화를 확대할 절호의 기회가 되어 주었다. 공립학교 교사를 모두 해고하고, 학교제도를 사립학교의 특성이 강한 차터스쿨로 바꾸었으며, 가장 피해를 덜 입은 공공주택을 폐쇄해버렸고, 빈민들을 위한 보건의료의 원천이었던 채러티 병원이 사장되도록 방치했다. 이러한 결정들은 시스템을 민영화하고 빈민들을 쫓아내려는 갈망의 이데올로기적 선택이었다. 전쟁, 테러, 자연재해, 주식시장 붕괴 같은 총체적인 대규모 충격이 기존 질서를 무너뜨린 자리에 즉각적으로 생겨난 재난유토피아를 무너뜨리고 재빨리 경제적 쇼크 요법이 처방된다. 정상 상황에서는 받아들이기 힘든 자유시장 프로그램이 강행되는 것이다. 여기에 저항하는 대중에게는 물리적 충격이 가해진다.

결국 재난 속에서 실제로 진행되는 사태는 즉석에서 재난유토피아를 만들어내는 당사자 시민들과 그들을 적으로 몰고 재난자본주의 복합체를 만들어 상황을 자신들의 이익에 맞게 통제하려는 국가와 자본이 충돌하며 만들어지는 내전 같은 상황이다. 이 전쟁에서 자본과 국가는 연이어 승리하고 있는 것으로 보인다. 자본은 지구 끝 어디라도 달려가 자신의 이익이 되어주는 새로운 시장을 만들어낸다. 그렇다면 우리에게 희망은 없는 것일까? 재난현장에서 피어나는 재난유토피아 따위는 잠시 피었다 지는 꽃처럼 허무한 것인가?

희망의 씨앗

'외상 후 스트레스 장애'는 상식적인 용어가 되었다. 흔히 고난을 겪은 사람들은 치료가 필요한 환자라고 생각한다. 정신적 외상은 분명 실재하지만 보편적이지는 않다. 어쩌면 그들을 약자로 보는 시선이 장애의 원인이 되고 있는지도 모른다. 반대로 소중한 것들의 상실이 삶의 구조를 다시 구축할 기회를 제공하여 새로운 심리적 구조를 만드는 '외상 후 성장'이라는 심리학 개념이 있다. 상실과 슬픔을 극복하는 과정에서 집단 내의 개인들을 보살피는 더 나은 방식을 도출할 수 있다.

"우리는 어떤 일이 벌어질지 모릅니다. 그렇지만 우리가 아는 것이 있습니다. 아무 일도 안한다면, 또 우리에겐 힘이 없다고 수긍하며 모든 것은 나빠질 대로 나빠질 거라고 상정한다면 이는 모든 것을 정말 가능한 최악으로 만드는 데 협력하는 겁니다. 참여하고, 참여하지 않는 데에는 엄청난 차이가 있어요. 제게 있어 희망은 낙관주의가 아닙니다. 우리의 참여가 좌우합니다. 우리에게는 최선을 다해야 한다는 도덕적인 책임이 있어요." 레베카 솔닛은 2017년 초 경향신문과의 대담에서 망각은 절망을 생산하지만 그 시간에 기억은 희망을 생산하고 있다고.

절망은 사람들이 아무것도 변하지 않을 것이라고 생각하는 그 시간에 존재하지만, 승리의 스토리를 관찰하고 비폭력적인 사회 변화가 일어났던 방식을 이해하고자 배워나간다면, 희망은 자라난다고 말한다. 절망이 일상의 재난이 된 세상에도 희망을 일구어내려는 시도는 곳곳에서 벌어지고 있다. 이전 시대 누군가가 뿌린 씨앗들이 여기저기서 꽃을 피운다. 꺾이고 시들어 사라지더라도 또 그 꽃이 뿌린 씨앗은 어디에선가 싹을 틔운다.

샌프란시스코 대지진 이후 대피소로 변한 유니언 광장에는 나중에 '미스바 카페'라 이름 붙여진, '홀스 하우저'라는 여성이 카펫과 시트를 이어 붙여 만든 대형천막이 있었다. 허물어진 건물에서 끌고 나온 화덕으로 낯선 사람들, 먹을 것이 필요한 모두를 위해 음식을 만들었던 그곳에서 그들은 서로를 묶어주는 보살핌 속에서 모든 참여자가 주는 사람이자 받는 사람이 되는 상호부조의 네트워크를 만들어냈다. 그곳은 주고받음이 자연스러워 누가 주었는지 누가 받았는지도 모르게 상호부조가 일어나는 장소였다.

사람 관계는 우리가 주고받음에 능숙한 존재들이 될 수 있으리라는 믿음에서 시작한다. 아직은 미숙해서 삐걱대더라도 폐허에서 피어나는 유토피아처럼 때때로 함께 만들어내는 연대의 순간들이 사람을 계속 살아가게 하지 않을까?

니체는 "가장 용감한 동물이자 고통에 가장 잘 단련된 동물인 인간은 고난 자체를 거부하지 않는다. 만약 고난이 어떤 의미를 제공한다면 고난을 원할 뿐 아니라 추구하기까지 한다."고 했다.

학습활동

1. '엘리트패닉'에 대해 설명하고, 자신이 겪은 적이 있는지 경험을 이야기해보자.

2. '사회적 위기, 사회적 재난'은 무엇인지 설명해보자.

3. '믿음이 중요하다'라는 구절에 대해 자유롭게 이야기해보자.

퀴 즈

01 레베카 솔닛의 저서 『이 폐허를 응시하라』에서 저자가 주장하는 '엘리트 패닉'의 정의는 무엇인가?
    a. 재난 시 대중들이 폭도로 변할 것이라는 권력자들의 두려움
    b. 재난 시 인간의 본능적인 연대의식과 공동체성
    c. 재난 시 발생하는 물리적인 파괴와 손실
    d. 재난 시 권력자들이 보여주는 빠른 대응과 효율적인 구조 활동

02 대재난 상황에서 일반 대중들의 행동 양상에 대해 저자가 어떻게 서술하고 있는가?
    a. 대중들은 주로 이기적이고 야만적인 행동을 보인다.
    b. 대중들은 연대의식과 공동체성을 발휘한다.
    c. 대중들은 대부분 혼란에 빠져 아무런 행동도 취하지 않는다.
    d. 대중들은 재난 상황을 이용해 개인의 이익을 추구한다.

03 저자가 생각하는 재난 상황에서의 '가장 나쁜 재난'은 무엇인가?
    a. 자연 재해 자체
    b. 재산의 손실
    c. 소수 권력자들의 '엘리트 패닉'
    d. 대중의 약탈 행위

04 레베카 솔닛이 제시하는 재난 상황에서의 궁극적인 해결 방안은 무엇인가?
    a. 강력한 정부의 통제와 관리
    b. 공동체 의식과 연대감, 사회적 시스템의 구축
    c. 재난 대응을 위한 국제적 협력
    d. 첨단 기술을 이용한 재난 예방 시스템의 개발

05 허리케인 카트리나 당시 뉴올리언스 시민들의 구조 활동에 대한 정부와 대중매체의 태도는 어떠했는가?
   a. 적극적으로 구조 활동을 지원하고 보도했다.
   b. 시민들이 너무 위험해서 구조할 수 없다고 주장했다.
   c. 시민들의 자발적인 구조 활동을 높이 평가했다.
   d. 구조 활동에 필요한 자원을 충분히 제공했다.

06 재난 상황에서 대중매체와 경찰청장이 퍼뜨린 괴소문의 실체는 어떠한가?
   a. 실제로 발생한 사건을 정확하게 보도한 것
   b. 사실이 아닌 것으로 밝혀진 소문
   c. 대중들의 안전을 위해 필요한 조치였다
   d. 재난 상황을 완화시키기 위한 의도적인 거짓말

07 저자가 지적하는 재난 상황에서의 대중들의 행동과 학자들의 연구 결과의 차이는 무엇인가?
   a. 대중들은 이타심을 발휘하나 학자들은 이를 부정한다.
   b. 대중들은 이기적으로 행동하나 학자들은 이타심을 강조한다.
   c. 학자들은 대중들의 이타심을 입증했으나 대중들은 이를 믿지 않는다.
   d. 학자들은 대중들의 이기적 행동을 입증했으나 대중들은 이를 부정한다.

08 허리케인 카트리나 이후 뉴올리언스에서 발생한 '사회정치적 대재난'이란 무엇을 의미하는가?
   a. 자연재해로 인한 피해
   b. 정부의 무능한 대응과 국가적 수치
   c. 재난으로 인한 경제적 손실
   d. 재난 구호를 위한 국제적인 노력의 실패

09 컨벤션센터와 슈퍼돔에서 실제로 발견된 시신의 수와 언론 보도의 차이는 무엇을 시사하는가?
   a. 언론의 정확한 보도
   b. 언론의 과장된 보도와 실제 상황의 괴리

c. 정부의 효과적인 재난 관리
d. 대중의 재난 상황에 대한 과민 반응

10 저자가 말하는 '사회적 유대감'과 '사회적 자본'의 중요성은 재난 상황에서 어떤 역할을 한다고 보는가?
   a. 재난의 피해를 최소화하는 역할
   b. 재난 후 복구 작업을 가속화하는 역할
   c. 재난 상황에서의 개인의 생존을 돕는 역할
   d. 엘리트 패닉을 예방하고 공동체를 강화하는 역할

─○ 제 10 장 ○─

문학 속에 나타난 청년의 모습

청춘의 열병
-하완, 『하마터면 열심히 살 뻔 했다』, 웅진지식하우스, 2018.

청춘(靑春)

　사전에 청춘이라는 단어를 찾아보면 10대 후반에서 20대에 걸친, 인생의 젊은 나이라고 되어 있다. 요즘은 수명도 늘어났으니 30대까지는 청춘이라고 봐주는 것 같지만 40대라면 청춘이라 부르기 민망해진다. 맙소사, 그러고 보니 나는 청춘이 아니다. 내 청춘은 끝났다.
　청춘이 끝나서 아쉽기도 하지만 한편으론 기쁘기도 하다. 그 이유는 청춘의 열병을 심하게 앓았기 때문이다. 모든 것이 불투명하고 어둡게만 보이던 시절, 그때는 하고 싶은 것과 현실적인 문제 사이에서 갈팡질팡 방법도 모르고, 용기도 없고, 그저 삶에 끌려다니는 기분이었다. 치열하게 고민했지만 자주 화가 났다. 마음처럼 되지 않아서 참 많이도 앓았다. 몸은 늘 뜨거웠고 숨은 잘 쉬어지지 않는 시절이었다. 지금은 그때처럼 뜨겁지는 않다. 열이 많이 내렸다. 다행히 열이 내렸다고는 하지만 그 시절에 했던 고민과 불안은 여전하다. 앞날은 늘 불투명하고 현실의 문제들은 한번도 사라진 적이 없으며 여전히 답도 용기도 없다. 나이가 들어도 삶에 끌려다 나는 기분은 여전하다.

나이가 들면 고민도 덜하고 눈앞이 좀 뚜렷해질 줄 알았는데, 지금과 똑같다고? 청춘의 한복판에 서 있는 이가 이 글을 읽는다면 아마 절망할지도 모르겠다. 미안하다.

몇 년 전, 회사에 다니고 있었을 때의 이야기다. 당시 나는 퇴사를 해야 하나 말아야 하나를 두고 고민하고 있었다. 이상과 현실을 저울질하며 몇 날 며칠을 고민한 끝에 3년만 더 꾹 참고 일해보자고 마음을 단단히 먹었다. 3년 동안 열심히 저축해서 퇴사하자. 그때 프리랜서가 되어도 늦지 않아. 나는 3년 동안의 저축 계획을 세웠다. 안전한 미래를 위한 현명한 선택이라고 생각했다.

그리고 일주일 후, 회사가 없어졌다. 사장님이 직원들을 불러놓고 회사를 접어야겠다고 선언했다. 최근 매출도 감소했고 업계 전망도 안 좋고 기타 여러 가지 이유로 폐업을 결정했다는 이야기였다. 아아, 내가 했던 고민은 도대체 뭐란 말인가. 내 현명한 선택과 3년 계획은 또 뭐고?

그때 내가 느낀 것은 인생은 내가 생각한 대로 되지 않을 뿐더러 내가 아무리 고민해서 무언가를 선택해도 그 선택이 무의미해지는 순간들이 있다는 사실이었다. 마치 열심히 한 방향으로 노를 젓는데 커다란 파도가 몰려와 나를 다른 곳으로 데려다 놓은 기분이었다.

**우리는 인생을 원하는 방향으로 끌고 갈 수 있다고 믿지만,
한낱 파도에 휩쓸리는 힘없는 존재일지도 모른다.**

물론 나는 운명론자는 아니다. 하지만 인생엔 내가 어찌하지 못하는 부분이 상당히 많다는 점에는 동의할 수밖에 없다. 짝사랑하는 이의 마음을 내가 어찌하지 못하는 것처럼 말이다.

청춘의 열병을 앓던 시절, 나는 내 선택에 따라 앞날이 완전히 달라질 거라는 믿음을 가지고 있었다. 그래서 매 선택에 신중했고 겁이 났다. 이 선택이 맞는 선택일까? 잘못된 선택이면 어쩌지? 잘못 선택하면 인생을 망칠 수도 있잖아. 최선의 선택, 후회 없는 선택을 해야 해. 물론 그런 생각이 완전히 틀린 것은 아니지만 모든 것이 나의 선택에 달려 있다는 생각은 참으로 오만한 생각이었다. 내가 아무리 이쪽으로 가려고 해도 큰 흐름이 나를 저쪽으로 데리고 가는 일이 더 많다. '내가 다른 선택을 했어도 결국 지금과 비슷한 모습이지 않을까.'라는 생각이 드는 건 그런 이유에서다.

계단의 시작과 끝을 다 보려고 하지 마라. 그냥 발을 내딛어라.
― 마틴 루터 킹

고민은 필요한 것이지만 분명한 답도 없고, 답을 얻었다 한들 그 방향대로 일이 잘 돌아가지도 않는다. 만약 잘 돌아가더라도 꼭 좋은 선택이라는 법도 없다. 내가 한 선택이 당장은 맞는 것 같아도 세월이 흘러 잘못된 결과를 낳기도 하고, 잘못된 선택이라 생각했던 것이 나중에 좋은 결과로 이어지기도 한다. 결과는 아무도 알 수 없는 것이다. 그러니 너무 자기 자신을 괴롭힐 필요는 없지 않을까?

인생의 모든 것을 통제하려 해서는 안 된다. 어차피 통제가 안 된다. 자칫 허무주의로 흐를 수 있는 이 사실 앞에 나는 묘하게 위로를 받는다. 아, 모든 게 내 탓은 아니구나. 그걸 미리 알았더라면 나를 덜 힘들게 했을까?

나이가 들어서도 고민과 불안함은 계속되지만 뜨겁게 열이 오르지 않는 이유는 내 힘으로 어찌할 수 없는 것까지 고민하지 않기 때문인지도 모른다. 그런 것까지 고민하기엔 내 체력이 버티지 못한다. 치열하게 고민하는 것도 젊을 때나 가능한 모양이다.

청춘의 열병은 지나갔다. 이젠 중년의 위기가 올 차례인가? 인생은 지루할 틈이 없다. 이런 열병!

당신은 인생의 주인공으로 살고 계신가요?
- 하완, 『저는 측면이 좀 더 낫습니다만』, 세미콜론, 2020.

한 예능 프로그램에서 시민들에게 이렇게 물었다. 대부분의 사람이 자신은 주연이 아닌 조연이라고 답했다. 엑스트라라고 답한 이도 있었다. 그 마음은 알 만하다. 스포트라이트는 죄다 다른 사람에게 쏟아지고 내 삶은 조명 볼 일 없으니 말이다. 그런데 내게 같은 질문을 한다면, 나는 주저하지 않고 주인공으로 살고 있다 답을 할 거다.

영화에서 주인공을 맡는 배우는 어느 정도 '급'이 되는 배우다. 한마디로 '스타'다. 화려하고 모두의 주목을 받는. 거기서 우리의 오해가 시작된다. 주인공은 반짝반짝 빛나는 존재라고 생각한다. 하지만 그건 그 배우가 그렇다는 거지 영화 속 주인공이 그렇다는 게 아니다.

　많은 영화와 드라마, 소설 속 주인공의 삶은 평범하다. 물론 주인공이 히어로나 도깨비, 백만장자처럼 특별한 경우도 있지만 대부분 주인공은 우리와 다를 바 없는 평범한 사람이다. 어떻게 평범한 사람이 이야기의 중심이 되느냐, 우선 그에게 문제가 생겨야 한다. 평범한 영업사원이 사고로 터널에 갇히거나(《터널》), 평범한 택시 기사가 아픈 역사의 한복판에 있게 되는(《택시 운전사》) 식이다. 꼭 생사가 걸린 대단한 문제만 이야기가 되는 것은 아니다. 소소한 문제도 훌륭한 소재가 된다. 빌려주고 못 받은 돈을 받으러 전 남자친구를 찾아가거나(《멋진 하루》), 15년 전의 첫사랑이 고객으로 찾아오는(《건축학개론》) 일상적인 갈등도 한 편의 영화가 된다. 중요한 건 아무 소란 없인 이야기가 시작되지 않는다는 점이다. 결국 주인공은 문제를 겪는 인물이라 할 수 있다. 마냥 편안하고 빛나는 삶을 사는 존재가 아닌 크고 작은 문제들로 고민하고 고통받는 존재다.

　주인공은 연극, 영화, 소설 따위에서 사건의 중심이 되는 인물을 말한다. 인생이 한 편의 영화라고 치자. 이 인생의 중심은 누구인가. 수많은 사건에 고민하고 고통받고 울고 웃는 주체는 누구인가. 누구의 눈으로 보고, 누구의 귀로 듣고, 누구의 머리로 생각하는가. 내가 중심이 아니라면 이렇게 생생할 리 없다. 이 고통, 이 불안, 이 슬픔. 차라리 남의 이야기라면 좀 더 편하게 지켜볼 수 있었을 것을. 내가 주인공이라는 증거다.

　사는 게 힘들고 형벌처럼 느껴질 때마다 나는 고통받는 영화 속 주인공들을 떠올리곤 했다. 출구 없는 덫에 걸린 주인공들처럼 나 역시 그런 상황에 놓여 있다고. 이야기는 계속되어야 한다. 카메라는 멈추지 않고 돌아간다. 싸우든 견디든 나는 연기를 계속해야 한다. 나는 언제나 문제를 해결해 나가는 주인공이었다. 한 번도 뒤로 물러나 있던 적은 없었다. 우리 모두가 그렇다.

　세상엔 주인공처럼 보이는 이들이 넘쳐나지만 사실 그들은 내 인생의 조연일 뿐이다. 원빈도 정우성도 내 인생에선 스쳐 지나가는 단역이다. 내 영화에선 내가 주인공이다. 이 영화는 평범한 인물의 고민과 성장을 담은 휴먼 드라마. 그러니까 내가 맡은 배역은 잘난 사람들을 보며 부러워하면서도 자기에게 주어진 삶을 개척하며 살아가는 인물이다. 그렇게 모두가 자기 영화의 주인공이다.

　근데 하나만 묻자. 이 영화 시나리오 누가 썼냐? 아주 엉망이다.

누구나 아플 수 있는 거예요.
치료가 길어질 수도 있고요.
원래 아침이 오기 전에는 새벽이 제일 어두운 법이잖아요.
그렇지만 이건 분명해요.
처음부터 환자인 사람은 없고 마지막까지 환자인 사람도 없어요.
어떻게 내내 밤만 있겠습니까?
곧 아침이 와요.
　　　　　　　　　　　　- 드라마 「정신병동에도 아침이 와요」 중에서

제출용

학 번 :

이 름 :

한 학기를 마치면서 자신의 소감을 성실히 적고, 제출하시오.

_____

_____

_____

_____

_____

_____

_____

_____

_____

_____

_____

하경숙(河慶淑)

문학박사. 선문대학교 교양학부 초빙교수. (사)온지학회 법인이사, (사)한국문학과예술연구소 연구원 및 법인이사. 진단학회 평의원, 동양문화연구원 이사, 한국시조학회 이사, 한국언어문화학회 이사, 동아시아비교문화국제회의 이사, 용인대학교 아시아문화연구소 이사, 동아시아고대학회 이사, 국제어문학회 편집위원, 중앙어문학회 감사.

우리 고전문학의 현대적 변용 양상, 인물의 형상화와 특질을 살피는 작업에 집중하여 연구의 스펙트럼을 지속적으로 확장하고 있다. 최근에는 고전문학이 처한 시대적 상황을 인식하고 학계에 새로운 작품을 다소 발굴하여 소개하고 있다. 2017년 세종도서 학술부문에 선정되었다. 저서로는『한국 고전시가의 후대 전승과 변용 연구』,『네버엔딩스토리 고전시가』,『고전문학과 인물 형상화』,『대학생을 위한 맛있는 독서토론』(공저),『대학생을 위한 SNS글쓰기』(공저),『고전문학의 탐색과 의미 읽기-여성 형상과 새 시가작품』,『글쓰기-생각하기-세상읽기』가 있고, 그 외 논문은 다수가 있다. 대림대학교, 용인예술과학대학교에서 강의를 했고, 현재는 안산대학교, 선문대학교, 부천대학교에서 글쓰기와 문학 수업으로 학생들과 소통하고 있다.

문학으로 세상 읽기

2024년 3월 7일 초판 1쇄 펴냄
2025년 3월 7일 초판 2쇄 펴냄

지은이 하경숙
펴낸이 김흥국
펴낸곳 보고사

등록 1990년 12월 13일 제6-0429호
주소 경기도 파주시 회동길 337-15 보고사
전화 031-955-9797
팩스 02-922-6990
메일 bogosabooks@naver.com
http://www.bogosabooks.co.kr

ISBN 979-11-6587-683-8 93810

정가 16,000원
사전 동의 없는 무단 전재 및 복제를 금합니다.
잘못 만들어진 책은 바꾸어 드립니다.